河南省重大科技专项

ZHONGJING WENHUA YU HENAN ZHONGYIYAO QIANGSHENG JIANSHE

仲景文化与河南中医药强省建设

主　编 | 王秋安　刘保庆

副主编 | 于润艳　罗小闯

编　委 | 李翱伦　杨晨光　苗开齐　史　奇

鄢俊峰　陈云云　陈雨昕　吴美琼

河南大学出版社

HENAN UNIVERSITY PRESS

·郑州·

图书在版编目（CIP）数据

仲景文化与河南中医药强省建设 / 王秋安，刘保庆主编．— 郑州 ：河南大学出版社，2019.5
ISBN 978-7-5649-3708-9

Ⅰ．①仲… Ⅱ．①王… ②刘… Ⅲ．①中国医药学—制药工业—产业发展—研究—河南 Ⅳ．①F426.7

中国版本图书馆CIP数据核字（2019）第087978号

责任编辑 程新晓　辛德萱

责任校对 阮林要

封面设计 翟淼淼

出版发行 河南大学出版社

地址：郑州市郑东新区商务外环中华大厦2401号　　邮　编：450046

电话：0371-86059712（高等教育与职业教育出版分社）

0371-86059701（营销部）

网址：www.hupress.com

印　刷 北京虎彩文化传播有限公司

版　次 2019年5月第1版　　**印　次** 2019年5月第1次印刷

开　本 710mm×1000mm　1/16　　**印　张** 13.25

字　数 238千字　　**定　价** 39.00 元

（本书如有印装质量问题，请与河南大学出版社联系调换）

前　言

本教材是2018年度河南省重大科技专项“建设中医药强省，打造‘仲景文化’品牌对策研究”（182400410421）的最终成果。深入挖掘、整理、研究中原、中医药、仲景文化的内涵和原创思维，构建具有仲景特色、行业特征并体现时代精神的中医药文化核心价值体系，打造“仲景文化”品牌，增强文化自信，为全面建成中医药强省做出积极贡献，是本课题研究的主要内容和意义所在。

人类在漫长的发展进程中创造出了丰富多彩的中华文明，中原文明是中华文明的重要组成部分。中医药文化源自于中国传统文化，河南省作为中国传统文化的重要发源地，在几千年的生产生活实践和与疾病做斗争的进程中逐步形成并不断丰富发展了中医药理论与经验，不仅为发展河南中医药事业和维护人民健康做出了突出贡献，也对促进人类社会进步和服务经济社会发展产生了积极影响。

中医药学是中国古代科学的瑰宝，也是打开中华文明宝库的钥匙。近年来，随着一系列扶持、支持中医药事业的政策、法规的颁布和实施，中医药事业迎来了振兴发展的春天。当前，中医药振兴发展迎来天时、地利、人和的大好时机。作为“医圣”张仲景故里，河南地处中原，有着悠久的历史文化和丰富的中医药资源。史传中有籍可考的全国5000多位名医中，仅河南就有912人。中医药历史遗迹也遍布河南各地，中药资源达2700余种，其中以“四大怀药”最为有名。目前，河南省已建立诸多中药材种植基地，为中医药产业发展奠定了坚实基础。在2030年全面建成中医药强省的新形势下，河南依托地域、资源等优势，正在深入挖掘、构建仲景学术文化体系，努力打造“仲景文化”品牌。同时，仲景中医药的宣传普及与传承力度进一步加大，中医药医疗事业、文化产业、旅游产业蓬勃发展，河南在实现中医药强省建设的进程中迈出了新的步伐。

本书作为加快推进中医药文化传承创新步伐、助力中医药强省建设的教材和科普读物，力求在简要介绍中国传统文化、中医药文化、仲景文化的基础上，系统梳理、分析仲景文化与中医药强省建设的关系，对仲景文化与河南中医药强省建设存在的困惑进行研究和分析，提出进一步打造仲景品牌、助推河南中医药强省建设的思路和对策，以期为服务中医药事业振兴发展和地方经济社会发展贡献绵薄之力。

本教材编写分工如下：河南中医药大学的史奇负责编写第一章、第二章，河南中医药大学的杨晨光负责编写第三章、第四章，河南中医药大学的苗开齐负责编写第五章、第八章，河南中医药大学的李翱伦负责编写第六章、第七章，河南中医药大学的鄢俊峰负责编写第九章；河南医学高等专科学校的罗小闯、河南省委直属机关工委的陈云云、河南中医药大学的陈雨昕和吴美琼负责材料的收集和整理；全书由河南中医药大学王秋安、刘保庆、于润艳统稿。

由于河南省中医药内容丰富，仲景学术理论复杂，涉及的资料繁多，收集、查阅、整理都有一定的难度，再加上编者的学识水平有限，因此，本书难免有诸多不妥之处，敬请各位同仁和读者不吝赐教，以便进一步修订完善。

编　者

2019年4月

目　录

第一章　导　　言

第一节　研究的背景和意义

一、中医药发展历史与现状

（一）中医药学底蕴深厚

中医药源于中国，中医药理论是在中国古代朴素的唯物理论和自发的辩证法思想指导下，通过长期创新实践，逐步形成并发展的一套独特的医学理论体系。

据水牛及甲骨文记载，殷商时期已有相关疾病的描述和治疗方法，为中医药理论体系的形成奠定了基础。

周朝时期，众多中医药名医大家的学术思想进一步丰富和完善了中医药理论体系。

春秋战国时期，“百家争鸣”思想中的阴阳学说和五行学说已开始广泛应用于医学实践。象征中医药理论体系构建完成的《黄帝内经》就是在这一时期整理完成的。

秦汉时期，“丝绸之路”推动了中医药理论体系、医疗机构以及培训医师方式的发展。这一时期出现了淳于意、张仲景、华佗、樊阿等众多名医名家。

三国魏晋南北朝时期，中医药学进入了广泛总结经验的阶段，出现了大量有关脉学、针灸学、本草学以及方剂学的医学著作。

唐朝时期，设立了“太医署”，完成了世界上第一部由国家政府颁行的药典《新修本草》。

宋朝时期，设立了“校正医书局”和“尚药局”，编辑出版了我国首部由政府编著的方书《太平惠民和剂局方》。

金元时期，涌现出以“金元四大家”为代表的一批自成一家的医者。同时期的成无己对《内经》《伤寒论》等书的研究，对后世医学发展产生了重大影响。

明朝时期，滋阴派出现了王履及戴思恭等医家。温病学派的吴有性创立“戾气”学说，撰著了《温疫论》。“药圣”李时珍历时三十年编著而成的药学圣典《本草纲目》问世，极大地推动了本草学的发展。

清朝时期，温病学派进一步发展，出现的重要人物及著作有叶桂与《温热论》、薛雪与《湿热条辨》、吴瑭与《温病条辨》。王清任的《医林改错》纠正了前人对于人体脏腑记载的某些错误，推动了中医人体解剖学的发展。

近代以来，兴起对西方先进科技文化的学习，许多西方传教士来到中国兴建医院、学校及药房，中医药学的发展受到了前所未有的冲击和挑战，在辛亥革命后一度陷入了低谷，中医药事业在艰难中前行。

（二）中医药学振兴发展

新中国成立后，国家实施了“团结中西医以及创造新的医疗系统”的政策，相继整合资源、投入大量资金兴建学校、医院等，中医药学进入新的发展阶段。

1955年，国家批准成立中医研究所，以深入研究中医药。1956年以后，国家先后建立多所中医药院校，将中医药教育正式纳入国家高等教育序列。1979年以后，许多中医药院校开设培养研究生课程，中医药学进入规范化发展阶段。

近年来，随着《中医药法》《中医药发展战略规划纲要（2016—2030年）》《中国的中医药》白皮书等系列扶持中医药事业发展的政策、法规的相继出台，随着健康中国战略的实施和推进，中医药事业的振兴发展迎来了难得的历史机遇，广大人民群众对中医药的健康保健需求进一步增强，中医药“系统化的辩证论治、求衡性的防治原则、个性化的治疗方案、多样化的给药途径、天然化的用药取向”五大特色和“临床疗效确切、用药相对安全、服务方式灵活、文化底蕴深厚、创新潜力巨大、发展空间广阔”六大优势进一步彰显，中医药服务健康中国战略和经济社会发展的作用进一步发挥。

在新时代，随着“一带一路”，即“丝绸之路经济带”和“21世纪海上丝绸之路”的快速实施和深入推进，中医药国际化进程显著加快，中医药独特的健康保健作用越来越受到世界各国人民的青睐，中外合作办学、医疗、科研的步伐进一步加快，中医药文化在国外的传播已经进入到新的历史时期，相信中医药、依赖中医药，已经在海内外蔚然成风，中医药的国际知名度和影响力逐步提升，广大中医药工作者面临着新的时代课题和历史任务。

二、中医药文化研究的意义

（一）理论意义

中医药文化源于中国传统文化，是中国文化宝库中的瑰宝，其底蕴深厚，源远流长。中医药事业涉及农业、工业、商业、科学研究和教育等方方面面的内容，如何进一步优化配置资源、提高发展效率，升级建设结构、创新发展模式、打造特色品牌等，都具有明显的时代特征。振兴发展中医药事业，不仅要关注中医药产业的发展，更要注重中医药理论、中医药文化、中医药哲学思想等内容。

“仲景文化”作为中医药文化的重要组成部分和杰出代表，以其理论精辟、辩证规范、治法缜密、组方严谨、处治灵活、效如桴鼓的学术特色饮誉古今。弘扬仲景文化，打造“仲景文化”品牌，研究仲景医药理论与临证规律、学术思想与人文传承，从而发掘“仲景文化”的价值内涵和社会贡献，对于完善中医药文化内涵、丰富中医药理论体系、传承创新中医药文化、振兴发展中医药事业具有重要的理论意义。

（二）现实意义

文化自信是一个国家、一个民族发展中更基本、更深沉、更持久的力量。梳理、挖掘、总结中医药的丰富文化底蕴和深刻思想内涵，对增强“四个自信”、特别是增强文化自信具有深刻的现实意义和时代价值。

张仲景的《伤寒杂病论》不仅是一部伟大的医学巨著，更蕴含着丰富的养生思想，很多中医的养生观点和原则在他的著作中都有体现。打造“仲景文化”品牌，对于充分挖掘和传承仲景学术著作中的养生保健思想，研究仲景养生方药从而满足不同人群的健康保健需求，增强中医药医疗服务和中医药在民众中的影响力具有重要的现实意义；打造“仲景文化”品牌，用文化创新带动企业技术、管理等自主创新，对中医药企业发展和以文化品牌为核心的产品开发具有潜在的重要推动力；打造“仲景文化”品牌，对中医药文化宣传普及和传承创新，进一步增强“以文化人”“以文育人”效果，建设社会主义现代化教育强国和统筹推进“五位一体”总体布局，实现2030年全面建成中医药强省奋斗目标，助推我省中医药国际化进程都具有十分重要的现实意义。

第二节　研究现状

近年来，对中医药文化的研究呈雨后春笋之势，研究的力度和广度不断加大，但对文化建设与中医药强省建设方面的研究还存在不够深入、不够系统等诸多问题。

一、中医药文化自信的不断增强

党的十八大以来，党中央、国务院高度重视中医药事业振兴发展。2015年年底，习近平总书记在致中国中医科学院的信中强调，要“切实把中医药这一祖先留给我们的宝贵财富继承好、发展好、利用好”。党的十九大报告明确提出，要“坚持中西医并重，传承发展中医药事业”，为新时代振兴发展中医药事业指明了方向。

习近平总书记在党的十九大报告中指出，文化自信是一个国家、一个民族发展中更基本、更深沉、更持久的力量。中医药文化自信，是增强“四个自信”的重要组成部分。中医药文化自信，需要国人更加理性、更加客观地认识中医药、把握中医药，让中医药更好地为人民群众健康保健和经济社会发展服务。同时，增强中医药文化自信，也需要国人正确认识、评价中医药的文化价值、历史地位、现实作用，从而推动中医药事业振兴发展。

中医药文化自信是中医药持续发展前行的根本，中医药研究创新是推动中医药文化繁荣发展的动力。在建设富强民主文明和谐美丽的社会主义现代化强国的伟大进程中，中医药文化自信不断增强，为中医药事业振兴发展注入了强劲动力，中医药事业振兴发展焕发出勃勃生机。

二、河南高度重视中医药强省建设

近年来，省委省政府高度重视中医药事业发展，特别是强调中医药强省建设，在《河南省中医药发展战略规划（2016—2030年）》中，明确提出“2030年全面建成中医药强省”的战略目标，并就加快中医药强省建设步伐，推进健康中原建设的指导思想、基本原则、发展目标、重点任务、保障措施等进行了全面部署。在省委省政府的领导下，在广大中医药工作者的共同努力下，近年来全省各级中医院累计增加土地面积2998亩，投入建设资金60亿元，新增固定资产近45亿元，全省公立中医医疗机构建筑面积达293万平方米之多。累计建设国家临床重点专科、国家中医药局重点专科58个，建成全国综合医院中医药工作示范单位13个，建设国家和省级基层中医药工作先进单位46个。在中医药防治慢性阻塞性肺疾病、中医药防治艾滋病及小儿紫癜性肾病等领域的研究处于全国领先水平。获省部级以上科技奖励近百项，省级中医药科学研究专项课题立项近五百项。自1958年开办中医药高等教育以来，河南省的中医药教育机构逐步建立，教育层次与课程体系日渐完善，河南中医药大学等六所中医药职业院校已经形成了专科、本科、硕士、博士的完整人才培养体系。我省已培养省重点中医学科（专科）学术带头人近百名。

三、中医药强省建设的困惑与思考

当前，河南的中医药强省建设迈出了坚实的步伐，取得了显著的成就。但是，与全面建成中医药强省的建设目标相比，与人民群众日益增长的中医药健康保健需求相比，还存在一些急需加强和改进的地方。如在医疗体系建设上，中医医院发展基础薄弱，存在医疗用房不足、设施设备陈旧、诊疗设备和必备药品缺乏、诊疗的服务保障低等问题；中医药评价体系多采用西医药体系，使中药审批困难，入市困难；中医基础理论术语标准、各种疾病诊疗标准等尚未统一；中医药现代研究在特色方面距国际先进水平还有差距，围绕中药产业的现代研究还不多；中医药创新建设较少，相关重点实验室等还不够，科研机构还不够完善；中医药健康养生保健服务稀缺，在养生领域上，对养生机构、养生服务内容项目及服务标准等方面缺乏统一要求；中医药人才、特别是高层次人才培养的数量、质量有待进一步提升。

在中医药文化，特别是仲景文化的深入系统梳理、挖掘方面以及仲景文化与中医药强省建设的关系方面的研究著作匮乏，仅有一些论文中涉及少数观点。总体来说，研究还处于零星化阶段，从增强“四个自信”、特别是文化自信方面，对中医药文化和仲景文化在助推中医药强省建设中的地位和作用的梳理、总结、研究还不够，这就为广大中医药工作者更好地落实《河南省中医药发展战略规划（2016—2030年）》提出了新的时代课题，也为广大中医药工作者带来了新的使命和历史任务。

因此，打造仲景品牌，助推河南中医药强省建设，是时代所需。但是，目前学界对仲景文化的研究散见于已发表的部分文章中，包括硕博论文共约100余篇，对河南中医药强省建设的研究也没有专门的著作，将二者结合起来进行深入研究的论文、成果和著作更是十分匮乏。

第三节 研究的思路和方法

制定科学的研究思路和方法，是取得扎实研究成果的关键所在。为此，我们在掌握大量资料的基础上，经过论证、分析，将采取如下研究思路及方法。

一、实证分析法

中医药文化、仲景文化与中医药强省建设研究，实证分析是主要的研究手段。对中医药的历史沿革、医疗体系、健康保健、优势不足等方面的研究，都离不开实证分析手段的支持。

二、比较分析法

比较分析法既有纵向比较，也有横向比较，更容易查明原因从而进行优化选择。通过纵向和横向的比较分析，及时分析问题和不足，以便制定相应的实施方案，去探讨、揭示仲景文化与中医药强省的内在逻辑联系和思路对策。

三、理论联系实际法

采用理论研究和实践研究相结合的方式，通过文献整理来研究仲景医药理论、临证规律、学术思想、人文传承和价值理念，从而发掘仲景文化的价值内涵和社会贡献等，在此基础上，挖掘、整理、研究中原与中医药和仲景文化之间的内涵和原创思维，提炼其文化核心价值和精神实质，构建具有仲景特色、行业特征并体现时代精神的中医药文化核心价值体系，进而提出仲景文化与河南中医药强省建设的对策和建议。

第二章　中国传统文化概述

第一节　中国传统文化的哲学基础

一、中国哲学

“哲学”一词源于古希腊文，由“爱”和“智慧”两个单词组成，由古希腊哲学家毕达哥拉斯首先使用。后来，“哲学”一词开始推广于世界，在世界各国得到广泛的认同和使用。哲学是“研究人类的思想和对社会、万物、宇宙的认知的社会意识形态，注重启迪智慧，引起人思维上的升华”。“哲”在中国的起源很早，历史久远，如“孔门十哲”“古圣先哲”等词。“哲”或“哲人”，专指那些善于思辨、学问精深者，即西方近似“哲学家”“思想家”之谓。一般认为，中国哲学起源于东周时期，以孔子的儒家、老子的道家、墨子的墨家及晚期的法家为代表。而实际上之前的《易经》已经开始讨论哲学问题。中国哲学分为古代哲学和现代哲学。古代哲学主要分为“春秋百家争鸣”“汉唐儒道三玄”“宋代儒学的发展”“近代中西融合”四个阶段。现代哲学主要指“对中国古代哲学的研究”和“对西方哲学的研究”两个方面。

中国古代哲学源远流长，博大精深。春秋战国时期，各国连年征战，各国人民都渴求社会安定，各君主也都希望一统天下，因此在中国历史上出现了“百家争鸣”。在中国的哲学体系之中，儒学对于中国历史推进的影响最为重大。儒学原是战国时期先秦的重要学派之一，崇尚“礼乐”和“仁义”，提倡“忠恕”和“中庸”之道，主张实行“德治”和“仁政”，重视道德伦理教育和人的自身修养。道家以“道”为核心，认为大道无为，主张道法自然和天人合一，提出道生法、以雌守雄、刚柔并济等有关修身、齐家、政治、经济、治国、军事策略等哲学思想理论，具有朴素的辩证法思想，是“诸子百家”中极为重要的哲学流派之一。佛学思想并非中国本土的思想文化，最早起源于印度，由乔达摩•悉达多创立，东汉时期传入中国境内，在南北朝时得以迅速生根发芽，进入兴盛发展阶段并逐渐中国化，此后佛学思想开始在中国的土地上广泛传播。

在中国五千年的历史长河之中，许多灿烂的思想文化百花齐放、竞相争艳，儒释道更是大浪淘沙之后的哲学体系的精华。在中国未曾断裂的思想文化发展的进程之中，许多哲学思想不仅融入了我们的衣食住行，还深深融入了中医的理论体系。随着越来越多的人对中国哲学深入研读创新，相信中国哲学的发展将会更加辉煌灿烂。

二、儒学

（一）儒学思想

儒学思想的内涵丰富复杂，是在广泛汲取古代典籍精华的基础上逐步发展出基础理论和思想，提倡仁、义、礼、信、恕、忠、孝、悌等道德思想，政治上主张大一统。儒学产生于孔子，完善于孟子，繁荣于董仲舒。儒文化经过历代的发扬光大，不断丰富和完善，成为中国传统文化的主导思想，以儒家思想为代表的中国传统哲学从阐释世界与人生最本源的规律出发，对中华民族的理想人格、思维方式、价值取向以及社会心理产生了巨大影响。

儒学的自然观。儒学对宇宙自然的研究，主要以《易传》的太极说、董仲舒的天人感应说、周敦颐的无极论为代表。《易传》认为，宇宙及人类是自然运动演化的产物。西汉的董仲舒以阴阳五行学说为理论，构建了一个天人感应的自然宇宙模式，认为体现上天恩德的阳气推动五行“比相生”，而体现上天刑罚的阴气推动五行“间相胜”。五行既相生，又相胜，循环不止，相互作用，由此生成宇宙万物。北宋的周敦颐著《太极图说》阐释宇宙论，认为宇宙的起源是“无极”，大千世界、芸芸众生均根源于这个无形无象的“无极”，“无极”包含着非常深邃而丰富的内涵。

儒学的社会观。第一，宗法伦理观。以血缘关系为纽带的宗法制度是中国古代社会政治结构的主要特点，这种社会政治结构与儒家思想密切相关。周朝流传的宗法制度对中国影响重大，儒家在此基础上又不断补充使之发扬光大，自此中国传统社会具有家天下的延续、封国制度不断、家族制度长盛不衰以及家国同构等几个方面的重要特征。第二，中庸思想观。“中庸”一词最早出自《论语》，中庸思想是儒家的基本精神，也是儒家的道德准则和思想方法。“中庸”思想是构建儒家思想的重要理论基础，众多儒家代表人从不同侧面、不同角度对这一思想进行了深入的阐发，使“中庸之道”成为上可用之于君王、下可用之于民众、大用于安邦治国、小可用于修身立命的哲理，成为对中华民族影响深刻的思想方法、伦理道德、行为方式和情感心理原则。

儒学的文化观。儒学主张在中原文化的基础上实现民族文化大一统，如《易传》中“天下同归而殊途，一致而百虑”的一统观。荀子进一步提出“一制度、风俗以一、隆礼而一”等主张，试图在制度、礼仪、风俗、艺术等各个方面实现统一。

（二）儒学发展史

儒学最初起于孔子等人，后得益于孟子、荀子，使儒学思想进一步完善。

孔子，被后世尊称为“圣人”，由孔子等人提出了以“仁”“礼”等为核心的治国理政思想，整理了对后世影响巨大的《诗经》《尚书》《礼记》《乐经》《周易》《春秋》的“六经”。

孟子一生都在奉行和传承孔子的儒学之道，主张“性善论”，被后世尊为“亚圣”。他和弟子们共同整理了《孟子》《书经》等著作。他提出了“民为贵，社稷次之，君为轻”的民本思想和“人人亲其亲、长其长，而天下平”的仁政思想，对后世君主的治国理政产生了重大影响。

荀子提倡“性恶论”，虽与孟子的主张相反，但亦推崇孔子思想。在儒学的基础之上，荀子对先秦哲学进行了总结，提出了富有特色的“明于天人之分”的自然观、“化性起伪”的道德观和“礼仪之治”的社会历史观。荀子对儒学文化的推崇，对后来儒家思想走向历史舞台有重要的过渡作用。

到了西汉的董仲舒，儒学进入了经学时代。董仲舒以儒学为基础，吸收其他学派的理论，融入了“阴阳五行”等天道思想，创建了一个以儒学为核心的新的思想体系。他系统提出的“天人感应”、“大一统”学说和“罢黜百家，独尊儒术”、“三纲五常”等主张被汉武帝采纳，使儒学成为当时中国社会的正统思想。

三、道学

（一）道学思想

道家以“道”为核心，认为“道”是世界的本源，主张道法自然、天人合一、无为而治、致虚守静等。道学将独立的人看作宇宙，注重个人层面的修身养性，同时提出了道生法、以雌守雄等理论，具有朴素的辩证法思想。

道学的自然观。道学的核心和哲学的最高范畴就是“道”，主张“道法自然”，倡导崇尚、顺应和服从自然。《老子》开篇即点“道”之本意，谓之“道可道，非常道。名可名，非常名。无名，天地之始。有名，万物之母”。《淮南子》在形神观上继承了荀子的“形具而神生”的思想，提出“形”“神”“气”是人生命的三大要素的观点。形是生命的具体表现，神是生命的支配者，气是支撑生命的物质动力，这三者相互依赖，缺一不可。

道学的认识论。道家的“虚静”思想对后世影响极大。“虚静”“玄鉴”是老子的重要认识论原则，最早由老子提出，如《老子·第十六章》云：“致虚极，守静笃。”在认识对象上，庄子提出“齐万物为一”的观点，否定客观事物的差异性，此外，亦分出齐物我、齐生死、齐是非等分支思想。

（二）道学发展史

道学的哲学思想在“子学时代”之前便已存在，如关于黄帝的一些学说，也被归入道学哲学体系之中，因此黄帝在道家之中位居很高的地位。到老子时，老子集先贤智慧，初步确定了道学的思想核心。列子是介于老子与庄子之间道家学派承前启后的重要人物，其学说以“道”为本，提出“化”的思想观念，还主张“循名责实，无为而治”。庄子创立了华夏重要的哲学学派庄学，极大地丰富了道学的内容。庄子在历史上可谓是极为逍遥洒脱、崇尚自由之人，主张“天人合一”和“清静无为”，他的著作《庄子》是其思想智慧的结晶。庄子继承和发展完善了老子的思想，与老子并称“道家之祖”，自庄子之后，道学的思想体系基本构建完成。

四、佛学

（一）佛学思想

佛教的本源并非在中华大地，但在传入中国之后，融入了中国的文化思想，成了中国哲学体系中的涓涓清流，洗涤着中华民族的心灵，影响着中华民族的前行发展。虽然佛教的思想在发展过程中发生许多改变，但始终以慈悲、缘起、性空、四帝、八正道等为基本教义。“缘起性空”思想是佛教的根本，任何事物都须依一定的条件而生起，其中没有一点自性，因此任何事物从它的理体上讲都是“性空”的。“四谛”也称“四圣谛”，包括“苦谛”“集谛”“灭谛”和“道谛”，是佛教发展始终的基本教义。四谛之中，苦、灭二谛尤为重要。人生最苦，涅槃最乐，这就是佛教的基本思想。佛教的修行方法有很多，如三皈依、佛门五戒、八正道等。其中“八正道”是达到佛教最高理想境地的八种方法和途径，包括正见、正思维、正语、正业、正命、正方便、正念、正定，后来又进一步概括为“三学”——“戒、定、慧”。

（二）佛学发展史

佛学源于印度，东汉明帝时期传入中国。汉明帝刘庄是东汉的第二位皇帝。他遵奉汉武帝制度，提倡儒学，注重刑名文法，并积极开疆拓土，使东汉呈现出一片繁荣盛世之景。汉明帝派使者蔡音、秦景等人赴天竺求得佛教经书及沙门，并于今洛阳修建中国第一座佛教庙宇——白马寺。自此佛教的种子开始生根发芽，并逐渐融入中华文化之中。

佛学在东汉时期传入中国后，发展之初较为萎靡，难以深入广大人民群众，因此在东汉至西晋时期，佛学仅仅在皇室子弟之中流传。西晋时期，由于佛图澄、鸠摩罗什对佛学的发展和传播，佛学才开始在华夏大地上繁荣生长。后来经过达摩、慧可、僧璨、道信、弘忍、慧能等“六祖”的发展，禅宗成为中国佛学最大的宗派，对中国佛学的繁荣发展起着至关重要的作用。

隋唐时期，佛教形成三论宗、禅宗、天台宗、华严宗、法相宗、律宗、净土宗、密宗等八个主要派系，不仅在皇室兴盛，而且在各个地区普遍受到广大人民的接受和欢迎，迎来了佛教在中国历史上最繁荣鼎盛的时期，但佛教各派学说之间仍存在分歧。玄奘于贞观元年只身一人西行求法，求得真经后与弟子潜心进行佛经的翻译事业，共译出佛典75部、1335卷。也对佛学经典著作的校正，改变了部分佛法的歧化状态，对后世的佛学发展做出了重大贡献。

第二节　中国传统文化的发展演变

中国传统文化是中华文明演化汇集而成的一种反映民族特质和风貌的民族文化，是中华民族历史上各种思想文化、观念形态的总体表征，是中国几千年文明发展史中在特定的自然环境、经济形式、政治结构、意识形态的作用下形成、积累和流传下来，并且至今影响着当代社会的文化瑰宝。她既以经典文献、文化物品等客体形式存在和延续，又广泛地以民族思维方式、价值观念、伦理道德、性格特征、审美趣味、知识结构、行为规范、风俗习俗等主体形式存在和延续。在深入研究和探讨中国传统文化之前，对其发展历史进行说明和阐释，有助于我们更好、更全面地把握中国传统文化的内涵和实质。

一、夏商西周时期

早在殷商之前，中国丰富灿烂的传统文化已进入萌芽阶段。在三皇五帝时期，许多文化思想体系已开始初步构建，为后世形成繁荣的中华文化奠定了基础。

夏朝文化可谓是中国传统文化的起步。大约在公元前2200年，夏禹传子，是“天下为家”的开始，启建立了中国历史上的第一个奴隶制国家——夏朝，中国由此进入了奴隶制时代。

商朝的文化相较于夏朝取得了很大的进展。商朝是我国最早有文字记载的朝代，商朝的甲骨文是我国现存最早的档案文献。甲骨文是商代王室占卜的记录，因而也被称为“卜辞”，是商代由掌管卜筮和记事的“贞人”书写与保存的典册，内容极为丰富，是重要的历史文献。

周代的“礼”制即是典章制度的总汇，后来儒家对其进行了继承和发扬，使其以强劲的力量规范着中华儿女的生活行为、心理模式和是非观念，为后世各朝各代的统治阶级所推崇。这些思想是中国传统文化中的德治主义、民本主义、忧患意识乃至“天人合一”的致思趋向的最根本的渊薮。

二、春秋战国时期

在中国几千年的历史文化星空中，春秋战国的文化发展甚为耀眼。这时期群星灿烂，大家辈出。诸侯争霸、各自为政所渲染的政治环境造就了中国文化开放的自由时期，呈现出一元官学文化离析、多元私学文化发展、百家争鸣的灿烂景观。

儒家。儒家是春秋战国时期重要的学派之一，创始人是孔子。儒家遵从孔道，以六艺为法，崇尚“礼乐”和“仁义”，提倡“忠恕”和“中庸”之道，主张“德治”和“仁政”，是重视道德伦理教育和人的自身修养的一个学术派别。

道家。道家也是春秋战国时期重要学派之一，又称“道德家”。该学派以春秋末年老子关于“道”的学说为理论基础，以“道”说明宇宙万物的本质、本源、构成和变化，主张道法自然、无为而治，提倡清静无为、以柔克刚。老子以后，道家逐渐分化为不同派别，以庄子学派、杨朱学派、宋尹学派和黄老学派四派最为著名。

墨家。墨家是战国时期重要学派之一，创始人为墨子。这一学派以“兼相爱、交相利”作为学说的基础，主张尚贤、尚同和非攻，强本节用，后来又提出了“非命”的主张。“非命论”是墨家思想中最积极合理的部分，是人类对自身力量的初步论识，表达了古代劳动者力图摆脱传统天命思想束缚的愿望。

法家。法家是战国时期的重要学派之一，主张以法治国，“不别亲疏，不殊贵贱，一断于法”，故称之为法家。春秋时期的管仲、子产是法家的先驱，战国初期的李悝、商鞅、申不害、慎到等人开创了法家学派。战国末期，韩非子综合商鞅的“法”、慎到的“势”和申不害的“术”，集法家思想学说之大成。

名家。名家是战国时期的重要学派之一，因以从事论辩名实为主要学术活动而被后人称为名家，也被称为“辩者”“察士”或“刑名家”。

阴阳家。阴阳家是战国时期的重要学派之一，因提倡阴阳五行学说，并用它解释社会人事而得名。阴阳学说认为阴阳是事物本身具有的正反两种对立并且相互转化的力量，并以此说明了事物发展变化的规律。五行学说认为万物皆由木、火、土、金、水五种元素组成，其间有相生和相胜两大定律，以此说明宇宙万物的起源和变化。

纵横家。纵横家在战国时期以纵横捭阖之策游说诸侯，为诸子百家之一，创始人是鬼谷子。战国时期，南与北合为纵，西与东连为横，苏秦力主燕、赵、韩、魏、齐、楚合纵以拒秦，张仪则力破合纵，连横六国分别事秦，纵横家由此得名。他们的活动对于战国时期政治、军事格局的变化有重要的影响。

杂家。杂家是战国末期的综合学派，因“兼儒墨，合名法”“于百家之道无不贯综”（《汉书·艺文志》及颜师古注）而得名。秦相吕不韦聚集门客编著的《吕氏春秋》就是一部典型的杂家著作集。

农家。农家是战国时期重要的学派之一，出自上古管理农业生产的官吏，因注重农业生产而得名。他们“所重民食”，尊神农氏，认为农业是衣食之本，应放在一切工作的首位。此派注重对农业生产技术和经验的记录和总结。

小说家。小说家，先秦九流十家之一，采集民间传说议论，借以考察民情风俗。《汉书·艺文志》云：“小说家者流，盖出于稗官。街谈巷语，道听途说者之所造也。”

兵家。兵家重点在于指导战争，创始人是孙武。兵家又分为兵权谋家、兵形势家、兵阴阳家和兵技巧家四派。兵家的实践活动与理论，深刻影响了当时及后世的战争，为我国古代宝贵的军事思想遗产。

医家。医家泛指所有从医的人。战国时期的扁鹊号称“神医”，是我国中医脉络学的创始人。他重医不重巫，因此他所创立的中医学是科学的，他的

“望、闻、问、切”的诊疗方法至今仍是我国中医诊断的重要手段，对我国医学的发展做出了重要贡献。

三、秦汉时期

秦汉时期，既对先秦文化成就进行了总结和升华，又为此后两千多年的封建文化的发展奠定了基础。这个时期的封建统治者继承了前代由国家修史的传统，在中央设史官，修历史，史学取得了很大的进展，其中最有名的史书是《史记》和《汉书》。哲学方面唯心主义的代表人物是西汉中期的董仲舒，唯物主义的代表人物是东汉前期的王充。这个时期的主要宗教是道教和佛教，都是在东汉时期开始流传的。

文学艺术方面，秦汉时期的文学得到巨大的发展和创新，以散文、赋和诗歌为主。两汉时期的绘画艺术快速发展，宫廷府寺的墙壁上和贵族、官僚、地主宅第的墙壁墓壁上都盛行以绘画做装饰。雕塑艺术也发展迅速，秦始皇陵兵马俑是一座古代雕塑艺术宝库。

四、魏晋南北朝时期

两晋南北朝时期呈现出了动荡的局面，战乱和割据虽然打破了一元化的集权统治，但也使文化发生了多元走向。此时期玄学、道学、佛学、儒学等相互冲突，却也相互融合。伴随着大规模的民族迁移和民族融合，游牧或半农半牧民族的“胡”文化与中原农业社会的“汉”文化发生长时间交会，同时波斯、希腊等外域文化的输入，使得这一时期的文化进一步趋于多元化走向。

五、隋唐时期

隋唐时期，中国文化进入了气势恢宏的史诗般的隆盛时代。古典诗歌在唐代处于极盛时期，诗人辈出，不少名篇千古传诵。《全唐诗》辑录诗歌近5万首，作者达2200余人，著名诗人有李白、杜甫、王维、孟浩然和李贺等。古文运动由韩愈和柳宗元发起，提倡恢复先秦、两汉的古代散文，实则是复古其名，创新其实，力图开创一个文学发展的新局面。新乐府运动期间，白居易、元稹等诗人以乐府古诗之体，改进当时民间流行的歌谣，积极从事新乐府诗歌的创作。在绘画方面，唐代的人物画和山水、花鸟画的发展也比较迅速，鬼神画、牛马画、庙宇画等开始独立出来，形成新的绘画题裁。

六、两宋时期

宋代在科技、文化、文学、思想、绘画等方面的成就都值得世人赞叹，如印刷术从雕版到活字的变迁、罗盘针用于航海、火药的应用等，都是开拓了人类新纪元的文明。此外，宋代的天文历法、物理生化、医药数学、农业技术、工艺技术等领域都有重大突破，如冶铁中广泛使用煤早于欧洲7个多世纪。军事技术方面，军事装备、火器制造、筑城技术等都有较大发展。农业方面，新的耕作工具，如踏犁、秧马、楼车等，都已在农业生产领域使用。

七、辽夏金元时期

宋朝期间，陆续出现了与宋朝对峙的辽、西夏、金等国。战争加快了汉族和游牧民族的文化交流，促进了彼此的互相融合，丰富发展了中国传统文化。

元朝时期，规模盛大的中外文化交流也在进行之中。元曲的兴起对于我国民族诗歌的发展和文化的繁荣有着深远的影响和卓越的贡献。与此同时，中国文化迅速向国外传播，火药传入阿拉伯，印刷术传入波斯、埃及。意大利旅行家马可•波罗来到大元帝国之后，用《马可•波罗游记》把中国的详细状况介绍给了西方人，加快了东西方的文化融合。

八、明清时期

明清是思想文化创新时期。伴随思想开放，出现了启蒙思潮，代表人物有李贽、黄宗羲、顾炎武、王夫之等。他们指斥帝王，提出“天下之大害者，君而已矣”，主张“有其力者治其也”，提倡经世致用。明清时期也是中国小说史上的繁荣时期，这个时代的小说最大限度地展示了传统文化的精华。图书典籍方面，明清统治者对中国上下几千年浩如烟海的典籍进行了整理、汇编，编成了《永乐大典》《古今图书集成》等著作。

第三节　中国传统文化与文化自信

文化自信是一个民族、一个国家以及一个政党对自身文化价值的充分肯定和积极践行，以及对其文化的生命力持有的坚定信心。中国优秀传统文化的底蕴和在此基础上的继承和发展，奠定了我们文化自信的强大底气。

一、文化自信的渊源

中国的科技文化在清朝以前，长期处于世界领先水平。汉代开通了“丝绸之路”，从此欧亚大陆各国的文化交流不断加快，中国先进的科技文化更是随着丝绸之路的开通，迅速广泛地在欧亚大陆上传播。朝鲜在建国之前，儒学与汉字就已经传入朝鲜。日本与中国很早就有了交往，公元645年，日本发生了著名的大化革新，是日本历史上最重要的社会政治变革运动之一，是古代中日文化交流的重要结晶。公元1206年蒙元帝国建立后，更多的欧洲商人、传教士、使者来到了中国，《马可·波罗游记》让欧洲人对东方满怀憧憬。16世纪末，利玛窦等传教士来到中国后，更多地向西方介绍中国的思想、文化、政治、典籍等方面的知识。启蒙运动时期，伏尔泰的作品中也极为推崇中国的儒家道德思想。

中华文化源远流长、灿烂辉煌。中国5000多年历史发展中孕育的中华优秀传统文化，积淀着中华民族最深沉的精神追求，代表着中华民族独特的精神标识，延续和发展了灿烂辉煌的中华文明，对世界文明的发展和世界进步产生了积极和深远的影响。

中国近代以来的历史反复证明，没有中国共产党，就没有新中国。没有中国共产党，就不可能有中国特色社会主义道路自信、理论自信、制度自信、文化自信。因此，在研究文化自信问题时，我们除了要充分认识中国优秀传统文化为世界文明的进步与发展做出的历史贡献，更要深刻把握坚定文化自信是实现中华民族伟大复兴的强大精神动力。

二、文化自信的提出

党的十八大以来，习近平总书记在多个场合谈到中国传统文化，多次提到文化自信，表达了自己对传统文化、传统思想价值体系的认同与尊崇，传递出他的文化理念和文化观。在2014年2月24日的中央政治局第十三次集体学习中，习近平提出要“增强文化自信和价值观自信”。2014年的两会期间，习近平在与贵州代表团一起审议《政府工作报告》时指出，“体现一个国家综合实力最核心的、最高层的，还是文化软实力，这事关一个民族精气神的凝聚。我们要坚定道路自信、理论自信、制度自信，最根本的还有一个文化自信。”之后的两年间，习近平又对此有过多次论述：“增强文化自觉和文化自信，是坚定道路自信、理论自信、制度自信的题中应有之义。”“中国有坚定的道路自信、理论自信、制度自信，其本质是建立在5000多年文明传承基础上的文化自信。”2016年5月和6月，习近平又连续两次对“文化自信”加以强调，指出“我们要坚定中国特色社会主义道路自信、理论自信、制度自信，说到底是要坚持文化自信”，要引导党员特别是领导干部“坚定中国特色社会主义道路自信、理论自信、制度自信、文化自信”。在庆祝中国共产党成立95周年大会的讲话中，习近平对文化自信特别加以阐释，指出“文化自信，是更基础、更广泛、更深厚的自信”，其语境更为庄严，观点更为鲜明，态度更为坚决，传递出这既是文化理念又是指导思想。文化自信于是成为继道路自信、理论自信和制度自信之后，中国特色社会主义的“第四个自信”。

三、文化自信的底气

我们提倡的“文化自信”有其深厚根基，是可以真正践行的。因为，我们有优秀传统文化的底蕴，也有在中国革命、建设、改革的伟大实践过程中孕育的革命文化和社会主义先进文化。这种在优秀传统文化基础上的继承和发展，夯实了我们文化建设的根基，奠定了我们文化自信的强大底气。

我们有博大精深的优秀传统文化，它能“增强做中国人的骨气和底气”，是我们最深厚的文化软实力，是我们文化发展的母体，积淀着中华民族最深沉的精神追求。诸如“自强不息”的奋斗精神，“精忠报国”的爱国情怀，“天下兴亡、匹夫有责”的担当意识，“舍生取义”的牺牲精神，“革故鼎新”的创新思想，“扶危济困”的公德意识，“国而忘家、公而忘私”的价值理念等，一直是中华民族奋发进取的精神动力。此外，“天人合一”“天下为公”的社会理想，“以人为本”“民为邦本”的治国理念，“载舟覆舟”“居安思危”的忧患意识，“止戈为武”“协和万邦”的和平思想，“与人为善”“己所不欲、勿施于人”的处世之道，“儒法并用”“德刑相辅”的治理思想，“和为贵”“和而不同”的东方智慧等，一直是中华民族治国理政的思想渊源。甚至，我们正努力建设的小康社会的“小康”这个概念，也是出自《礼记•礼运》，是中华民族自古以来追求的理想社会状态。

这些千百年传承的理念，已浸润于每个国人心中，成为日用而不觉的价值观，构成中国人的独特精神世界。正如习近平所说，中国传统思想文化“体现着中华民族世世代代在生产生活中形成和传承的世界观、人生观、价值观、审美观等，其中最核心的内容已经成为中华民族最基本的文化基因。这些最基本的文化基因，是中华民族和中国人民在修齐治平、尊时守位、知常达变、开物成务、建功立业过程中逐渐形成的有别于其他民族的独特标识”。

我们有鲜明独特、奋发向上的革命文化。从井冈山精神、长征精神、延安精神、西柏坡精神，到雷锋精神、大庆精神、两弹一星精神，再到航天精神、北京奥运精神、抗震救灾精神，这些富有时代特征、民族特色的宝贵财富，脱胎于中华民族优秀文化传统，同时又在新形势下不断进行着再生再造、凝聚升华，从而为我们在新的历史条件下推进文化建设奠定了坚实基础。

我们还有承前启后、继往开来的社会主义先进文化，它是对中华民族优秀传统文化和红色革命文化的继承和发展，是运用马克思主义为指导所进行的文化创造。社会主义先进文化的明显特征是中国特色社会主义的共同理想、以爱国主义为核心的民族精神和以改革创新为核心的时代精神，以及社会主义荣辱观。在短短几十年的社会主义实践中，我们创造了中国道路、中国模式、中国奇迹，这已充分说明社会主义先进文化是一种有生命力的文化，是一种体现人类文明发展进步方向的文化。

我们的文化自信，不仅来自于文化的积淀、传承与创新、发展，更来自于当今中国特色社会主义的蓬勃生机，来自于实现中国梦的光明前景。改革开放40多年来，我们创造了举世瞩目的成就。国家兴旺，文化必然兴盛，特别是党的十八大以来，我们党把建设社会主义文化强国摆到更加突出的位置，中华文化正迎来一个繁荣发展的黄金期。

文化的优秀、国家的强大、人民的力量，就是我们文化自信的强大底气，是文化自信的水之源木之本。正如习近平所说：“站立在960万平方公里的广袤土地上，吸吮着中华民族漫长奋斗积累的文化养分，拥有13亿中国人民聚合的磅礴之力，我们走自己的路，具有无比广阔的舞台，具有无比深厚的历史底蕴，具有无比强大的前进动力。中国人民应该有这个信心，每一个中国人都应该有这个信心。”的确，我们没有理由不自信！

四、提高文化软实力事关国运

中国虽然有强大的文化根基和强劲的文化发展势头，但事实不容忽视，那就是中国目前还只是一个文化大国而不是一个文化强国，我们文化软实力的表现与物质硬实力的日益强大并不相称。

如何提高文化软实力？唯一的方法就是践行文化自信，让中华文化走向世界。习近平指出，“提高国家文化软实力，要努力展示中华文化独特魅力”，要“把跨越时空、超越国度、富有永恒魅力、具有当代价值的文化精神弘扬起来，把继承传统优秀文化又弘扬时代精神、立足本国又面向世界的当代中国文化创新成果传播出去”。他还指出：“要以理服人，以文服人，以德服人，提高对外文化交流水平，完善人文交流机制，创新人文交流方式，综合运用大众传播、群体传播、人际传播等多种方式展示中华文化魅力。”

至今已开办十年有余的孔子学院，便是我们推行“文化走出去”的良好实践。我们有理由相信，中华文化之花，已借孔子学院及其他诸多实践之力，开遍世界。

文以化人、文以载道，让中华民族的文化理念走出国门，让文化自身说话，使其成为不同语种、不同地域、不同国家和平交流沟通的媒介。在展现中华文化风采的同时，更重要的是呈现中国和平发展、和平崛起的理念，阐明“中华民族的血液中没有侵略他人、称霸世界的基因，中国人民不接受‘国强必霸’的逻辑，愿意同世界各国人民和睦相处、和谐发展，共谋和平、共护和平、共享和平”，从而为中国的发展营造良好的国际氛围。

“提高国家文化软实力，关系‘两个一百年’奋斗目标和中华民族伟大复兴中国梦的实现。”一个国家如果硬实力不行，可能一打就败；而如果软实力不行，可能不打自败。践行文化自信，提高文化软实力，事关全局，刻不容缓。

“欲人勿疑，必先自信。”只有对自己的文化有坚定的信心，才能获得坚持坚守的从容，鼓起奋发进取的勇气，焕发创新创造的活力。文化立世，文化兴邦。坚定文化自信，大力推动中国文化走出去，为中国经济、外交和安全影响力的扩展提供更加有效的软保护、构筑更有利的软环境，为我们的强国自信提供更基本更深沉更持久的力量，是我们必须重视的时代课题。

第三章　中医药文化概述

第一节　中医药文化的历史渊源

中医药文化源于博大精深的中国传统文化，在绵延发展的历史长河中，中医药文化从中国传统文化中汲取养分，得到了持续发展，为保障人民群众的健康保健需求做出了历史性贡献。

一、商周

商朝，人们居住在黄河流域，他们行医的方式非常原始，往往将迷信、传说及治疗经验结合应用。据出土的甲骨文记载，当时已有数种疾病的描述和治疗方法，人们以酒及热水做药物，用针及青铜刀做手术用具。相传以汤液治病始自此时期。商代人认为自己的存在与天地万物关系密切，大家所处的位置是天在头上，地在脚下，而人在两者之间。他们的信念地球是扁平的，由三块同心方块组合而成，他们以这个盖天说法来解释一切自然定律，而人与宇宙之间也因此而建立了很多联系。这些思想奠定了中医药理论体系的基础。

周朝，特别是到春秋后期，出现了“礼崩乐坏”的局面，战争频发，政治及社会极不安定，两位历史人物应时而起。一位是始创儒学的孔子（前557—前479年），他是社会改革者和导师，希望将动荡的时局恢复平静。另一位是老子（生于公元前590年），是道家思想创始人。道家思想偏向于哲学方面，而儒学则讲求实际。这些思想对中医药学的理论与实践产生了重要的影响。根据《周礼》记载，东周时期已建立系统的医疗组织，宫廷医师需接受不同的专科训练。当时医术已开始分门别类，还有负责治疗动物的医师。“神医”扁鹊就是这个时期的著名医师。扁鹊被喻为是妇科、儿科、眼科、精神科及耳鼻喉科的圣手，其行医手法是以中医四诊“望、闻、问、切”为基础，此外，他更相信疾病是体内阴阳的失衡所造成。

二、春秋战国

20世纪80年代，在长沙马王堆汉墓出土了一批医学文献，属于公元前168年以前的文物，最具有中医学价值的是《马王堆帛书》。经整理，帛书包括《脉法》《养生方》《杂疗方》等21部分，成书年代在《黄帝内经》之前。其中的《足臂十一脉灸经》和《阴阳十一脉灸经》记载了当时经络学说的内容，另有一本《五十二病方》，详细记录了52种疾病以及与其相对应的治疗方药。《马王堆帛书》体现了早期辩证论治思想的萌芽，填补了汉代以前方剂学、中药学的空白。

《黄帝内经》是中国现存最早的医学典籍，是中医学四大经典著作之一，分为《素问》和《灵枢》两个部分，共计162篇，现存160篇。该书并非一人一时一地所做，而是假托黄帝之名，由一大批无名学者经过长时间汇集编纂而成，成书年代大致为西汉中后期，反映了秦汉以前的医学成就。

三、秦汉

秦始皇是首位统一中国的皇帝，他统合各地的制度，包括货币、文字、度量衡等，以提高统治及管理效率。秦始皇以严苛手段治国，公元前213年发生了“焚书坑儒”的历史事件，引起贵族和学者们不满，但幸运的是一些有关占卜、医学及农业的书籍得以保全。伴随着秦朝灭亡和汉朝建立，中医药体系随同大量医疗实践的开展，内容开始充实及提高。

哲学和宗教发挥重要作用是汉朝的一个特色。封建统治者都梦想长生不老，从而享受人间的荣华富贵，搜求药材及炼丹的风气因而盛行起来。因为纸张的发明，许多不同的书籍开始出现，而且质量不断提升。当时儒家思想相当普遍，很多学者开始习究和记录医药文献，医学教育更为广泛。

师徒相授制度是东汉常见的培训医师的方法，这种方法通常以家传形式进行，以确保稳定及可靠的收益。要成为名医就要重视经验积累，文献《曲礼》说：“医不三世，不服其药。”当时的人们还利用著名医籍来自学医术。

以考试形式来选拔合格医师最早出现在汉朝。汉元帝在公元前43年就要求所有侍奉他的医务官员必须通过考核，但这个考试内容不是医学知识，而是以他们的行为是否达到“廉、信、礼、义”的规范为标准。这与当时奉行儒家思想有密切的关系。

四、三国、两晋及南北朝

公元200年至581年间，我国在文化及科学等方面都有重大发展。在这一时期，佛教在全国迅速传播，使得印度文化传入中国。有关数学、天文及医学知识发展兴盛。医药学得到了全面发展，在汉代的基础上，中医药学进入一个广泛总结经验的阶段，出现了大量的中医药学著作，特别是脉学、针灸学、本草学及方剂学等方面。

三国时期医学教育水平较高。南朝宋文帝时，太医令秦承祖要求朝廷派医官培训医学生，此属朝廷指派医师教授中医学的创举。此前的官学主要传授文学、哲学及行政等方面的知识，很少关于医学方面。这一时期针灸学也有了较大的发展。针灸疗法在中国很普及，是中国传统的物理治疗方法，可以有效地缓解身体的疼痛。

五、唐朝

唐朝政府重视医疗，临床医学成为主流，且趋向专科化。公元624年，唐政府设立了“太医署”，由行政、教学、医疗及药工四部组成。太医署非常重视考试，对学生的要求非常严格，每月、季度、年都有考试，并评核成绩，规定学习9年仍不合格者，即令退学。医师们的升迁制度也是基于他们的成功治愈率。由此，中国是世界上最先设立考试制度的国家，其他国家相继仿效。

频繁地与外来文化的交流也丰富了中医学内容。由于佛教的盛行，僧侣们常常前往印度朝圣，加强了中国和印度之间的文化交流。许多印度医书被翻译成中文，据记载，当时还有印度医生在中国行医。中医眼科技术的提高也得益于印度医术。作为回报，中国药材例如麻黄、人参和白芷等被带到印度。由于阿拉伯商人到中国经商，中药也影响了阿拉伯国家。阿拉伯人将炼丹术、脉诊技术以及草药如大黄、肉桂等带回国，炼金术也是经阿拉伯人而流传到西方其他国家。同时，新品种草药例如乳香、没药和葫芦巴等也输入了中国。来自波斯的无花果，今天仍是中医用于通便的常用药。此外，西藏医药学也从中医及阿拉伯医学中获益。

六、宋朝

宋朝在农业及手工业发展的基础上，社会生产力不断提高，商业发展迅速。印刷术使医学著作的广泛传播成为可能。宋代专设“校正医书局”，集中了一批著名医学家及其他学者，有计划地对历代重要医籍进行搜集、整理、考证、校勘。宋代官府和医家编著了大批书籍，一方面整理了前代的本草文献，总结了对药物学的新经验，出版了大量的本草药典，另一方面，朝廷设立“尚药局”，广泛地收集宋代以前的方剂及民间验方，编成大型方书。

朝廷把医药行政及医学教育分立起来，设立“翰林医官院”，负责医疗政令和医疗事务。医学部亦增分为九科，后来又将九科合并为三科。当时医学生的理论教材，除了唐代必修的医学文献之外，还新增了陈言的《三因极一病证方论》。著名医家及诗人杨介，总结对死刑犯人的解剖经验，描绘成中国最早的人体解剖图谱《存真图》，使当时医学生对解剖学的认识加深。另一个医学教育的突破是翰林医官尚药王惟一，他研制了两具与成年男子体形相等的“铜人”，并且奉宋仁宗之命总结针灸名著，撰成《新铸铜人腧穴针灸图经》。

随着中医药学的发展和进步，宋朝法医学也有重大发展。《洗冤集录》是宋慈于1247年完成的著作，内容包括人体解剖、尸体检验、现场勘察、死伤原因鉴定、各类中毒急救及解毒方法等，分析详细且切合实际。此书后来成为中国死伤狱断案的法典及依据，一直沿用600多年，并被翻译成至少5种外国语言版本。

宋代官府不但注重医学文献出版事业，也非常鼓励医学研究及实践，儿科及妇科发展成独立专科，并取得重要的成果。儿科专家及专著中，以钱乙及其著作《小儿药证直诀》为代表。妇科及产科亦开始独立发展，当时成就最大的是陈自明及其所著的《妇人大全良方》，该书主要讲解妇科方面的月经、生育以及常见疾病，产科有胎教、妊娠、难产及产后疾病等。

七、金元

金元时期的文化、艺术及生活模式基本上与宋朝相同，但已逐渐失去昔日的繁荣。朝廷打压学者及艺术家，直接影响文化及科技的发展，还制定新的法律，如禁止异族通婚、农民需缴纳重赋等。百姓怨愤异常，一些宗教组织趁机奋起反抗。同时，蒙古人也协助开辟了中亚欧地区的贸易，意大利著名探险家马可·波罗是首位成功从欧洲乘船航行到亚洲大陆的欧洲人。他多次往返亚洲与欧洲大陆，从事贸易及探索旅游，推动基督教及伊斯兰教传入中国，对中国的科技发展产生了一定的影响。

以《黄帝内经》《神农本草经》《伤寒杂病论》等中医药学经典著作为基础，结合临证实践，中医药学发展到一个新的阶段。医家们开始自成一派，阐述自己的独到见解，出现不同的学派，其中以“寒凉派”刘完素、“攻邪派”张从正、“温补派”李杲、“滋阴派”朱震亨为代表，后世将他们称为“金元四大家”。同时，外伤科也有显著的发展。齐德之于1335年撰写了《外科精义》一书，全书共两卷，上卷描写外科治疗小手术，特别是皮肤科治疗方面，下卷记载汤、丸、膏、丹等方剂。他的创新之一是用光合疗法治疗皮肤病，另外，对外科疾病的病因、病机及诊断方面也提出了新的观点。与齐德之同时期，还有危亦林撰于1337年的《世医得效方》。此书充分表现了危亦林在骨科上的高超技巧，他精于骨折及骨关节脱位整复与固定。书中记载的麻醉药如曼陀罗、乌头等的应用亦是先例。危亦林是应用脊椎骨折悬吊复位术的先驱者，相对西医学方面，直到1927年，英国医生达维斯才提出此法。

八、明朝

明朝时期，西方来的传教士不但带来了宗教思想，还有科技文化。明朝的知识分子在与他们的交往中受到一定的影响，译述了一些西方科技和医学图书。徐光启是最早与西洋传教士密切交往的学者，他与意大利人利玛窦合作，介绍了西方几何学的基本理论及公理。

明朝有很多名医，并出版了许多著作，对于中医药的发展做出了很大的贡献。这一时期，医家们仍旧沿袭先前医学经典继续发展，继承金元时代医家们提出的医学主张。明朝也出现了不同学术流派，各家互相激烈争论，当时主要分为滋阴、温补以及明末出现的温病学派。滋阴派医家源自元代朱丹溪，主张滋阴并善用寒凉之药治病，代表人物是王履和戴思恭。温补派医家是以金代李杲的《脾胃论》为基础，治疗时重视温补中气，代表人物是推薛己、张景岳和赵献可。温病派代表医家是吴有性，他对疫病的病因、传染途径及平日所用的验方等作详细记录，于1642年写成《温疫论》，属于传染病诊治方面的专著。他创立“戾气”之说，认为瘟疫之病并非由风寒暑湿外邪引致，而是由于感染一种外在的“异气”引起，这种“异气”被他称作“戾气”。古代痘疹（即天花）是严重的传染病，早在汉代葛洪的《肘后方》已有记载，但一直没有有效的防治方法。直到明代发明“人痘接种法”，为预防天花开辟有效途径，是免疫学的早期成就，在世界医学史上占有重要地位。人痘接种法开始应用的确切日期尚不能确定，但是最晚在明朝年间确实有文献记载其应用。

这一时期，外科及创伤科有了新的进展，医家们主张在治疗外伤疾病时应内外兼顾。同时，医家们对癌症也有了较清晰的认识。外科手术方面如止痛、消毒及止血的技术也提高了，陈实功的《外科正宗》较突出地表现了当时的成就。陈实功于1617年完成《外科正宗》，书中论及外科常见疾病100多种，并选入了唐宋以来的许多有效方剂。他主张治疗外科疾病应内服和手术并重，认为脓肿疾病应尽早手术，以免贻误病情。书中记载他曾成功做过断喉吻合术，并在茴香散局部麻醉下，用铜筋丝线圈套并摘除鼻息肉。书中还有最早对颈部恶性肿瘤及乳腺癌的记录。典型的梅毒大约在15世纪或更早从外国经广东传入中国。明代梅毒病泛滥，医家陈可成撰写的《霉疮秘录》是较早的梅毒专科诊疗书。书中记载了梅毒不同病期的症状，提出了可以用丹砂、雄黄等含砷的药物进行治疗，是世界医学史上最早应用砷剂治疗梅毒的记录，此外书中还论及了预防梅毒的方法。

明代有大量的本草学及方剂学著作，其中又以个人著作占大多数，刊行数量远较先前历代为多，内容也更丰富详细。在此时期，中国本草学出现了一部具有世界级学术地位的专著——李时珍编著的《本草纲目》。《本草纲目》刊行后很快传入日本、朝鲜及越南等亚洲国家，在17、18世纪先后被翻译成多种语言传入欧洲。另一方面，李时珍是首位提出脑负责精神感觉、发现胆结石病、利用冰替高热病人降温以及发明消毒技术的医家。

九、近代中国

中医在近代中国极其困难的条件下继续发展。19世纪西方传教士来到中国兴建大量医院、学校及药房，使西医学迅速发展起来。西方医学传入后，一些医家试图将中西医加以汇通，从理论到临床、从药物到处方都提出了独特见解，形成了中西医汇通的思潮和学派。这对中医药学后来的发展产生了深远的影响，形成了中西医并存的局面。

西医学在中国的发展，给中医学带来了巨大的冲击，然而很多中医师并没有放弃自己的传统。他们建议摒除中医的缺点，吸收西医的优点。当时医学家提出了一些会通中西医的见解，逐渐形成了中西会通的思潮及学派，对后世有深远的影响，代表者有张锡纯、恽铁樵及杨则民。在异常困难的情况下，仍有一批热爱中医事业的有识之士，为了保存和发展中国医药学，大力创办中医院校、出版中医药杂志及组织中医学会。丁甘仁和谢利恒等人创办了上海中医专门学校（1917），包识生等创办了神州医药专门学校（1918）。

第二节 儒道家文化对中医药文化的影响

一、儒家文化对中医药文化的影响

儒家思想是中国传统文化的核心和主导，发端于春秋战国之际，以孔、孟之学为学术代表。代表性的经典著作主要有《周易》《尚书》《诗经》《礼记》《春秋》《论语》《孟子》等。中医药学成长于中国传统文化的肥沃土壤之中，并从中汲取营养、不断发展。

（一）儒家的人文主义与中医学的科学精神

儒家一贯反对以神为本，坚持以人为本的人文主义立场。《论语·先进》："未能事人，焉能事鬼？""未知生，焉知死？"由此可见，儒家把自己活动的领域和研究对象集中于现实的人事、人的生命方面，重视现世人生的意义，忽略鬼神生死之类的问题，对于宗教采取"敬而远之"的态度。儒家学说所坚持的现实生活与道德理想统一的观点本身就是人文主义和理性主义的观点。宋明理学还积极肯定了精神生活的价值，这不仅有助于人们正确地理解人与神的关系，增强人的主体意识，而且有助于抵制宗教神学对医学的侵蚀作用，使中医药学能够按照生命科学的规律和原理正确解释形神关系。

（二）儒家的哲学理念与中医学的思维模式

阴阳五行学说与中医理论。儒家与中医学皆以阴阳五行学说为认识论和方法论，前者从伦理政治的角度出发，后者则是为了治病防病的医理需要而论证"天人合一"的总体目标。《内经》时代，阴阳作为普遍规律被广泛应用，《素问·阴阳应象大论》说："阴阳者，天地之道也，万物之纲纪，变化之父母，生杀之本始，神明之府也。"汉儒董仲舒提出"天有阴阳，人亦有阴阳"的理论，《素问·宝命全形论》曰："人生有形，不离阴阳。"阴阳所蕴含的二分法思想被古代医家用来解释生命运动中既相成又相反的两个方面及其运动变化的机理和规律，并被广泛应用于生理、病理、发病、诊断、治疗、预防等各个方面。五行学说作为一种哲学理论，为中国古代学者和中医学家提供了重要的思维方法和说理工具。中医学运用五行学说，一是应用五行来说明世界的物质属性及其结构特点；二是用五行的特性对各种事物和现象，包括人体各脏腑组织的生理、病理特性及其表象进行分类、归纳和机理解释，具体体现在五行与五脏、五腑、五神、五志、五体、五华、五声、五变等人体组织器官以及生理、病理的分类配属；三是利用五行相生相胜理论来探讨各事物之间，包括脏腑组织之间、人体与自然界之间的相互关系，探索事物运动变化的机制及其规律。阴阳五行的哲学思想和理论，在中医学理论体系的构建方面起到重要作用，同时，作为思维方法和说理工具，在“阴阳消长”“五行生克”之中包含着丰富的辩证思维和符合医疗实践的深刻阐述，应用于分析生理机制、病理变化、临床诊断和预防治疗。但是，中医在阴阳五行学说中的运用毕竟是从哲学的原理导出医理，带有一定的主观片面性和机械唯物论成分，其超常的稳定性也影响了医学理论的创新和发展。

取象类比的思维模式。取象类比是儒家的一种传统思维方法。取象类比分为两个阶段：一是“取象”，即把实践中积累的体验、经验集中起来，“观其所聚，而天地万物之情可见矣”（《易传·萃卦》），发现事物之间的相似性（共性），把类似的事物集中起来；二是“类比”，以“类”的认识为基础，进行演绎推理，“因而伸之，触类而长之”，就可以“范围天地之化而不过，曲成万物而不遗”（《易传·系辞上》）。《内经》在总结医疗经验、构建中医理论体系时，明显地受到《周易》取象类比思维模式的影响，用自然之理来揭示人体生命之理。如《内经》对阴阳理论的阐述无不体现《周易》“立天之道，曰阴曰阳”的原理，应用阴阳属性的概念，就可以“数之可百，推之可万”。《素问·宝命全形论》中说：“夫盐之味咸者，其气令器津泄；弦绝者，其音嘶败。”中医学采用这种取象类比的思维模式，把来自临床实践的医学原理纳入阴阳对立统一、五行生克制化的模式中，使医学原理“模式化”，促进中医阴阳五行理论的广泛应用。

（三）儒家的中庸思想与中医学的平衡观念

中庸之道是儒家的基本方法论原则，被广泛运用于思想认识和社会活动的各个领域。中医学接受并贯彻了中庸之道，中庸思想广泛贯穿和渗透于中医学的生理、病理、病因、治疗、养生、防病等学说之中，成为中医学的一种思维定式。

儒家中庸之“和”的思想，被广泛运用于中医学。在生理学方面，中医学认为保持各种机能的协调与平衡是维持健康的重要条件，“阴阳匀平，以充其形，九候若一，命曰平人”（《素问·调经论》），“阴平阳秘，精神乃治”（《素问·生气通天论》）。在发病学方面，中医学认为“生病起于过用”（《素问·经脉别论》),“失中为病”都是由于“太过”或“不及”所导致。在病理学方面,中医学认为阴阳失调是一切疾病发生、发展的基本机制,而“阴阳离决,精气乃绝”(《素问·生气通天论》)。在治疗原则方面,“补其不足,泻其有余”(《灵枢·邪客》),“谨察阴阳所在而调之,以平为期”(《素问·至真要大论》)。

“中和”观念还是历代养生家的指导思想。《内经》明确养生的原则就是“和于阴阳,调于四时”,并举例说:“上古之人,其知道者,法于阴阳,和于术数,饮食有节,起居有常,不妄作劳,故能形与神俱,而尽终其天年,度百岁乃去。”(《素问·上言天真论》)

可见,儒家的中庸之道渗透于中医学的生理、病理、治疗、养生等各个方面,影响全面而深远。

(四)儒家的“天人合一”与中医学的整体观念

儒家“天人合一”“天人合德”“万物一体”的思想是中国传统文化的主要内容之一,强调人与人、人与自然的协调统一。“天人合一”除了具有世界观的意义,还具有方法论的价值。儒家系统阐述和应用“天人合一”理论者首推董仲舒,其“天人合一”思想主要包括“天人相似”和“天人感应”两个方面。“天人相似”是指人体与宇宙自然、社会结构等相似,“天人感应”是指人与自然相互影响、互为通应。“气同则会,声比则应”,所以会出现“天地之阴气起,而人之阴气应之而起;人之阴气起,而天地之阴气亦应之而起”的现象。儒家“天人合一”的思想培育了中国历代自然科学家的世界观,医学家也不例外。中医学的整体观念,特别是“天人相应”的论证,显然是受到儒家“天人合一”思想的影响,在“三才论”的基础上形成,并更加具体、丰富、系统、成熟。

(五)儒家的时空观念与中医学的恒动观念

儒家关注、探讨事物的运动、发展与变化规律。《易传·系辞上》说“生生之谓易”,认为事物的发展变化生生不息。宋儒周敦颐在《太极图说》中提出“二气交感,化生万物,万物生生,而变化无穷焉”,深刻揭示了事物发展变化的永恒性。北宋张载提出了事物运动中的“渐化”观点,认为事物的发展中有渐变,渐变到一定程度会引起事物的显著性变化。明清之际的王夫之认为运动是物质世界的本性,“太虚者,本动者也”(《周易外传·番六》),还提出“静”也是“动之静”,深刻说明了事物运动的绝对性和静止的相对性的辩证关系。王夫之认为世界万物在永恒的运动中不断推陈出新,还结合了时间的变化与物质运动的关系,提出了“天地日新”的发展观。

中医学在分析、研究生命运动规律和疾病发展演变等医学问题时,坚持运动、变化、发展的观点。中医学认为，“动而不息”是自然界的根本规律，《素问·六微旨大论》指出：“夫物之生，从于化，物之极，由乎变，变化之相薄，成败之所由也。”认识到事物的发生、发展、变化、衰亡都根源于运动，强调用恒动观念来认识人的生理，认为运动是生命的本质特征。朱丹溪说：“天主生物，故恒于动；人有此生，也恒动。”（《格致余论·相火论》）气的运动，称“气机”，归结为“出入升降”四种基本运动形式。《素问·六微旨大论》说：“出入废，则神机化灭；升降息，则气立孤危。故非出入，则无以生长壮老已；非升降，则无以生长化收藏。”中医学更强调把疾病当成一个动态的过程来把握，因此，将疾病不同阶段的病理变化概括为“征候”。同时，在治疗疾病时要求随时根据病情的变化调整处方用药，药症相符，方能取得良效。

（六）儒家的正名思想与中医学的脏腑命名

儒家文化强调“正名”，所谓“正名”就是正其名分，名实相符。正名思想的实质就是要维持等级尊卑秩序，让其各司其职。这种思想观念明显地反映于中医学的脏腑命名中。《素问·灵兰秘典论》中对人体脏腑的地位比照古代官职结构排列：“心者，君主之官也，神明出焉。肺者，相傅之官，治节出焉。肝者，将军之官，谋虑出焉。胆者，中正之官，决断出焉。膻中者，臣使之官，喜乐出焉。脾胃者，仓廪之官，五味出焉……故主明则下安，主不明则十二官危。”

五行观念由来已久，五脏配属五行是中医学的理论之一。人体之中，心最为重要，称君主之官，把心的阳气称为“君火”，其余四脏之阳气称为“相火”，“君火以明，相火以位”，就是用儒家的伦理说明人体的生理。儒家的尊君思想还被引入制方理论中，《素问·至真要大论》说：“方制君臣何谓也？岐伯曰：主病之谓君，佐君之谓臣，应臣之谓使。”

（七）儒家的仁孝观念与中医学的伦理道德

儒家的“仁义”“孝道”，对中医的伦理学、医疗行为规范等都产生了积极的影响。儒家以“济世利天下”为最高理想，以“仁”为道德修养的最高境界。儒家重视生命，将人推崇到很高的地位。这种“重人”的意识，除了尊重生命价值外，更将个体与群体、人与自然、人与社会相互交融，强调个人对宗族和国家的义务。儒家的这种人道观念和“重人”意识，对中医学的伦理道德产生了积极作用。

中医不分贵贱贫富，一视同仁。儒家提出“有教无类”和“泛爱众”的口号，《孟子·梁惠王上》：“老吾老以及人之老，幼吾幼以及人之幼。”医家则主张对患者不分贵贱贫富，一视同仁。唐代医家孙思邈对此有精辟论述：

“若有疾厄来求救者，不得同其贵贱贫富，长幼妍媸，怨亲善友，华夷愚智，普同一等，皆如至亲之想。”（《备急千金要方·论大医精诚》）明代万全强调“以活人为心，不记宿怨”，诸如此类的例子不胜枚举。

中医强调尊重病人。儒家提倡以礼敬人，医家亦主张尊重病人和同行。历代医家都很重视谦己尊人的礼节礼貌。孙思邈的《备急千金要方·论大医精诚》、陈实功的《外科正宗·医家五戒十要》都明确指出要以谦恭有礼的态度对待病人和同行，对于病人，除了关心、同情和爱护之外，还必须尊重其人格，对于同行，亦当恭谨、谦和、礼让。

中医还强调自我修养。儒家主张“修身”和“慎独”，认为修身乃是齐家、治国、平天下的先决条件。中医强调医生要恪遵医德规范，加强自我修养。孙思邈提出大医要“澄神内视，望之俨然，宽裕汪汪，不皎不昧……不得于性命之上，率尔自逞俊快，邀射名誉，甚不仁矣……不得多语调笑，谈谑喧哗，道说是非，议论人物，炫耀声名，訾毁诸医，自矜己德”（《备急千金要方·论大医精诚》）。

总之，医学具有治病、救人、济世之功德，所以被称为“仁术”。医学的职业特点要求医家不但要具有精湛的医术（为“仁”的方法）、强烈的社会责任感（为“仁”的基础），而且还要有博施济众、爱护生命的意识（为“仁”的内容），医生的道德修养是医学作为“仁术”的一个重要特征，可见，儒倡“仁义”，医知博济，两者相合，形成了中医学以仁爱之心行精诚之术、把儒之美德寓于医疗之中的传统医德。

（八）宋明理学对中医学发展的影响

理学是以儒家思想的内容为主，吸收了佛学和道教思想而形成的产物，故又称为新儒家。理学从两宋兴起，到明代有新的发展，以宋代的周敦颐、邵雍、张载、程颢、程颐、朱熹、陆九渊和明代的王守仁等为代表，其间经历了近7个世纪（11—17世纪），不仅在很大程度上塑造了宋明时期的哲学思想，并且对宋金元时期中医学的学术繁荣发展产生了极为深刻的影响。

理学对“太极”“阴阳”“象数”等重要概念的阐述和发挥。理学明确提出了太极宇宙模式和象数原理，发展了阴阳互根理论，成为当时医家研究医学理论的思想方法和说理工具。如朱丹溪、张景岳、孙一奎等都强调太极之理为医学之本，张志聪以太极论胚胎，陈念祖以太极论药性，郑钦安以太极论病机，赵献可以太极论命门，诸如此类不胜枚举。理学重视研究人的性命哲理和象数运气学说，对中医的养生学说和五运六气理论的发展起了直接的推动作用。

理学的“格物究理”影响着医学理论的研究。理学家中多人从事中医学研究，他们的医学成就在很大程度上得益于儒家深厚的文化素养，如朱丹溪、张景岳、李时珍等都是其中的佼佼者。

理学学术流派对中医学的影响。理学体系内部不同学派之间的学术争鸣打破了思想僵化的局面，促进了学术的繁荣和发展，这种学风对医学界产生了强烈的影响。在这种浓厚的氛围之下，中医界思想活跃，出现了不同的学术思想和观点，学术流派逐渐形成并发展，大大地丰富和发展了中医学术，有力地推动了中医理论研究水平和临床水平向更高、更深层次发展。“儒之门户分于宋”与“医之门户分于金元”两者之间不无联系。

（九）儒医人才

“儒医”是指宗儒、习儒的医者，或习医、业医的儒者。由于儒家以“仁义济世”为人生追求，而医学被称为“仁术”，以治病救人为宗旨，儒与医有相似的人生目标，于是，医、儒结合，形成了一个人数众多、绵延悠久的医家群体，即所谓“儒医”。

儒医队伍的形成。宋徽宗时设置了从中央到地方的各级医学校。办学之初，规定从儒家学校中选取具有一定医学基础或对医学感兴趣的人入学，吸引了一批儒家学士成为最早的儒医，这种形式培养的儒医后来成为中医队伍中的骨干力量。某些儒士未能通过“学而优则仕”的道路实现自己的理想，“不为良相，便为良医”，转而投身医学，如皇甫谧、王肯堂、喻嘉言、张景岳、李时珍等，都因仕途不通转而学医，这些儒士的加入，壮大了中医的队伍，其中还存在亦儒亦医的情况，包括边做官边行医和做官行医交替为之两种形式。

总之，儒家的忠孝仁义济世观促使许多具有较高文化素质的儒士学习医术而成为儒医。儒医这种特殊文化现象的产生，从根本上改变了传统中医的人员组成，客观上壮大了中医队伍，提高了中医队伍的文化素质，改善了中医队伍的知识结构，为中医学广泛地吸收其他学科知识，如天文、地理、哲学等奠定了基础。

儒医对中医药学的贡献。儒医是中医文献整理研究的骨干力量，医学文献整理是儒医对中医药学做出的一大贡献。他们在长期的临床实践过程中积累了丰富的医学经验，并进行整理总结，著书立说，丰富和发展了中医学理论体系。儒医把“仁义道德”观引入医学领域，践行并形成了中医学的职业道德观。很多医家在自己的医学专著中，以显要的位置、大量的篇幅或专篇阐述医学伦理学问题，探讨医生的行为规范、医患之间的关系准则。各家学术思想均有自己的特色，尤其是“金元四大家”的刘完素、张从正、李杲和朱震亨，各自创立新说，彼此又相互补充发展，从不同侧面丰富和发展了中医的病因、病理学说和临床治疗学理论。

儒医对中医学的形成和发展起到了积极的作用，但另一方面，儒家对中医学的发展也有一定的负面影响。如受儒家尊经崇古学风的影响，中医界较多地沿袭“尊经卫道”的保守作风，这种治学方式束缚了中医人的创新思维，影响了中医学的创新发展。在儒家重道轻器学术倾向的影响下，中医学研究也有重辩理、轻实证的倾向。此外，封建伦理观中的“男女授受不亲”，在一定程度上限制了中医学对女性疾病的认识与实践；“身体发肤，受之父母，不敢毁伤，孝之始也”（《学经·开宗明义》），更是严重影响了中医对人体结构认识的深入探讨。

二、道家文化对中医药文化的影响

道家是老子创立的，以“道”为理论中心的思想学派。《汉书·艺文志》曰：“道家者流，盖出于史官，历记成败、存亡、祸福、古今之道，然后知秉要执本，清虚以自守，卑弱以自持。”庄子继承和发展了老子的思想，以自然天道观和相对主义认识论为主要主张。后世将二人合称为“老庄”。道家思想在中国传统文化中占据了极其重要的地位，对中国的政治、思想、科技、文化、艺术等都产生了深远影响。道家根据他们的原理而行动，由此之故，东亚的化学、矿物学、植物学、动物学和药理学都起源于道家。可以说，道家是对中国传统文化的形成和发展影响力最大、最深刻的文化流派之一。

道家文化的自然观、认识论等深刻地影响着中医药学理论体系的形成和发展。中医学经典著作《黄帝内经》中突出体现出道家思想，尤其是养生理论。隋唐杨上善著《黄帝内经太素》，其中的哲学思想和论述都是研究老庄思想的宝贵资料。晋代葛洪、南朝陶弘景为著名医家，皆为“道医”，唐代王冰（启玄子）次注《黄帝内经》，孙思邈为“大医精诚”的代表，金元四大家之一的刘完素（通玄处士）倡“寒凉派”等，皆为道文化与中医学完美结合的典范。

道在于一。“道在于一”深得道家思想的内涵，《老子·第二十二章》：“圣人抱一为天下式”。《淮南子·诠言训》：“一也者，万物之本也，无敌之道也。”即“一”是道的具体体现，是天地万物发生的本原和事物发展变化的规律法则。“一”是万物之母，是蕴含阴阳二气、化生四象八卦、造就天地万物的母体。“道在于一”的思想奠定了“气（精气）一元论”学说的基础，而“气（精气）一元论”作为中国古代哲学的世界观和方法论，在构建中医学理论体系方面具有巨大的影响和作用。

顺应自然。“人法地，地法天，天法道，道法自然”，为老子提倡的天、地、人、道之间的关系。“道法自然”揭示了宇宙中事物生存变化的关系。道文化认为自然界有其自身客观规律与法则，人们只有顺应自然才能改造自然，顺应自然不仅指自然环境，还包括人们所处的社会环境等。中国人一向都在追求人与自然、社会的和谐并存，实现生命与自然及社会过程的协调统一，力求做到生命过程中神、气、形的和谐合一。

崇尚自然、顺应自然的思想，在《黄帝内经》中被赋予了医学含义而得到深刻发挥。《素问·四气调神大论》：“夫四时阴阳者，万物之根本也，所以圣人春夏养阳，秋冬养阴，以从其根，故与万物沉浮于生长之门。逆其根，则伐其本，坏其真矣。故阴阳四时者，万物之终始也，生死之本也。逆之则灾害生，从之则苛疾不起，是谓得道。”说明人的生命要顺应自然才不会得病，保养生命的关键就在于调摄人的神、气、形，以求保持人的生命过程的和谐发展，顺应自然界阴阳四时的变化规律，根据四时的变化调节人们的精神、作息、饮食等。

重视养生。道教养生方法之一是炼丹术，对中医养生观念产生了一定的影响。东晋时期的葛洪作为道家和中医学家，继承了前人的炼丹成就，并努力进行炼丹的养生实践，成为中国炼丹史上承上启下的人物，其炼丹成就主要体现在《抱朴子·内篇》中。南北朝时期，陶弘景带领弟子隐居茅山修炼、炼丹，至今还有炼丹的遗迹。唐代孙思邈则将炼丹用于治疗疾病，如小还丹、白雪丹等。孙思邈认为：“故养性者，不但饵药餐霞，其要在兼于百行。百行备，虽绝药饵，足以遐年。德行不充，纵服玉液金丹，未能延寿。故老子曰：善摄生者，陆行不遇虎兕，此则道德之祐也，岂假服饵而祈遐年哉。”可见养生不能简单地依赖药物，需“百行周备”，即采取多种养生方法，以延年益寿。

第三节　中医药文化与养生

一、中医养生的概念

“养生”一词最早见于《管子》，指的是通过保养生命从而达到长寿的目的。中医养生指的是在中医理论指导下，遵循生命发展的规律，倡导科学健康的生活理念和行为方式，并通过各种适合于个体差异的养生方法，以达到培养禀赋、促进发育、增强健康、预防和减少疾病、推迟衰老乃至延年益寿的目的。养生的核心目的是增强健康，养生在《道德经》中被称为“摄生”，后世又有“道生”“养性”“寿世”等多种称谓。

“保健”，就是保持健康，这是一个现代概念，其核心是使健康状态比较长时间地保持在一个稳定水平，不仅包括对健康的维护，也包括对疾病的预防和患病后的养护。

“预防”，预，古亦称“豫”，重在意识；防，指提防，重在措施。“预防”二字最早出现在《周易・下经》既济卦：“君子以思患而豫防之。”此间用于指称预防祸患。“预防”作为现代概念，主要是针对流行性疾病的防患措施，着眼点是在社会群体或公共服务体系。

“治未病”，这是中医学的一贯主张，包含未病先防、既病防变、病后防复三层含义。表明了中医不仅善于在已病状态下，通过各种有效的手段、方法来诊疗病人，使病人恢复健康，而且更重要的是主张人们在未病状态下，即在平常时期，就要重视对生命的养护，尽量不患病、少患病，或者注重病中和病后的养护，不使病情恶化、转变或复发。与“治未病”相比，养生针对的是整个生命过程，而病只是生命过程中的一种“突发”或“异常”事件。显然，养生的概念要比“治未病”广泛，“治未病”相当于养生的“预防和减少疾病”的内容。

二、中医养生应遵循的基本原则

养生原则，是指实施养生活动时必须遵循的法则。古人在长期的养生实践活动中，通过不断研究人体生命活动现象和规律，研究致病和导致早衰的原因和条件，并在中国古代哲学和传统文化的影响下，逐渐形成了一系列的养生原则。遵循这些原则，对于养生方法的制定、运用、发展与创新，都有重要的指导意义。

（一）顺应自然

在“天人合一”的整体观思想指导下，《素问·宝命全形论》提出：“人以天地之气生，四时之法成。”人类在长期的进化过程中，形成了与之近乎同步的生理节律和适应外界变化并做出自我调适的能力。因此，人若能顺应自然而摄生，各种生理功能便可循其常性，机体则处于阴阳和谐的健康状态；若违逆自然，则各种生理功能节律紊乱，适应外界变化和防御抗邪能力减弱，从而易罹患疾病。养生顺应自然，旨在要求人们在掌握自然规律的基础上，主动采取各种综合措施来顺应其变化，使人体生理活动与自然变化节律同步，保持机体内外环境的协调统一，从而避邪防病、保健延衰。

（二）形神共养

形，指形体，即脏腑身形；神，指以五神、五志为特征的心理活动。形神共养，以形神统一的生命观为理论基础。一方面，形体为生命的基础，形俱而神生，五脏及其所藏的精气是产生“五神”活动的物质基础；另一方面，神乃形之主，为生命的主宰，人体脏腑的功能活动、气血津液的运行都受神的主宰和影响。对于形神的辩证关系，明末医家绮石在《理虚元鉴》中曾精辟地归纳说：“以先天生成之本体论，则精生气，气生神；以后天运用之主宰论，则神役气，气役精。”正由于形神统一是生命的基本特征，故中医养生强调形神共养，养形以全神，调神以全形，最终达到“形与神俱，而尽终其天年”的目的。

（三）惜精固本

精是构成人体和维持人体生命活动的有形精微物质，是生命之源，具有促进生长发育和生殖繁衍、化生血液、抗御邪气等多方面的作用，在人体生命活动中居于重要地位。在养生中，中医学很重视保养精气以固先天之本。要达到惜精固本的目的，一方面对性欲要有所节制，做到既不禁欲，也不纵欲；若纵情泄欲，可使精液枯竭，真气耗散而致未老先衰，如《千金要方·养性》所言：“精竭则身惫。故欲不节则精耗，精耗则气衰，气衰则病至，病至则身危。”另一方面，精禀于先天，有赖后天水谷精气以充养，若后天充盛，五脏安和，则精自然得养，故惜精固本也可通过养五脏以不使其过伤、调情志以不使其过极、忌劳伤以不使其过耗、药食调补以壮其精等，来达到养精保精的目的。

（四）因人施养

因人施养，是指根据年龄、性别、体质、职业、生活习惯、地理条件等不同特点，有针对性地选择相应的摄生保健方法。人类本身存在着较大的个体差异，这种差异不仅存在于不同的种族之间，还广泛存在于每一个个体之间。养生只有因人施养，方能有益于健康，达到养生的目的。人的体质有偏于气虚、血虚、阴虚、阳虚、血瘀、痰湿、气郁之异，养生方法亦各有特点。另外，人的体质、生活习惯又受所处地域环境的影响，故养生尚需考虑不同区域的地理特点，采取相应的保健措施，充分利用有利于健康的各种因素，努力克服不良地理条件对人体的影响，使人类与自然的关系和谐统一，以达到防治疾病、益寿延年的目的。

三、中国传统文化中的养生观

（一）道家的养生观

道家的养生，十分强调法天则地、天人合一、形神一体的思想。从养生的角度而言，人必须以天地及自然法则为准绳，而天地的根本法则是清静，所以养生的关键是要以“清静为天下正”（《老子・第四十五章》）。其养生原则有三：一是以清静为本，强调“致虚极，守静笃”（《老子・第十六章》），“不欲以静”（《老子・第三十章》）；二是“少私寡欲”（《老子・第十九章》），“去甚、去奢、去泰”（《老子・第二十九章》），“知足不辱，知止不殆，可以长久”（《老子・第四十九章》）；三是在尘世中保持内心平静超脱，力争做到“虽有荣观，燕处超然”（《老子・二十六章》）。

庄子的养生思想基本上是与老子一脉相承的。他认为人必须顺乎自然，依乎天理，返璞归真。《庄子・刻意》曰：“纯粹而不杂，静一而不变，淡而无为，动而以天行，此养神之道也。”不过他还发展丰富了道家的养生思想。一个是“坐忘”之法，即对现实世界中与人生最为相关的问题，采取忘却、淡化的方法。另一个，是在老子“不妄作”的思想基础上提出“导引守神”，把养形与养神真正携起手来。总的来看，他还是首重“淡然无为”的清静养神，推崇“不道引而寿”的“至人”境地。

（二）儒家的养生观

儒家也讲天人合一、形神相即。中国古字“生”与“性”本来通用，养生也寓养性之意。所以，养生者必须合乎天命、顺时而动、性命双修。孟子所谓的“存心以养性，修身以立命”，不只是道德涵养的问题，也是把养德与养生融为一体的儒家典型之见。与道家相比，儒家更注重现实的规律与实际的待人处世。因此，其养生思想便与道德实践、生活行为等“人道”准则密不可分，又引入“诚”“敬”二字，并且往往借助于礼乐诗书等文化典制作外养手段。儒家所倡导的养德是与养生一致的，其精神实质是在“乐天知命”思想指导下始终保持内心宁静愉悦的涵养德性，而非强作欢颜，实则愁肠百结。此思想又与老子的“燕处超然”和庄子的“举世而誉之而不加劝，举世而非之而不加沮”有异曲同工之妙，只不过前者更强调涵养德性对养生的重要性。

（三）释家的养生观

佛教自东汉末由印度传入中国。古印度很早就注重养生，对饮食、起居、衣着、沐浴等均有定规，如不饱食、限制肉类、重视新鲜蔬菜摄入等，还有类似中国气功导引的特殊身心锻炼法——瑜伽术。印度的养生思想与宗教相互影响渗透，有的重要宗教经典著作，如《阿育吠陀》，同时也是医学的重要经典。

佛教的养生思想大致有两方面。第一，强调清静养心。在佛教看来，人的心本清净，只是由于受外界各种幻相及物欲的诱惑，才导致心念妄动迷乱，产生无尽的烦恼，甚至疾病丛生。所以首先要开悟。第二，强调养德。要使自己的言语、意念、行为都符合道德规范，要乐施行善利众。养德是为养心服务的，因为只有努力戒除各种困扰心的障碍，才可能达到心平如镜的境地，才得以神清气爽。可见，佛教在养生上注重养心，最终还是要达到养神。

（四）医家的养生观

医家以治病救人的医术为主，积累了丰富的医疗卫生实践经验，在吸取道家乃至儒家等诸子有关思想的基础上逐渐形成了其特定医学理论体系。医术，古时属方技类，《汉书·艺文志》中把方技分为四类：医经类、经方类、房中类、神仙类。

《黄帝内经》是秦汉之际的医学总集，历来被视为中国传统医学的经典之作。《黄帝内经》中说：“是故圣人不治已病，治未病。”我国著名中医学家裘沛然先生认为此说是求康强寿考、形劳心安、防患于微、疾苛不起、天年永享的“真医学之最高理想”。值得一提的是，《黄帝内经》中特别重视情志与人的精神状态、人的内脏功能及机体间的密切关联。它指出“志意者，所以御精神，收魂魄，适寒温和喜怒者也”，并创造性地运用五行相生相克的原理，把喜、怒、悲、思、忧、恐等情志活动作为有意识的变化，作为控制过甚的情绪，使人的脏器功能恢复正常并达到机体平衡的有效手段。

四、中医药文化中的养生术

（一）静里乾坤

关于静对养生的作用，《素问·上古天真论》有着极为精辟的论述。其语有云："恬淡虚无，真气从之，精神内守，病安从来。"这就是说，一个人只要恬淡虚无，虚极静笃，其体内精气就会内持而不耗散，从而使得外邪无可乘之机，病无从生。从外在的形骸和内在的精神来说，精神是君，是起关键作用的主宰，所以某些养生家一方面幻想长寿，另一方面又难以彻底割弃情欲的心理状态，所以精神上的养静远比形骸上的养静要难得多。因此，《养生论》所说的"清虚静泰，少私寡欲"，就成了平时精神上养静的一个重要方面。由于人是社会的产物，存在决定意识，因此要在社会上摒除一切精神上的干扰，实在不容易。

在"以理养静"的认识基础上，古人又有一种"调摄养生"的养静之法。说是"基础"，就是因为如果缺乏这种认识，对于情志的调摄，无论如何也只是一句空话而已。情志调摄的方法多种多样，但总体思想不外乎节思虑、和喜怒、去悲忧，而其中的关键则在于"知足常乐"。除却精神上的养静，形骸上的养静也是以静养生的一个重要方面。关于形骸上的养静，历来方法虽多，但集中起来，大致可归结到"打坐"和"调息"两个基本点上。除此之外，古人对于习静之法更是因人而异，视鼻数息、闭目内视等都是养静之法。

（二）气功启秘

气功非但可以治病，并且对于防病和延年益寿，也都有着明显的效果。古代中医文献记载，人身有"精""气""神"三宝，其中"气"的作用尤为突出。用我们今天的话来说，"气"是一种维持人体正常生理功能的精微物质及其所产生的原动力。所谓气功，就是用调息、意守等方法，或配合一定的动作，借以恢复、唤醒、增进人体中这种"气"的活力，从而达到疏通经络、调和气血、有病治病、无病保健、进而延年益寿的一种独特的传统医疗保健术。

道家气功的特色在于以入静调息为主，配合导引按摩等动功，是一种以静为主、动静结合的修炼方法。其主要功法有小周天、大周天、服气、胎息、太阳宗火龙功、太极十三式、峨眉十二桩等，其中小周天和大周天属于道家内丹术的修炼方法。道家气功中实实在在的，还是经过改造后的小周天法。

佛家气功原为禅修时摒弃一切攀缘杂念，专为"明心见性"而设，然而却也正是为了"明心见性"，又"无心插柳柳成荫"地萌出了这一"修命"的副产品。其法先是“调身”，也就是和调修禅时的身体姿势，使之结跏趺坐。然后是“调息”，使气出入绵绵、若存若亡，并引起资神安稳、情抱悦豫的息相，从而达到坐禅调息所追求的理想境界，即“调心”。《修行道地经·卷五》说：“数息守意有四事：一谓数息，二谓相随，三谓止、观，四谓还、净。”这四事敷衍开来，就是调伏心息的数、随、止、观、还、净“六妙法门”，而每一法门又有“修”“证”之分。

儒家气功，早期曾有“心斋”之说。所谓“心斋”，就是洗除心中欲念的习静方法。其法一是“若一志”，即修炼者要心志纯一，排除杂念。二是“无听之以耳而听之以心”。三是“无听之以心而听之以气”。从实质上说，气其实是不能听也不能与外界接合的空虚状态，然而由于道的本身也是虚的，所以只有道才能结集在空虚之中，也就是说，只有当心处于洁净的无物无欲的“虚”中，才称得上是“心斋”。儒家的这种“心斋”之法，后来被道家吸收过去，又有“庄子听息法”之称。

（三）药物养生

我国历史上，中药延年益寿、抗衰老的研究不绝于书。东汉王充《论衡·自纪篇》说：“养气自守，适时则酒，闭目塞聪，爱精自保，适辅药物引导，庶冀性命可延，斯须不老。”我国最早的药物专著《神农本草经》中，就已经把药物分为上中下三品，其中上品多为服之轻身，不老延年的抗衰老药。由于古人养生长生于精神之外，最重气血阴阳和脏腑功能，所以我们在探究药物养生或抗衰老领域时，常从此中剖析，以明脉络。

有益气功能的养生药饵。气有多种多样的含义，但归纳起来，不外水谷精气、呼吸之气，以及脏器组织活动能力和抗病能力的真元之气。由于水谷之气系于脾，呼吸之气关乎肺，真元之气出乎肾，因此中药益气延年，无不和这三脏有着紧密的联系。遍览千百方书，《神农本草经》所载益气的中药主要有人参、党参、黄芪、白术、茯苓、山药、莲肉、扁豆、大枣、甘草等，其中尤以人参为主。

具有补血功能的养生药饵。传统养生家认为，血与五脏中心——脾的关系最为密切，因为心脏担负着血液循环的重任，而脾则主持着血液的生化和统摄工作。在养血药中，熟地、首乌、龙眼、当归、芍药、紫河车等药早已久享盛名。中医认为“气为血帅”，气能促进血的生长，所以人参、黄芪、大枣一类补气药也都同时兼有补血的效能。

具有滋阴功能的养生药饵。在人体的生理活动中，阴阳始终保持着既对立、又统一的协调关系，其中阴的一面，主要包含着生命活动所必不可少的物质基础，如津、液、精、血等。由于真阴萌生于肾，所以滋阴药同时多半兼有补肾，尤其是补肾阴的功能。从养生角度看，较受人们青睐的滋阴药饵主要有黄精、女贞子、天门冬、阿胶、龟板等。

（四）按摩导引术

按摩古时亦称导引。《素问导法方宜篇》说：“中央者，其地平以温……其病多痿厥寒热，其治宜导引按摩。”1974年出土于长沙马王堆三号西汉墓中的《导引图》绘有四十几种导引的图像。从按摩的古意来说，似乎还包括推拿治病的含义，它对人体产生的生理效应是促进血液循环、疏通毛窍、滑利关节、清除疲劳。这种效应，无论对于改善神经系统、循环系统、呼吸系统，还是改善消化系统、泌尿系统、运动系统的健康状况，都有莫大的促进作用。然而，按摩导引也不是随时可施的，当人体处于各种急性感染、热性病、传染性疾病、结核病，以及血友病、血小板减少性紫癜或开放性损伤、骨折时，就当视按摩为禁区了。

东汉名医华佗所创的“五禽戏”，是按摩导引术中极为著名的一种。在五禽戏基础上，后人增加数目，又创出了一种“八禽之戏”。除五禽、八禽之外，按摩导引术中还有八段锦、十二段锦等功法。在漫长的流传过程中，八段锦又分为南北两派：北派姿势多用马步，动作以刚为主，称武八段；南派姿势多为站式，动作以柔为主，名文八段。到了清代，又有人仿《隋志导引图例》，采《易筋经》“韦驮献杵”等姿势，分十二图，称“十二段锦”。

传统医学理论认为，肾为先天之本，因此按摩导引术中尤其重视对于肾的护养，摩擦肾腧穴直接对内肾有所补益。与肾有关的，还有按摩足少阴肾经涌泉穴的方法。按摩的方法是日夕之间，先用左手握起左脚脚趾，接着用右手掌摩擦左足心，一直摩到千次以上，脚心发热为止，然后放开左手让脚趾略略转活。左脚摩好以后，再用同样方法摩擦右脚。

（五）美容与养生

早在殷纣王时期就已有了用胭脂美容化妆的记载。当时生产的胭脂，是把燕地所产红蓝花叶捣汁凝脂而成，所以又称“燕支”。春秋战国时期，人们又进一步把胭脂、粉黛、兰膏等混在一起，做成各种各样的美容化妆品。春秋战国以至秦汉时期，除了胭脂涂面和以黛画眉，还出现了服药美容的萌芽。据《神农本草经》所载，起到美容作用的中药已达25味，三国魏晋南北朝时期无名氏《刘涓子鬼遗方》有美容复方的收录，葛洪《肘后备急方》则增加了“面膜”美容法。

除了外用涂敷，古人美容还十分注重以手摩面功法，这种功法简便易行，并且效果也很突出。明李诩《戒庵老人漫笔·卷八》载："将两手摩热，摩面三十六，以润元颜。"这个"润"字，说尽了以手摩面改善面部血液循环、悦润颜面肌肤的要妙。宋人小说中亦有用夏枯草煎洗消除面皱的方法。在这以前的《齐民要术》中也提到过对于面皱的患者，可在晚上把生梨用水烧熟，然后先用糖汤洗面，接着再用烧熟后的梨挤汁涂面，从而消除皱纹。

面容之外，头发的保护也属美容术的一个重要内容，过早出现白发甚或秃顶，给心理上带来的压力将是十分沉重的。唐代《千金要方》中，孙思邈就在提及"以皂荚汤洗面"的同时，总结民间经验，把猪胰、猪脂、羊胰、羊脂以及鹅脂等应用到许多洗面净肤的药方中。

在药物减肥方面，清宫仙药茶最为有名。其方组成大致为紫苏叶、石菖蒲、泽泻丝、山楂丝、茶叶等近10味中药，作用是化浊和中、减肥消滞。服法：开水泡饮，每天20克。优点是服药期间可以不节食，并且降脂和减轻体重效果理想，所以是一种有发展前途的减肥药茶。

（六）儒家养生术

在养生术方面，纵览儒家经典或文人笔记，各自所述之法虽多，可是综其大要，基本可从饮食、男女、心性、居处，以及其他杂法等方面来加以归纳。"饮食男女，人之大欲存焉。"儒家亚圣孟子的这句话，在很大程度上可以作为"食色，性也"的补充。孟子所说的"性"，指的是从娘胎里带来的先天之性，也就是本能，是单纯的生理现象；孟子所说的"大欲"，则于生理现象外，还准确无误地表达了后天心理上的强烈需求。这里彼此互补，对于人生两大欲念——饮食、男女——的看法就完整了。

从孟子的话看，儒家对于饮食问题和性问题非但十分重视，并且无所责难。"食不语，寝不言"，也是《论语·乡党篇》所载的一则孔子语录。原因是吃饭时讲话，一则不能细嚼慢咽会影响消化，二则有时边吃边说，还会使食物不慎掉入气管。然而，在饮食养生上，孔子的脱凡之处在于食物能精则精，不能精则安贫乐道，取心境之乐为上。

男女两性问题，一般认为我们祖先对此是讳莫如深，其实不然。比如提出"食色，性也"和"饮食男女，人之大欲存焉"的孟子，就把这看成由先天带来的本能，并成为后天需求的大欲。年轻人的性生活往往因毫无节制而纵欲过度，从而在一定程度上耗损肾精，损害机体健康。为此，孔子提出"三戒"的养生之道，按照人生少年、壮年、老年的不同阶段，结合各自"血气未定""血气方刚""血气既衰"的生理特征，有针对性地指出戒色、戒斗、戒得的不同养生方法，自然是较为明智的。

心性的修养，也就是有关思想、精神以及情绪上的修养，儒家的观点也颇多可采之处。孔子认为，一个人的心情要求“申申如也”，对任何事物都抱乐观的态度。但是，这种乐观，或者说是快乐，又有着有益和有损的不同。他在《论语·季氏篇》里说：“益者三乐，损者三乐”。以得到礼的调节为乐，以宣扬别人的好处为乐，以交了不少贤友为乐，那就乐得有益；以骄傲为乐，以宴饮荒淫为乐，那就乐得有损害了。

居处的洁净卫生也是儒家所倡导的。《礼记》中记载：“鸡初鸣……洒扫室堂及庭。”后来，为了除害灭病的需要，民间还有端午节挂菖蒲剑、焚烧苍术白芷、用雄黄酒浇洒屋角的习俗。这种习俗，名为除邪，但就其实质来说，确有杀菌防疫的作用，完全符合现代医学的科学原理。

（七）释家养生术

释家的养生之道，大致在于禅定、劳动、素食、绝欲几个方面。

所谓禅，是梵文 Dhyana（音译“禅那”）的略称，梵文的翻译者为了补充“禅”的意义，所以才在“禅”后加上一个“定”字，成了“禅定”。禅定的要点为“安静而止息杂虑”。在形式上，佛教修习者认为只要静坐敛心、专注一境，久而久之就能达到一种身心愉悦、观照明净的状态，这就进入了禅定的境界。

说到劳动，佛门有一句话就是：“一日不作，一日不食。”释家劳动的出发点本不在于养生，而在于节俭自足，同时也是一种思想品性的修养。然而，正是出于这种品性修养和节俭自足所需要的劳动，却为释家的离苦得乐、长寿延年奠定了基础。

对于释家来说，素食也是养生养性的一个重要因素。从饮食营养看，蔬菜和豆制品等素食含有丰富的维生素、无机盐、蛋白质、水，以及少量的脂肪和糖分，并且有着清淡而易于消化的特色。这种清淡而富于营养的素食，对于老年人来说更是适宜，因为多进食素食，能在一定程度上有效抑制或延缓心脏病或高血压疾病的发生。

绝欲也是释家养生术的一个重要内容，因为绝欲可以保精。关于绝欲的思想，儒家和道家也有类似的阐述，然而三家不同的是，佛教徒不娶妻室，因而是绝对的脱离情欲。

（八）道家长生术

道家长生术的门类，大致有精神修炼、呼吸修炼、形体修炼、叩齿鼓漱、辟谷煅饵以及炼丹等。

其一，精神修炼。精神修炼是道家修炼的最高境界。老子哲学观的核心是清静无为，最好的办法就是对社会上的各种声、色视而不见、听而不闻。如果能够这样，那就达到了相当高的境界。“绝学无忧”就是道家精神修炼的一种理论或方法。所谓“绝学”，就是抛弃世界上的一切学问。“人生识字忧患始”，修炼的人们为了免于忧患，免于精神煎熬，就得下定决心让自己不要在各方面懂的太多。

其二，呼吸修炼。这是一种道教气功的练“气”之法。传统医学认为，气有与天气自然相通的呼吸之气、生而俱来的先天之气、水谷滋生的后天之气等。而道家的呼吸修炼，正是通过对自然之气的呼吸吐纳，达到和调周身之气，从而却病延年的一种功法。《庄子•刻意》所说“吐故纳新”，意即指此。

其三，形体修炼。形体修炼在道家养生术中主要表现在按摩和导引术上，其中按摩是用手按擦摩捏有关部位或经穴；导引是屈伸肢体，导气令和，引体令柔。然而话虽这么说，但在事实上，两者的分界常常并不是那么泾渭分明。

其四，叩齿鼓漱。我国道教徒有一种每日必做之功，就是所谓的“叩齿鼓漱”功法。明代高濂《遵生八笺•却病延年笺》也说：“齿之有疾，乃脾胃之火熏蒸。每清晨睡醒时，叩齿三十六遍，以舌搅牙龈之上，不论数遍，津液满口，方可咽下，每作三次乃止。及凡小解之时，闭口咬牙，解毕方开，永无齿疾。”叩齿鼓漱的好处不仅在于永无齿疾，同时还有收召神视、辟除外邪之功。鼓漱的整个过程，大致为叩齿、搅舌、鼓漱、咽津液等步骤。

其五，辟谷服饵。辟谷，就是断谷、绝谷，意即不吃谷物的意思。道家认为，人体中有一种被称为“三尸”（也叫“三彭”或“三虫”）的邪怪，专靠谷物生存，为了驱除这种“三尸”，就采取了这种辟谷的方法。所谓“服饵”，是为了避免饥饿并营养身体，辟谷者在辟谷之时大多进食一些如白术、山药、茯苓、黄精、大枣、核桃、栗子、花生之类的药物，统称为“辟谷之药”。

其六，炼丹术。这是道家修炼成仙、长生不死的一种秘法。丹有内丹、外丹的不同。外丹主要以黄金、丹砂等金石药为原料，经过炉火烧炼，并经化学反应凝聚而成。我国烧炼丹砂在汉武帝时已经开始，东汉末年炼丹术被新兴的道教吸收加以发展，并从而推上了高峰。

五、中医药与亚健康

（一）亚健康的概念

亚健康这一概念最早是由苏联学者 Herkman 在20世纪80年代提出的，他当时将之称为“第三状态”。他在严密的科研设计方案指导下，经过严格的数理统计后发现，在健康（第一状态）和疾病（第二状态）之间，有一种非健康非疾病的状态，这一类“次等健康”状态即“第三状态”，又称“次健康”“中间状态”。在国外，没有“亚健康”这一称谓，在国际疾病分类标准中单独列出和健康有关的相关问题一章，列举了人体无明确疾病症状但却有种种不适感觉的表现。我国学者王育学首先使用了“亚健康”（Sub Health）这一概念，将其界定为介于健康与疾病的中间状态，即经系统检查后未发现有疾病，而患者自己确实感觉到了躯体和心理上的种种不适的状态，这种状态人们就称其为“亚健康”。

（二）亚健康的症状表现及成因

亚健康状态是机体在无器质性病变的情况下发生了功能性改变，它的表现错综复杂，通常是由于人们在年龄、适应能力、免疫力、社会文化层次等方面所存在的差异所导致的，较常见的表现为躯体、心理和社会情感适应三方面的改变。躯体方面表现为慢性疲劳（持续的或难以恢复的疲劳）、头昏、失眠、易感冒、免疫力降低、出虚汗、心悸、食欲不振等；心理方面表现为情绪低落、精神萎靡、记忆力减退、焦虑烦躁、神经质等；社会情感适应方面表现为冷漠、无望、无助、孤独、自卑、自闭、猜疑、轻率、人际关系不协调、家庭关系不和谐、性功能障碍等。亚健康状态是在不断变化发展的，既可向健康状态转化，也可向疾病状态转化。

亚健康状态的确切病因还没有完全明确，治疗还缺乏针对性。向疾病状态转化是亚健康状态的自发过程，而向健康状态转化必须采取自觉的防范措施，如加强宣传普及亚健康的知识，加强自我保健，注意健康监测；尽早发现一些早期症状；加强心理状态的调节，及时寻求心理医生的帮助，增强预防和治疗心理疾病的能力；增强体质，培养良好的生活习惯和生活方式，创建和谐社会等。

（三）用中医养生思想指导亚健康状态调理

中医学认为，健康是人与自然环境及社会之间的一种动态平衡，即《黄帝内经》中所言：“阴平阳秘，精神乃治。”因而健康——亚健康——疾病三者之间的演进过程，可说是人体阴阳动态平衡失调的结果。对于维持健康与养生益寿的相应预防保健措施，主要是以“天人相应”“形神合一”“动静结合”的整体观念为出发点，达到协调阴阳、顺应自然。

其一，饮食养生。中医饮食养生的历史可以追溯到3000年以前，自古便有“医食同源”的说法。现今一般习惯称饮食养生为“食补”“食养”，是指在中医理论指导下，利用饮食来保健强身、营养机体、延缓衰老。《素问·五常政大论》记载："大毒治病，十去其六，常毒治病，十去其七，小毒治病，十去其八，无毒治病，十去其九。"对于疾病的治疗，药物能起到很大的作用，但如果想要痊愈，还需要坚持锻炼来提高身体素质和抗病能力。《素问·藏气法时论》指出，饮食之道应以"五谷为养，五果为助，五畜为益，五菜为充，气味合而服之，以补精益气"。由于饮食是保证机体气血充足、五脏六腑功能旺盛的主要物质基础，因此科学合理地安排饮食，才能增进机体健康，抵御外界致病因素的干扰。所谓的科学合理安排饮食，不但包括合理的饮食调配、饮食有节、饮食卫生，还涵盖进食后的保健与食后的调理，如食后散步、摩腹等。

其二，起居养生。中医养生强调起居有常、动静结合。现代医学证实，人的生命活动都遵循着一定的周期或节律。经由后天的训练与培养，人的大脑皮层在机体内的调节活动形成有节律的条件反射系统，条件反射系统一经建成，其活动就相对稳定，而有规律的生活习惯可在大脑神经中枢建立各种条件反射，并使其不断巩固，形成良好的生活习惯。良好的生活习惯可以提高人体的适应力，调养人的神气，使人精力充沛、生命力旺盛。

其三，情志养生。中医学认为人有七情，而七情致病不但影响人体气机血液的运行，也影响五脏六腑的功能活动。如《内经》中指出，"怒伤肝，喜伤心，思伤脾，忧伤肺，恐伤肾"，"怒则气上，喜则气缓，悲则气消，恐则气下，惊则气乱，思则气结"。故历代医家把调养精神作为养生长寿的重要环节，可通过冥想、气功、琴棋书画、运动等方法来保持思想清静、怡情养性。

中医学对亚健康状态的认识与治疗，相对于西医而言，具有花费少、副作用小、疗效明显及治疗方法多样等特点。在调摄方面主张采取因人、因时、因地制宜等原则，在养生调理上，除了上述方法之外，还有保健针灸、按摩、浴身、体质养生等不同方法，即所谓"杂合以治，各得其所宜"。通过调整机体脏腑气机，促进机体恢复阴阳平衡状态，防止疾病的产生与转变，都是中医学有别于西医学的优势。

第四章　河南是中医药大省

第一节　中医之根在河南

河南省地处黄河中下游，四季分明，资源丰富，历史悠久，交通便利，人口聚集，是中华民族和中华文明的重要发源地。先后有20多个朝代定都于此，在相当长的历史时期是我国的政治、经济和文化中心，文化底蕴深厚，为中医学的形成、发展奠定了深厚的基础。

一、河南是中医之根

黄河流域是人类较早出现的地区之一，河南境内的旧石器时代遗址就有二十余处，出土的遗物及人类化石表明：距今几十万年前，这里已经有人类活动，并创造了原始的文化。河南境内新石器时代遗址较为丰富，多达上千处。多个文化类型的遗址因在河南首次被发现，故以发现地进行命名，如裴李岗文化、仰韶文化等。原始社会时期生存条件十分恶劣，先民们为了在严酷的自然环境中生存下来，形成了多种多样的卫生保健活动，为我国中医学的发端积累了丰富的实践经验。以“河图洛书”“伏羲画卦”为代表的历史传说，反映了河南古代先民探索自然奥秘的科学精神，为中医学从经验提升为理论提供了取之不尽的思想源头活水。

夏商周时期，伴随着以甲骨文为代表的成熟文字的出现及先民对自然认识的不断深化，作为政治和文化中心之一的河南，以开放性思维为特点的古典哲学思想和流派不断萌发，为中医学的形成奠定了厚重的哲学基础。

作为中医哲学基础之一的阴阳学说源于《周易》，五行学说源于《尚书•洪范》，两种学说的形成地均在河南。诸子百家中，诞生于河南的老子和庄子思想对中医养生学产生了深远的影响。老子提倡的清静素朴、少思寡欲的思想成为中医养生学中的重要法则；庄子提倡的“吹呴呼吸，吐故纳新，熊经鸟伸”，为中医导引养生术的发展尤其是五禽戏的形成提供了重要的指导。此外，杂家代表人物河南濮阳人吕不韦所编撰的《吕氏春秋》中保存了大量的医学内容，且其中多篇文章专论养生。法家集大成者韩非子、墨家创始人墨子等，他们的著作中都有与养生、疾病相关的内容。这些思想都为中医学的形成提供了充足的理论养分。秦汉三国魏晋时期，新型社会制度的建立和大一统政治局面的形成，为河南中医药的发展营造了良好的社会环境。河南作为主要创作地，《黄帝内经》《神农本草经》《伤寒杂病论》等中医经典著作的问世，预示着中医药理论体系的构建成功。

光辉灿烂的中原文明造就了一大批著名医家。据不完全统计，春秋战国至明末，史传中有籍可考的5000多位名医中，仅河南就有912人。最著名的当属东汉时期的南阳人张仲景，开辩证论治之先河，被后世尊为“医圣”。河南古代医家通过大量实践，积累了丰富的经验和理论，留下了许多医学著作，对传统中医药学的发展和中华民族的繁荣昌盛做出了巨大贡献。如今，河南这片土地上仍保留着许多中医药文化遗迹，它们将在新的历史时期焕发出新的生机与活力。

古代河南藉著名医学家：

华佗。华佗精于外科手术，善用麻醉药物。他将“麻沸散”溶入发酵饮品中，在手术前给病人服用，这是历史记载最早用于外科临床的一种麻醉剂。华佗有弟子吴普、樊阿二人，都是三国时期的名医。吴普依据华佗导引之术活到90岁，并且耳聪目明，牙齿完整。樊阿精于针刺术，将针刺方法扩展至背部及胸部应用。华佗的著作早已佚失，后来由于宗教信仰及制度限制，外科手术没有进一步发展。

张仲景。张仲景博览群书，潜修道术，被后世称为“医圣”。他的医学名著《伤寒杂病论》首创以太阳、阳明、少阳、太阴、少阴及厥阴等六经辩证论治的原则及方法，确立了辩证论治的原则。后来，此书被再次编写，分为《伤寒论》和《金匮要略》两册。

皇甫谧。皇甫谧，幼名静，字士安，自号玄晏先生，安定郡朝那县（今甘肃省灵台县）人，后徙居新安（今河南省新安县），著有《针灸甲乙经》《帝王世纪》《高士传》《烈女传》《玄晏春秋》等。其著作《针灸甲乙经》成书于公元282年，是中国第一部针灸学的专著。前六卷论述基础理论，后六卷记录各种疾病的临床治疗，包括病因、病机、症状、诊断、取穴、治法和预后等。采用分部和按经分类法，将腧穴由《内经》中的160个发展到341个，书中详述了各部穴位的适应症和禁忌、针刺深度与灸的壮数，是我国现存最早的一部理论联系实际的针灸学专著。

范汪。范汪，字玄平，南阳顺阳（今河南淅川县）人，东晋大臣，著名医学家，常以拯恤为事，于外科治疗亦有一定水平，并收集当时民间单验方，撰有《范汪方》（又作《范东阳方》《范东阳杂药方》），共一百七十余卷，今已佚，佚文散见于《外台秘要》《医心方》等，是唐代以前研治伤寒较有成就的医学方书。

崔知悌。崔知悌，许州鄢陵（今河南鄢陵）人，约生于隋大业十一年（615年）。他研究医药书籍，集合众长，提高技术，尤其对骨蒸病治法研究颇多，临床诊治药到病除。其著作《骨蒸病灸法》，又名《灸劳法》，是一部以灸疗主治骨蒸病的专著，书中专门论述骨蒸病的灸疗方法，并附有图形，易学易用。原书已佚，佚文见于《外台秘要》《苏沈良方》等后世医籍中。

王冰。王冰于宝应元年（762年）编写《重广补注黄帝内经素问》，简称《素问》，又名《黄帝内经素问》《次注黄帝内经素问》。《素问》原书九卷，81篇。自汉至唐，屡经增改、传抄，文意散乱。王冰遂以南朝全元起的《内经训解》为依据，对《素问》进行了编次注释，故曰次注。在注释方面广泛引证多种古籍，对原文详细注释。后北宋校正医书局林亿等人于嘉祐二年（1057年）对该书进行校勘。

张从正。张从正，又名子和，是河间学派的一位重要医家。他致力于研究医学经典，学识渊博，著有《儒门事亲》十五卷。他最闻名的理论是“攻邪说”，对于汗、吐、下三法的运用有独到的见解，善于运用汗、吐、下三法治疗多种疾病，扩充了三法的运用范围，形成了以攻邪治病的独特风格，因此成为“攻邪派”的代表。

滑寿。滑寿，字伯仁，晚号樱宁生，祖籍襄城（今河南襄城县），元代大医学家。他不仅精通《素问》《难经》，而且融通张仲景、刘守真、李东垣三家学说。在针灸方面，他选取《内经》等书中有关经络的理论应用于针灸，著有《十四经发挥》三卷，指出奇经八脉中的任督二脉与其他奇经不同，应与十二经脉相提并论而成十四经。

林亿。林亿，宋代人，曾任朝散大夫、光禄卿直秘阁，精通医术。于宋神宗熙宁年间（1068年—1077年）与高保衡、孙兆等共同完成《素问》《灵枢》《难经》《伤寒论》《金匮要略》《脉经》《诸病源候论》《千金要方》《千金翼方》《外台秘要》等唐代以前医书的校订刊印，为保存古代医学文献和促进医药传播做出贡献。

郭雍。郭雍，字子和，号白云先生。他研读仲景之书，常感到《伤寒论》有残缺，于是采《素问》《难经》《千金方》《外台秘要》诸书所论，及朱肱、庞安时、常器之等诸家之说予以补充，于1181年撰成《伤寒补亡论》。全书二十卷，亡佚一卷，实存十九卷。书中对于仲景原论中有论而无方的条文，补以庞、常两家之说，并将作者的见解校补于后，以供学者借鉴。

李濂。李濂，字川父，祥符（今河南开封）人。他所编撰的《医史》一书，收录古代名医医和、扁鹊、华佗、孙思邈、张元素等55人，又采录诸家文集所载医家张扩、张养正等10人，并为张机、王熙、王冰、王履、戴原礼、葛应雷等6人补写传记。全书收录医家71人，每篇传记之下都附有注释与论述。

闫孝忠。闫孝忠，又名季忠，字资钦，许昌（今河南许昌）人，一说大梁（今河南开封）人。他精通儿科，广泛收集钱氏医方及著作，集成《小儿药证直诀》三卷。另撰《重广保生信效方》一卷，已佚。

王行冲。王行冲编著的《眼科百问》是一部眼科类中医著作，成书于清顺治十四年（1657年）。此书是在前人所作72问答基础上加以增减而成，以问答形式列111问。上卷42问，阐述五轮八廓、内外虚实、天时人事等；下卷69问，详细介绍各种眼病，包括妇人孕产目疾、老人目昏、小儿眼病等。全书列方200余首，其中外用方30余首。

甄权。甄权，许州扶沟（今属河南）人，享年103岁，与其兄甄立言皆因母病学医。甄权擅长针灸术和颐养之术，提出吐故纳新可使肺气清肃，是健身延年的有效方法，并主张饮食不必甘美。著有《针经钞》三卷、《脉经》《针方》一卷、《明堂人形图》一卷（俱见《新唐志》《脉经》）。

夏云集。夏云集，字祥宇，又字英白，河南息县人。他尤其擅长儿科推拿，著有《保赤推拿法》。《保赤推拿法》首释拿、推、掐、搓等十二种小儿推拿常用手法，以及小儿推拿注意事项等，并附有夏鼎《幼科铁镜》之《推拿代药赋》。此书后由许敬舆增演为《增图考释推拿法》（1993

年刊行）。

二、河南中医医技源远流长

（一）温县陈家沟太极拳

太极拳这个名称的由来是因为拳法变化无穷，遂用中国古代的“阴阳”、“太极”哲学理论来解释拳理。陈家沟太极拳是太极拳的一个重要的分支和流派，传到后世分为许多支派。太极拳虽以武为外形，但讲求内在心、神、意、气的高度协调统一，强调“养心存神，以意行气，以气运身”，而这些观点无不体现于中医学理论中。

（二）平乐郭氏正骨

平乐郭氏正骨是我国治疗骨伤的重要医学流派，其始创人是河南省孟津县平乐村郭氏家族第十七代传人郭祥泰。平乐正骨坚持整体辩证、筋骨并重和内外兼治这三大原则，把握治伤手法、固定方法、药物疗法、功能疗法这四大方法，并注重骨伤病人的功能锻炼和恢复，在治疗中强调贯彻“静中有动、动中有静”。

（三）少林伤科

少林伤科的产生与武术格斗密不可分，但少林伤科的方药经验受到寺院规矩的束缚，为“技击家所密”。历史上，少林寺产生了许多擅长伤科的僧医，唐代县宗、志操、惠书开创了少林伤科学派，明代异远真人写成《跌损妙方》一书，清代高僧湛举、湛化进一步补充、完善、整理了少林寺伤科秘方《少林跌打损伤秘方》。近年来，在释永信方丈的领导下，少林寺组织僧医和中医药方面的专家，合作出版了《少林武功医宗秘笈》，该书已被国家历史博物馆、国家图书馆、瑞典国王作永久收藏。

三、河南中医遗迹丰富

河南省方药的遗迹颇多，主要有新密市“三皇五帝”文化、洛宁县“洛出书”、孟津县“龙马负图寺”、淮阳县太昊陵、上蔡县白圭庙、商城县华祖庙等。

新密市历史悠久，是岐黄文化的发祥圣地和《黄帝内经》思想的形成地。新密的浮戏山，即伏羲山，流传着炎帝尝百草的故事，这在西汉刘安的《淮南子·修务训》和宋代刘恕的《通鉴外纪》中均有记载。

洛宁县的“洛书”，相传为大禹之时，洛河中浮出之龙首神龟所献，龟甲上背负“戴九履一，左三右七，二四为肩，六八为足，以五居中”的图像。在洛宁县玄沪河与洛水交界处的山中尚存有“龟窝”遗迹，相传为神龟出世的所在，且有摩崖刻石为证。

孟津县有著名的“龙马负图寺”。传说上古伏羲氏之时，黄河中有龙鳞马身的神马“负图”献瑞，因出自黄河，故称“河图”。伏羲氏按照龙马所献的“河图”演绎出八卦，从而成为后世诸经之首的《周易》来源。

淮阳县的太昊陵，即“三皇之首”太昊伏羲氏的陵庙。陵庙附近的先天八卦坛、蓍草园均与伏羲相关。1984年，一少年在白龟池中发现一只周身乳白色的乌龟，龟背及腹部共有甲片49片，背部中央有5片，中央两侧各有4片，龟背外围有24片，龟腹有12片。各部位甲片的数字与五行、八卦、二十四节气、十二地支的数出奇地一致。这些都使得伏羲观龟画卦传说的可信度大大增加。

上蔡县的白圭庙，现有伏羲殿三间，伏羲大殿前蓍草园一圃，西侧有伏羲画卦亭一座。如今蓍草园犹存，蓍草仍在，当地居民每年农历三月十五都会自发举行庙会来纪念伏羲。

华佗是东汉时期著名医家，全国不少地方都建有华祖庙。河南省内就有10多处，如永城、虞城、夏邑、商丘、许昌、西峡、单城、项城等地均有华佗庙，商城县华祖庙就是其中之一。

第二节　方药之源在河南

河南原始先民在狩猎和采集过程中对动植物的药用功效有了原始的经验积累，并在此基础上不断深化认识，为中药学的萌芽奠定了基础。夏商周时期，人们对于药物的认识逐渐深入，相传河南人仪狄创制的酒及伊尹创制的汤液也在中医治疗中发挥了重要作用，成为早期中医方药的雏形。以河南作为主要创作地的《神农本草经》，是现存最早的一部药物学专著，约成书于秦汉时期。书中记载的药物共365种，首创药物上、中、下三品分类法，为中药学理论体系的确立奠定了坚实的基础。

一、河南是方药之源

唐代药物学家孟诜所著的《食疗本草》是一部内容丰富的古代营养和食疗法专著，对后世食疗学的发展产生重要影响。唐代药物学家甄立言所著的《古今录验方》收集了唐代及前代大量名医验方，书中关于消渴病人尿液呈现甜味的记录是目前已知最早的记载。唐代诗人刘禹锡所著的《传信方》所载方剂多为简便廉验之方，该书在国内外都产生了重要影响。洛阳龙门石窟的药方洞开凿于北魏晚期，窟门两侧所刻的古代药方共140多个，涉及内科、外科、小儿科、五官科等疾病，是我国现存最早的石刻药方，是唐代初年我国医疗学、药物学的珍贵遗产。两宋至明清时期，河南还涌现了多部在方药学历史上影响深远的重要方书，如《太平圣惠方》《圣济总录》《和剂局方》《普济方》等。河南物产资源丰富，尤其是药材资源质地优良、药效纯正，怀庆府的四大怀药更是闻名于世。明清时期，随着商品经济的发展和商业集镇的兴盛，河南的药材交易空前繁荣，出现了禹州、百泉两大全国性中药材交易市场，成为全国重要的药材集散地。

（一）本草学家及相关著作

《神农本草经》，该书成书时间不详，约在公元前1世纪或前2世纪，年代上限不早于西汉太初元年（公元前104年），是中国最早的完整的中药学文献。当时，中国处于农耕社会，是以产生的本草记录中以植物为主。此书是后人假托“神农”而作，书中记录了365种中药，包括252种植物类、67种动物类和46种矿物类药材，并根据药物的效能和使用目的，分为上、中、下三品。

伊尹，夏朝末年空桑（今河南杞县）人。伊尹辅助商汤灭夏朝，主张用“以鼎调羹”“调和五味”的理论来治理天下，即后来老子所说的“治大国若烹小鲜”。《汉书·艺文志》中有《汤液经法》，医家都认为此书为伊尹所撰。《汤液经法》是一部以道家思想为指导的中医著作，其医学宗旨和重要内容在于服食补益和养生延年，体现了道家重生养生的思想，并对《伤寒杂病论》有着极为重大的影响。此书在唐代之后失传。

孟诜，汝州梁（今河南临汝）人。神龙初（约705年）致仕归伊阳之山隐居，潜心研究医药。撰《补养方》三卷，经张鼎增补，改名《食疗本草》

三卷，另撰有《家祭礼》一卷、《丧服正要》一卷、《锦带书》等，均已佚。《食疗本草》约成书于唐开元年间（713年—741年），全书共三卷，共载文227条，涉及260种食疗品。书中所录食疗经验多切实际，药物来源广泛，充分顾及食品毒性、宜忌及地区性，是一部内容丰富的古代营养学和食疗法专著，对多数食物疗效和食用药品合理应用的阐述切合实际。

刘禹锡，字梦得，河南洛阳人，是一位诗人，也对医学颇有研究。他在柳宗元支持下将搜集到的医方汇编在一起，命名为《传信方》。该书所收方药大都符合验、便、廉的原则，所载方剂大多为历代医家们所用过的良验秘方，亦有部分是从民间收集来的验方，涉及内、外、妇、儿等多方面。另著有《本草经方》，其内容散见于《新修本草》中，难以分辨。

掌禹锡，许州郾城（今河南郾城县）人。他在医学、药学等方面均有研究，与林亿、苏颂、张洞等共同修订《开宝本草》，又编撰《嘉祐补注神农本草》二十卷，于嘉祐五年（1060年）成书。《嘉祐本草》全书载药1082种，其中《开宝本草》载药983种，原书已佚，现参阅《本草衍义》整理出《嘉祐本草辑复本》。

《太平惠民和剂局方》，又称《和剂局方》。宋徽宗崇宁年间，惠民局扩增至七局，汇集名方，拟定制剂规范，称《和剂局方》。后医官陈承、裴宗元、陈师文奉命校正，理为五卷21门，收方297首。南宋绍兴十八年，药局改称太平惠民局，同时《和剂局方》也改称《太平惠民和剂局方》。此书包括诸多名方，如牛黄清心丸、苏合香丸、藿香正气散、妇科逍遥散、失笑散、胶艾汤、儿科肥儿丸等。

《圣济总录》，该书又名《政和圣济总录》《大德重校圣济总录》，宋徽宗赵佶敕撰，成书于北宋政和年间（1111年—1117年）。全书二百余卷，分为60余门，载方近20000首。此书是征集宋时民间及医家所献医方，结"内府"所藏秘方，经整理汇编而成，理论方面除引据《内经》等医学经典，还结合当时各家论说深入阐述，内容极其丰富，堪称宋代医学全书。

《救荒本草》，编写者朱橚（1361年—1425年），安徽凤阳人，明太祖朱元璋第五子。1391年，他在开封组织了一批学有专长的学者，协助其研究本草。永乐四年（1406年），《救荒本草》一书刊行。《救荒本草》是一部专讲地方性植物并结合食用方面以救荒为主的植物志，全书分上、下两卷，记载植物414种，每种都配有精美的木刻插图，是我国历史上最早的一部以救荒为宗旨的农学、植物学专著。

（二）方药学家

孙思邈，隋唐时代医学家，在中医、针灸、养生等方面均有研究。他亲自采制药物，为人治病，并搜集民间验方、秘方，总结临床经验及前代医学理论，为医学和药物学做出重要贡献，后世尊其为“药王”。他医术高超，曾行医于河南诸多地方，民间流传着很多关于他的故事，民众为纪念他设立药王庙，诸多地方均可见。孙思邈对针灸术也颇有研究，著有彩色针灸图谱《明堂三人图》。

王怀隐，宋代睢阳（今河南商丘）人。初为道士，精通医药，太平兴国初（约977年）诏令还俗，为尚药奉御，后升任翰林医官使，与副使王祐、郑奇和医官陈昭遇四人参对编类，撰成《太平圣惠方》，淳化三年（992年）刊成。《太平圣惠方》为我国现存公元10世纪以前最大的官修方书，全书一百卷，分为1670门，载方16834首。

甄权，唐代医家，许州扶沟（今属河南）人。与其兄甄立言皆因母病学医，精针灸术，亦谙养生之法，获103岁高龄，唐太宗曾亲临其家咨询药性，视其饮食，赐以衣服、几杖，并授朝散大夫。方药方面著有《古今录验方》，针灸方面著有《明堂人形图》，扩大腧穴归经。

（三）炮制学家

葛洪，东晋道教学者，著名炼丹家、医药学家。字稚川，自号抱朴子，晋丹阳郡句容（今江苏句容）人，三国时期方士葛玄之侄孙，世称小仙翁。他曾受封为关内侯，后隐居于罗浮山炼丹。著有《肘后备急方》等。

雷敩，南宋时著名药物学家，撰有《雷公炮炙论》。《雷公炮炙论》是我国第一本药物炮制学专著，原书已佚，其内容散见于《证类本草》《雷公炮炙药性赋解》《本草纲目》等书中。书中系统地总结了药物炮制方法，如炮法、蒸法、煮法等，有些方法一直到现今仍然受到高度重视。

（四）植物学家

吴其濬，清代医学家、植物学家，河南省固始县城关人。他对大半个中国进行科学考察，写下《植物名实图考长篇》一书，该书著录植物838种，重点收录各种植物的形态、产地、药性及用途等。在《植物名实图考长篇》基础上，清代固始植物学家吴其濬编著了《植物名实图考》，把我国传统植物学发展到一个新的水平，并对世界植物学有深刻的影响，与李时珍的

《本草纲目》中的附图相比，其精确度更高。

（五）四大怀药

怀山药，又名薯蓣，一名山芋，药用其根，具有健脾补肺、固肾益精的功效，被历来医家评价为“温补”“性平”，是“药食同源”的典范。铁棍山药是产于河南温县的山药品种，因其色褐间红、质坚粉足、身细体长、外形酷似铁棍而得名，属怀山药中的“极品”，具有健脾、补肺、固肾、宜脑、益智、养颜、抗衰老、抗疲劳的功能，是怀山药中药用价值最高、滋补作用最佳的品种。

怀菊花，以河南焦作的最为有名，花、叶、茎皆可入药。将“怀”与“菊花”联系的最早文献是唐朝政府颁行的《唐本草·图经》，书中说：“河内皆称地薇蒿。武陟菊花称怀菊花。”菊花不但有清香之气，使人神怡，而且可缓解两眼昏糊、头晕、头痛等症状，在《本草纲目》中便有“菊花作枕明目”的记载。

怀地黄，地黄中国数省均有生产，但其最佳者为怀地黄，“一个地黄三个药”体现了怀地黄药效之奇。第一次把地黄和“怀”字联系起来的是明朝名医刘文泰，他说生地黄“今怀庆者为胜”。地黄分为鲜地黄、生地黄和熟地黄。鲜地黄，气微，味微甜、微苦，以清热养阴、凉血止血为主要功效，用于热病伤阴、吐血、衄血、咽喉肿痛等症；生地黄，味微甜，以清热凉血、养阴生津为主要功效，用于热病舌绛烦渴、阴虚内热、骨蒸劳热等症；熟地黄为生地黄的炮制加工品，味甜，以滋补肝肾、补血养阴为主要功效，用于肝肾阴虚、腰膝酸软、眩晕、耳鸣、须发早白等症。

怀牛膝，因产于历史上的怀庆府而得名。牛膝生用可以活血通经，治产后腹痛、月经不调、闭经、鼻衄、虚火牙痛、脚气水肿等症；熟用可补肝肾、强腰膝，治腰膝酸痛、肝肾亏虚、跌打瘀痛等症，兽医将其用作治牛软脚症、跌伤断骨等。现代研究显示，怀牛膝含有大量生物碱，适宜用于免疫力低下、骨质疏松、肝功能不佳等人群。

（六）禹州、唐河、商城的中药

根据历代本草的记载，大体上有30多种道地药材出自禹州，有些禹州道地药材多以“禹”“会”或“淮”字命名。禹州具有代表性的道地药材主要有三种，即禹白附、禹白芷、禹南星。

唐半夏，即河南省唐河县所产的旱半夏，当地人俗称为药狗蛋，具有燥湿化痰、降逆止呕、消痞散结等功效，主要治疗湿痰、寒痰、呕吐及胸痹、结胸、梅核气等症。著名方剂半夏泻心汤、二陈汤皆用到半夏。

唐河栀子，即唐河的栀子花，具有泻火除烦、清热利湿、凉血解毒的功效，用于热病心烦、湿热黄疸、淋证涩痛、血热吐衄，火毒疮疡，外治扭挫伤痛。《神农本草经》记载：栀子“味苦，主五内邪气、胃中热气、面赤、酒炮皶鼻、白癞、赤癞、疮疡”。张仲景《伤寒论》中记载“栀子柏皮汤”，用于治疗伤寒、身热、发黄等症。

商城桔梗的主要特征就是龙头、凤尾、菊花心。据明嘉靖三十年（1551年）《商城县志·药之属》记载，当时已有包括桔梗在内的32种道地药材销往各地，距今已有400多年的历史，因此商城也一直被称为“桔梗之乡”。

商茯苓的各个入药部分的治疗功用有所不同。茯苓皮，即茯苓的外皮，长于利水消肿，主治水肿、小便不利等症；赤茯苓，内部淡红色的部分，长于清利湿热，主治湿热泄泻、小便不利等症；白茯苓，即除去赤茯苓的部分，长于利水渗湿、健脾补中、宁心安神，主治脾虚湿盛、小便不利、食少脘闷、痰饮咳嗽、心悸失眠等症；茯神，即中心穿有细松木的白茯苓，是野生茯苓的一种，长于宁心安神，主治心悸失眠；茯神木，即茯神中的木心。

（七）其他地区的中药

方城丹参，是河南省南阳市西峡县特产。方城丹参，又名“裕丹参”，起源于金代，鼎盛于明清。民间流传着“丹参王，裕州长，品质好，疗效良，上海、武汉药庄藏，走水路，去留洋”的歌谣。《外台秘要》中将丹参与白芷、芍药相组，经醋浸渍及猪膏煎熬后制成丹参膏，涂在患处，可治疗妇人乳痈。

封丘县金银花，封丘古属魏地，栽培金银花已有1500多年的历史，西晋《博物志》有“魏地人家场圃所种，藤生，凌冬不凋”之说，明代李时珍《本草纲目》中也有“忍冬在处有之，封丘较佳”的字句。

辉县山楂，河南省辉县市特产，具有消食健胃、行气散瘀、化浊降脂的功效，用于肉食积滞、胃脘胀满、泻痢腹痛、瘀血经闭等症。山楂作为中药早在唐代就有记载，唐《新修本草》中记载，山楂“汁服止痢”。炮制后的焦山楂消食导滞作用增强，用于肉食积滞、泻痢不爽，与炒神曲、炒麦芽并称为“焦三仙”，广泛应用于食积的治疗。

桐柏县桐桔梗，桐桔梗又名“桐参”，其独特之处在于菊花贯心，是河南省桐柏县所产，以根入药，亦可食用，具有宣肺、祛痰、利咽、排脓之功效，可用于治疗感冒、咳嗽、支气管炎、咳痰不爽、咽喉肿痛、咳吐脓血等病症。

汝阳杜仲，具有补肝肾、强筋骨、安胎等作用，用于治疗腰脊酸疼、足膝痿弱等症。其药用价值之高、用途之广被誉为“植物黄金”。《太平圣惠方》中的杜仲丸就以杜仲为君药，炼蜜为丸，主治肾脏风毒流注、腰脚疼痛等症。

南召辛夷，辛夷又名玉兰，是木兰科木兰属植物一些树种的花蕾。南召辛夷及其制品具有发散风寒、宣通鼻窍的功效，适用于鼻塞、鼻渊、头痛等症状，可用于风寒感冒、肺炎等多种疾病的治疗。《本草经集注》中记载，辛夷“芎穷为之使”，《外台秘要》中的香膏方就是由辛夷与川芎相配伍，与其他六味中药组成，经醋浸渍、猪膏煎熬后外用滴入鼻中，治疗鼻塞。

密二花，即河南省新密市所产的金银花。《本草纲目》中记载“金银花出密县五指山”，具有疏散风热、凉血解毒的功效。民间将金银花煎煮成凉茶，具有清热解暑的功效。

灵宝大枣迄今已有400多年的栽培历史，其药用价值高，具有补脾和胃、益气生津、调营卫胃的功效，又可解药毒。《神农本草经》记载，大枣“主心腹邪气，安中养脾，助十二经。平胃气，通九窍，补少气、少津液，身中不足，大惊，四肢重，和百药”。

济源冬凌草又名济源冰凌草，是中国国家地理标志产品。1977年，济源冬凌草被收入《中华人民共和国药典》。冬凌草是一种常用少见的中草药，唐代药王孙思邈最早发现冬凌草具有清热解毒、活血止痛的效果，可用于咽喉肿痛、瘕瘕痞块、蛇虫咬伤等症。济源冬凌草是河南医学科学研究所在济源市首先发现的，在此之前，《本草纲目》中没有相关记载。

卢氏连翘，连翘为木犀科连翘属植物连翘的干燥果实，其果实初熟尚带绿色时采收称为青翘，果实熟透颜色发黄时采收称为老翘。连翘具有清热解毒、散结消肿之功效，主治热病、丹毒、痈肿、脓包疮、瘰、疬等症。中医常用连翘与其他中药配合，治疗乳腺癌、鼻咽癌、肺癌、皮肤癌等，还可与金银花相配，制成银翘散，用来治疗风热表证，此中成药已经被广泛应用。连翘根又称连轺，亦可入药。

确山夏枯草。《神农本草经》中记载夏枯草“主寒热，瘰疬，鼠瘘，头疮，破癥，散瘿结气，脚肿湿痹”，具有清肝泻火、明目、散结消肿的功效，用于目赤肿痛、目珠夜痛、头痛眩晕、瘰疬、瘿瘤、乳痈、乳癖、乳房胀痛等症的治疗，是清肝、护肝“圣药”。常见的凉茶“夏桑菊”源自清代名方，由夏枯草、野菊花、桑叶三味药组成，有清肝明目、疏散风热的功效，是独一无二的经典配方。

嵩县柴胡。柴胡味苦、辛，性微寒，归肝、胆经，具有疏散退热、疏肝解郁、升阳举陷、退热截疟的功效，主要用于感冒发热、寒热往来、胸胁胀痛、月经不调、子宫脱垂、脱肛等病症。著名的中成药小柴胡颗粒就是源自张仲景《伤寒杂病论》中的小柴胡汤一方，具有和解少阳之功效，主治伤寒少阳证、妇人热入血室、黄疸等病症。

西峡山茱萸。伏牛山区的山茱萸具有补益肝肾、涩精固脱的功效，适用于眩晕耳鸣、腰膝酸痛、阳痿遗精、遗尿尿频、崩漏带下、大汗虚脱、内热消渴等症状。《金匮要略》中的金匮肾气丸方中所用的药材之一山茱萸就产在南阳市西峡县，可见医圣张仲景时代伏牛山地区的山茱萸就已用于方剂。

新县银杏。丰富的银杏资源和悠久的银杏栽培历史，使新县素有“银杏之乡”的美称。白果是银杏的种子，具有敛肺平喘、止带浊、缩小便的功效，可治哮喘、咳嗽、白带、白浊、遗精、淋病、小便频数等症。《本草纲目》记载，银杏“甘苦，平，涩。熟食小苦微甘，性温，有小毒”。

二、河南是中药炮制之源

（一）中药炮制概述

中药是指在中医理论指导下，用于预防、诊断、治疗疾病并具有康复与保健作用的天然药物。其商品形式有中药材、中药饮片、中成药三种。中药材主要来自于自然界中的植物、动物、矿物等，经过产地简单加工而成。中药材不能够直接入药，需要通过加工炮制后制成中药饮片才能入药。

中药炮制，古时又称“炮炙”“修事”“修治”，是根据中医药理论，依照辩证施治用药的需要，结合药物自身性质，以及调剂、制剂的不同要求，将中药材加工成生熟饮片的技术。炮制工艺大致有净选加工、饮片切制、炒法、炙法、煅法、蒸煮烊法、复制法、发酵与发芽和制霜法等，在中药剂型调配、保证临床用药安全等方面起到重要作用。

（二）中药炮制起源

中药炮制是随着中药的发现和应用而产生的，有了中药就有中药的炮制，其历史可追溯到原始社会。

中药的发现和应用。古时人们有时会误食某些有毒植物和动物，以致发生呕吐、泄泻、昏迷，甚至死亡，而有时食用之后会使自己的疾病减轻或消失，这些感性知识经过不断地累积便成了最初的药物知识。随着医药技术的进步，又将这些天然药物进行一定的采集加工方法处理，这些简单加工方法经过积累和发展，就成了早期中药饮片炮制的方法。

火的出现和应用。中药炮制古称“炮炙”，就是指用火加工处理药材的方法。据《说文》载：“炮，毛炙肉也。”段注：“毛炙肉，谓不去毛炙之也。”火的发明和利用是人类社会发展史上的一个里程碑。燧人氏首创钻木取火于河南商丘，商丘为火文化的源头，因此商丘亦有“火都”“火墟”的称谓。据《韩非子·五蠹》记载：“上古之世人民少而禽众，人民不胜食兽业，食果蓏鲜蛤，腥最恶臭，而伤害腹胃，民多疾病。有圣人作，钻燧取火，以化服障，而民说（悦）之，使王天下，号之曰燧人氏。”由于人类对火的应用，为早期中药采用高温处理的“炮炙法”“药炒法”的出现创造了基本条件。

酒的发明与应用。酒的发明与应用起源于旧石器时代，在新石器时代有所进展，而广泛应用于奴隶制社会时期。《说文解字·卷十四下》“酒”字下说：“古者仪狄作酒醪，禹尝之而美，连疏仪我。杜康作秫酒。”“醪”可能是精米发酵后加工而成的“醪糟儿”，属于黄酒，是浊酒。“秫”是指高粱，秫酒即高粱酒，是白酒。《说文·卷七下》“帚”字下说：“古者少康初作箕帚，秫酒。少康，杜康也。葬长垣。”杜康就是夏代的少康（是夏代第六世中兴之主），是他发明了簸箕、扫帚和林酒，其死后葬在长垣县（属河南）。酒被引用于炮制药物，从而产生了辅料制法，丰富了用药经验，充实了药物炮制的内容。

陶器的发明与应用。人类在长期利用火的过程中，对土壤的可塑性也有了逐步的认识，为陶器的发明准备了条件。中国仰韶文化时期（公元前5000年左右），就有了砂锅、陶罐等烹饪器和储存器，为早期中药炮制的蒸制法、煮制法、煅制法（陶制煅药罐）以及存放中药汤剂等创造了必要的条件。陶器的发明和应用，极大丰富和拓展了炮制的内容。

（三）禹州中药炮制

禹州中药炮制历史悠久，是中药炮制发源地，也是历史上四大中药材集散地之一，素有“药过禹州倍生香”之说。禹州的中药饮片加工技艺超群，有些饮片加工后细如丝、吹能飞，片片均匀，厚薄适宜。一只像杏大小一样的槟榔，可以切出170多片“蝉翼槟榔”。禹州药刀，形似月牙，质量很好，被誉为全国三把药刀之一。禹州的“九天阿胶”曾于宣统三年（1911年）被推荐参加德国柏林举办的“万国博览会”。

“九蒸九晒”是禹州独特的一种中药材炮制方法，指采用蒸法和晒法反复炮制中药材的方法，目前一共有九个步骤：选药（包括粗选和精选）、蒸药、切药、晒药、团药、蒸药、切药、晒药、装药。历史上出现过很多知名炮制产品，如禹州“四大蒸货”，包括九蒸九制大熟地（又称九蒸九晒大熟地）、黄精、何首乌、槐豆。对于熟地黄的炮制，目前国内一般采用闷法一次性蒸制而成。《中华人民共和国药典》中制法规定：“蒸至黑润，取出，晒至约八成干时，切厚片或块，干燥而得。”这种炮制法存在蒸不透，色泽、口感、疗效差，容易腻味等缺陷，而禹州传统的九蒸九制大熟地，能克服闷法一次蒸制熟地黄的缺陷，达到古法所要求的“墨如漆、亮如油、甜如饴”。

三、河南方药遗迹丰富

河南省方药的遗迹颇多，主要有五岩山药王洞、社旗药王殿、洛阳药方洞、焦作药王庙、博爱圪挡坡药王庙、沁阳药王庙、沁阳神农山、汤阴艾园、河南怀庆府等，此外还有辉县百泉药材会、禹州中药材集散地等。

五岩山药王洞、焦作药王庙和社旗药王殿等都与唐代著名医学家孙思邈渊源颇深，五岩山药王洞是其生活著书之地，社旗药王殿是其受后世祭祀之所。洛阳药方洞因壁内开凿有203个药方而得名，其内保存着我国最早的石刻药方，如石壁上所刻的疗疟方、疗哮方、疗反胃方、疗小便不通方、疗霍乱方等，涉及药物150多种，且在民间都能找到。焦作药王庙，又名昭惠王行宫，是“药王孙思邈国际中医药文化苑”景点。博爱百姓为缅怀孙思邈的功德与推广怀药种植的功绩，在圪增坡依山顺势修建了药王庙，四时祭拜。沁阳药王庙不仅为各方药商朝拜、祭祀药王的地方，也是怀庆商人们洽谈怀药贸易的中心。

汤阴是千年古县、文化大邑，这里曾是扁鹊行医的地方，传说汤阴伏道村是扁鹊被害之地，所以后人在这里建了扁鹊庙，以纪念这位伟大的医学家。

怀庆府，府治河内县（今河南沁阳市），明代辖六县，清代辖八县，包括河内（今河南沁阳市）、济源、修武、武陟、孟州、温县、原武（今河南原阳县）、阳武（今河南原阳县）八县，范围为今河南省焦作市、济源市和新乡市的原阳县所辖地域，是“四大怀药”的重要产地。“怀商”兴起于河南怀庆府，即今焦作地区，故得名“怀商”也称为“怀帮”，是明清时期中原地区著名的商帮。“怀商”依托怀庆府的“四大怀药”，成功地走出了“三百里怀川”，也将“怀药”带到了全国各地。

辉县是全国十大药市之一，素有“春暖花开到百泉，不到百泉药不全”之盛誉。百泉药交会最晚形成于明初，盛于清代，药商遍及豫、秦、晋、冀等省，药货丰富。药王庙会的祭祀活动颇具特色，有“观羊”和“送帖”等独特习俗。

禹州是四大中药材集散地之一，素有“药过禹州倍生香”之说。早在清乾隆二十七年（1762年），怀庆帮、江西帮、山西帮、金陵帮、亳州帮、商城帮等多个药帮商行云集禹州，开张近2000家药店，拥有药工5000余人，形成了禹州中药材市场的鼎盛时期。

第三节　河南中药资源丰富

河南省地理位置优越，适宜多种药材生长，中药资源特色明显，药材生产历史悠久。据河南省第四次中药资源普查（试点）不完全统计，河南省中药资源达2700余种，有蕴藏量的种类236种，栽培品种99种。全省18个省辖市所辖158个县（市区）中多数县市都有药材种植，其中8种中药材共10个种植基地通过国家GAP认证，27个品种获得原产地标志认定。

一、河南自然药物资源举隅

（一）药用植物

野葵种子、野葵叶、白苞蒿、蒙古蒿、款冬（冬花）、三七草（田叶三七）、三七草（菊叶三七）、一点红（红背叶）、千里光（眼明草）、剑叶囊唔、蓝刺头、白术、牛蒡子等。

（二）药用动物

乌龟、蟾蜍、草鱼、蛤蜊、狗、鸡、鲤鱼、鲈鱼、猫、泥鳅、蝎子、土元、土鳖虫、斑蝥、海马、牛黄、马宝、珍珠、麝香、蜂王浆、五灵脂、夜明砂等。

（三）药用矿物

石膏、滑石、方解石、高岭土、硅藻土、硫、辰砂、雌黄、赤铁、石英、石髓、金精石、禹余粮、阳起石、白石脂、赤石脂、秋石、轻粉、卤砂、芒硝、玄精石、寒水石、炉甘石、硝石等。

二、河南中药材种植基地

（一）焦作四大怀药种植基地

河南省焦作市位于太行山与黄河之间的狭长冲积平原，史称“覃怀、河内、怀州、怀庆府”。由太行山涌裂南出的丹河、沁河、济河带来了丰饶的矿物质元素，与黄河交汇泛滥淤积，形成了特殊的肥沃土壤，加之迎风坡、海拔、光热、水文等因素，当地驯化栽植地黄、菊花、山药、牛膝等历史悠久，形成了独特的药性禀赋，分别被冠以“怀”字，成为“四大怀药”。

“铁棍山药”2011年的种植面积达3.3万亩，有24家怀山药生产加工销售企业，合作社百余家，注册品牌10个以上，年销售规模在500万元以上的经营主体有3个，山药总量的97%以一般农户为主体对外销售。

怀地黄中有许多优良品种，如“强金状元”“四齿毛”“7681”等。2009年，焦作市引进香港和北京的药企，生产的怀药产品“六味地黄颗粒”远销新加坡、马来西亚等国家和地区，年销售收入近亿元。2011年，怀地黄种植面积达94576亩。

怀菊花的品种主要有怀菊花1号（小黄菊）、怀菊花2号（小白菊）和怀菊花3号（茶菊）三个品种。2011年，武陟县怀菊花种植面积达12000亩，干菊花产量达到2400吨，产值达到1.9亿元。

怀牛膝的年需求量大约在6000吨左右。经国家质检总局审核，批准焦作市25家“四大怀药”生产、加工企业的64个产品使用地理标志产品专用标志。2008年，投资150万元的省级怀药产品质量检测站落户焦作市温县质监局，并通过国家资质审查认可投入使用，成为中国首家怀药产品质量检测机构。

（二）南阳优质药材种植基地

西峡县山茱萸种植基地。西峡山茱萸主要分布于伏牛山南麓，是中国中药材主要产区之一。山茱萸生产基地的大气和土壤经国家环保部门监测，达到国家一级质量标准，基地水质符合国家农田灌溉水质量标准。河南山茱萸主要分布在西峡县，西峡的山茱萸产量占全国总产量的50%，因此有“中国萸肉产河南，河南萸肉产西峡”一说。1999年、2001年西峡山茱萸被评为世博会优质产品，西峡县被国家林业局评定为“名优特经济林——山茱萸之乡”。2003年3月6日，原国家质监总局批准对“西峡山茱萸”实施原产地域产品保护，纳入中国国家地理标志产品。自1998年到2010年，宛西制药先后投资3000多万元，专门成立了张仲景山茱萸有限公司，在西峡县伏牛山腹地的5个乡镇建立了20万亩山茱萸生产基地。到2015年，西峡县种植无公害山茱萸面积达到22万亩。

南召辛夷种植基地。南召县是望春玉兰的原产区和发源地，也是中国玉兰的主产区，拥有700多年玉兰花木栽培历史，至今仍保留有500年以上的天然植物群落，有着“中国辛夷之乡”的称号。2003年10月09日，原国家质检总局批准对“南召辛夷”实施原产地域产品保护，将其纳入中国国家地理标志产品，被认定为“中国名优经济林产品”。2007年，腋花玉兰和桃实望春玉兰2个品种通过省林木品种审定委员会品种审定。2018年，南召县以玉兰为主的花木种植面积达到38万亩，位居南阳市第一、河南省前列。全县花木种植生产专业村55个、花木专业合作社200余家、省级花木龙头企业6个，建成河南省唯一一家玉兰花木产业化集群，初步形成了玉兰花木产业格局。

方城丹参种植基地。河南省方城县地处北亚热带与南暖温带交界处，地理位置特殊，造就了丰富的药材资源，使方城成为盛产中药材的“天然药库”，境内现存野生中药材品种达800余种，所产裕丹参具有参条粗、色紫红、品质好、疗效优等特点，被医圣张仲景称为丹参之首。2007年，方城凭借自主知识产权“无公害仿野生丹参生产技术”建成中国第一个仿野生基地。2016年，方城县仿野生种植的裕丹参种植面积发展到3万亩，亩产达410千克，年产值达1.8亿元，带动农户5000多家。

唐河栀子种植基地。唐河县地处南阳盆地与桐柏山余脉交接地带，气候温和，适宜栀子生长，人工栽培栀子古已有之，久盛不衰。所产栀子药材质量道地，药效上佳，被历代医家冠以“唐栀子”之美誉。唐河县高度重视栀子经济开发，集中连片建设栀子种植基地。截至目前，共建造栀子林10万亩，平均亩产达到300公斤，产品销往全国各大药材市场并远销东南亚国家。2005年获得国家质检总局地理标志产品保护认证，成为道地药材原产地，是全国最大的栀子生产基地，有“中国栀子之乡”的美誉。

（三）其他地区的中药材种植基地

济源市冬凌草种植基地。济源冬凌草主要分布在济源市北部800—1200米的山区，这里气候温和，雨量充沛，光照条件好，极利于冬凌草生长。2001年以来，济源市政府、济世药业和河南中医学院联合开展了“十五”国家重点科研计划，制定了“冬凌草生产标准操作规程（SOP）”，并且在2004年通过了科技部组织的验收。2016年，济源冬凌草种植面积达5万亩，从品种选育到规范化种植、科学化生产，从冬凌草系列产品的开发到产品的加工、销售，已形成了一条完整的产业链。

封丘县金银花种植基地。早在20世纪70年代，中国医药公司就确定封丘为全国金银花生产基地。90年代，封丘成为金陵药业、哈药二厂等国内知名大型制药企业的药源基地。到目前为止，封丘金银花种植面积已经达到30万亩，年产干花1000多万公斤，占全国总产量的70%以上。封丘金银花种植基地已通过无公害农产品基地认定，产品也通过了无公害农产品认证。金银花为我国传统常用中药材，年消费量600万—700万公斤，金银花的茎、叶均含有绿原酸、异绿原酸等，可代替花蕾，大量用于食品、饮料及化工原料。金银花是消暑解热的佳品，可制作清凉饮料与糖果，如忍冬可乐、银花汽水、银花啤酒及银花糖果等。此外金银花还是食品添加剂以及忍冬花牙膏、金银花痱子水等日用品的原料。

确山县中药材种植基地。确山夏枯草喜温暖湿润的环境，能耐寒，适应性强，但以阳光充足、排水良好的沙质壤土为好，低尘易涝地不宜栽培。

确山地处桐柏、伏牛山系向黄淮平原过渡地带，山间盆地及浅山丘陵广布其间，是一个典型的农业县、山区县。常见的凉茶夏桑菊源自清代名方，由夏枯草、野菊花、桑叶三味中药组成。1980年，星群药业采用独家保密工艺，在全国首创夏桑菊颗粒。近年来加多宝、和其正、王老吉等大型凉茶生产企业广泛采用夏枯草作为其主要原料，使其在药用之外又获得更广阔的市场发展空间。就目前来看，确山县已成为凉茶生产企业加多宝集团的全国六大原料生产基地之一，且位居首位。

禹州市中药材种植基地。禹州水热资源充足的气候特征适合天南星、白附子、白芷等各种药用资源的生长发育。禹州市的三种道地药材——禹白附、禹白芷、禹南星，均通过原国家质检总局组织的专家技术审查，获得国家地理标志产品保护。禹州政府坚持以禹字头道地药材发展为优势，带动和辐射其他地产大宗统货药材的指导思想，引导该市各制药企业以建立无公害中药材GAP生产基地为契机，采取“公司+基地+农户+标准+品牌”的运作模式。目前已经建成标准化种植基地25个。全市加工制药企业星罗棋布，产值达2亿多元；经营商户500多家，年成交额10亿元以上。

汝阳县杜仲种植基地。汝阳杜仲主要分布在南部山区，森林覆盖率达88%。汝阳县光照充足，气候温和，四季分明，年平均气温14.0℃，年平均降水量673.1毫米，环境优良，全县零工业，适宜种植杜仲。林业部杜仲“一优双高”示范基地项目在汝阳县实施后，1996年汝阳被确定为国家级杜仲基地县。2014年，汝阳县已发展杜仲种植达21.5万亩，占全县经济林总面积36.8万亩的58.4%，杜仲皮、叶及系列产品年产量达1560万公斤，年总产值1.2亿元。截至目前，全县杜仲种植面积已达到17.8万亩，总产量达到3404万吨，总产值达到4727．8万元。

嵩县柴胡种植基地。嵩县柴胡耐寒耐旱，适宜在600-800米海拔高度的浅山区中较干燥的山坡、林缘、林中隙地、草丛及沟旁生长，比较理想的土壤为壤土、沙质壤土或腐殖土。嵩县地处亚热带和温带交界处，为丘陵山区，气候温和，适宜多种药材生长。嵩县率先在全国开展柴胡野生变家种试验，从1980年开始，经过3年的试种和种质繁育，于1983年试验成功，申请注册了“小嵩洲”商标，1987年获国家医药管理局科技进步三等奖。人工栽培柴胡在嵩县已发展了30多年。2004年12月13日，原国家质检总局批准对“嵩县柴胡”实施地理标志产品保护。

卢氏县连翘基地。卢氏县大量的坡地、荒山荒地、退耕还林地正是发展连翘种植的最好所在，无污染的自然环境、适宜的土壤和独特的地理条件为连翘生长、繁衍提供了适宜的环境条件，保证了卢氏连翘的地道性和野生性。2004年，卢氏连翘被国家定为唯一野生保护基地和地理性标志产品。2005年，卢氏连翘被国家定为国家级农业标准化示范项目。2017年，卢氏县有连翘野生资源面积90万亩，其中适宜抚育的优质资源40万亩，中药材规范化种植规模累计达4000余亩，累计举办连翘种植培训班50余期，录制相关电视节目5期，发放技术资料10000余册。

辉县山楂种植基地。辉县市位于中国第二级地貌台阶向第三级地貌台阶的过渡地带。优越的自然地理条件，适宜的土壤和气候，为辉县山楂的生长提供了理想的环境。2007年，辉县被河南省农业厅和河南日报社联合评选为“河南省十大中药材种植基地”之一。2017年，新乡医学院三全学院申报的“新乡市山楂综合利用工程技术研究中心”正式获批。

三、河南部分中药材种植现状

（一）驻马店药材

驻马店市驿城区发展入社农户50余户，建有白桃、豌豆角、中药材、香椿叶4个种植基地，种植总面积1万多亩，带动农户1000多户，年可助农增收100多万元。

（二）洛阳药材

栾川菖蒲色褐黄、质量佳，被列为细药，畅销各省。药农采挖历史悠久，为河南省主要产地。1965年收购量曾达1.6万公斤，现收购量下降，生长缓慢，人工栽培者不多。

栾川卢氏天麻野生量大，中华人民共和国成立后产量和收购量均居全省首位，最高年收购4000余公斤，被誉为“天麻之乡”。

栾川白附子1970年之前年产量在2万公斤左右，1979年经前县多点发展，1981年收购量达17.7万公斤，已发展成为河南省白附子重点产区。

（三）新乡药材

延津县延寿中药材种植专业合作社发展社员3000多户，板蓝根、红花、半夏等中药材种植面积达15000多亩，亩均为农户创收5000多元，带动该县及周边农户依靠中药材种植走上了致富路。

“卫红花”产自卫辉府。历史上卫辉府的红花、怀庆府的菊花、彰德府的棉花被誉为“豫北三花”。2010年11月15日，中华人民共和国农业部批准对“卫辉卫红花”实施农产品地理标志登记保护。

原阳市的金银花质量最佳、数量最大，1983年被列为全国生产基地县。“原阳一号”等优质花已走出国门，远销海外。1983年经有关专家鉴定，新乡市金银花引种栽培技术为全国首创。2003年元旦，封丘县金银花顺利通过国家质检总局原产地标记注册认定，已建立GAP生产基地5万亩。

（四）信阳药材

息半夏是息县独有的优良中药材品种。1914年3月，在旧金山举办的万国商品博览会上，息半夏因其个大、粉足、品质优良、疗效显著广受外商欢迎。

新县有2000多年的银杏种植历史，素有“银杏之乡”的美誉。当地开展了“万亩银杏基地工程”，共建成5个银杏示范区、50个示范点，绿化村庄532个，绿化130公里。全县银杏面积已发展到2.8万亩，1089万株，其中百年以上的银杏古树4150株。

商城茯苓主要的寄生源马尾松占林地总面积的71.8%，达到68万亩。良好的环境条件，再加上丰富的野生和人工栽培茯苓资源，使得商城县成为全国茯苓主产区之一。

商天麻品质独特。商城从1970年开始探索天麻的人工培植技术，到1981年发展天麻的人工栽培面积1.5万平方米，年产天麻药材10万公斤以上。

商桔梗于1986年被国家医药管理局列为第一批对外保密名种，具有“龙头凤尾菊花心”的优良品质。1969年，商城县桔梗野生变种植试验获得成功，首开了全国人工栽培桔梗新纪录。目前，桔梗也由医用向医膳、食用、野菜、保健品、滋补品和旅游产品等方向发展，鲜食桔梗更是被称作是“大别山的人参”。

猫爪草是一种特殊的中药材。20世纪90年代，淮滨县王家岗乡率先建立了猫爪草基地，猫爪草亦从野生变成人工栽培。当地有猫爪草交易市场5处，从事经营商户100余户，成为国内最大的猫爪草生产基地。

淮滨芡实，俗称“鸡头菱”，生于池、沼、沟、塘、湖泊中，淮滨县全境均有，主产淮河以南的张庄、期思、王店等乡。

（五）三门峡药材

灵宝杜仲产于河南省三门峡市灵宝市。灵宝杜仲于2006年被确定为国家地理标志保护产品。目前灵宝杜仲基地种植面积已达5万余亩，拥有亚洲最大的人工种植良种杜仲生态园基地。

卢氏县以连翘为主的野生资源达30万亩，年产量达300万公斤，包括杜仲、山茱萸和辛夷等。其中，卢氏的连翘以质优量大闻名遐迩，被国家确定为原产地域重点保护产品。

渑池县积极开发花卉药材项目，大力发展中药材种植。渑池县南村乡南村玫瑰园，以玫瑰观赏、玫瑰洗浴、玫瑰产品展销等为主体的玫瑰产业化发展模式已初具雏形。目前该项目种植面积达2000亩，连片种植面积位居世界第一。

（六）南阳药材

南阳市桐柏县回龙乡夏枯草的用药历史达2000年以上，回龙乡夏枯草不仅产量高、药质好、价格高，且抗病能力强、易管理。除夏枯草外，回龙乡还种植有生地、桔梗、半枝莲、玄参等中药材。

邓州市的麦冬在80年代已是全国主产区之一，产品畅销全国并远销国外。2002年，南阳市确定邓州市为麦冬生产基地县。近年来种植面积不断增加，在全国药材市场上占有举足轻重位置，被誉为“邓麦冬”。

平县在唐代就有栽培杜仲的记载。现已成为河南省杜仲生产第一县，并跃入全国杜仲六强县行列。

西峡县现有天麻800万穴，广泛分布于13个乡镇，年产量保持在1200万公斤左右。西峡天麻经国家农业部长春参茸检测中心检验，天麻素含量超法定质量标准5倍多。

内乡山茱萸目前种植面积近20多万亩，年产量150万公斤。黄姜种植面积达12万亩，分布在15个乡镇（城关镇除外），280个行政村，所种植均为一年生黄姜。

（七）平顶山药材

汝州市目前牛蒡子、白芷、白术、金银花等中草药种植面积达1万余亩，该村已有近500亩的中药材种植面积。

鲁山县为平顶山辛夷花的主产区。花园沟村共180户830多人口，种植辛夷树有20多万株，其中树龄在300年以上的有30多棵。

（八）周口药材

周口市野生中药材品种主要有蛇床子、地肤子、香附等215种，传统种植和引种栽培的药材品种有板蓝根、白术、红花等167种，开发的动物药材品种主要有土蟾蜍、鸡内金、牛黄等117种。

郸城药材基地种植面积达1000余亩，种植药材有丹参、白术、知母、防风、牛蒡子、地黄、板蓝根等品种。

（九）安阳药材

茶店乡连续三年被安阳市评为“中药材特色产业乡”。2013年明确了“东山菊花千亩方、西山黄芩万亩区”的中药材产业规划，共投资1000万元，种植菊花5300亩，形成东山“黄金走廊”菊花基地，并申报注册了“太行菊”产品商标，使全乡中药材走出自己的品牌。

汤阴县已经形成中药材种植基地10000亩左右。其中，伏道镇就发展规模化中药材种植4500亩，辐射带动周边群众发展中药材种植3000余人。

（十）鹤壁药材

林果中药材种植基地建设于2011年，现已建立东头林药间作立体种植示范区537亩，其中栽植山楂、核桃、葡萄、海棠等苗木3.4万余株，牡丹、芍药、丹参、白芍、桔梗等80万余株。

当地金银花合作社充分利用“中国金银花之乡”的地域资源优势，形成了金银花研发、生产、加工、销售一条龙服务体系。合作社建有优质金银花基地1000多亩，畅销全国23个省市自治区。

（十一）濮阳药材

濮阳市濮阳县金银花种植基地是金银花（俗称二花）等产品专业生产加工的集体合资企业，公司总部设在濮阳县八公桥镇，总种植面积有2000多亩。

第四节　河南为中医药事业发展做出的贡献

中医药文化与资源丰富的河南，为中医药文化事业发展做出了历史贡献。在历史上，河南的医家、医史家、药商把河南丰富的中医药资源和学术经验传承下来并发扬出去。“十二五”以来，河南在中医药事业方面取得了重大成就，为中医药事业振兴发展做出了突出贡献。

一、河南省中医药事业发展成就

河南自古以来名医辈出，流派纷呈，这里是医药先祖黄帝故里和医圣张仲景的故乡，是中医学经典著作《黄帝内经》《伤寒杂病论》《神农本草经》《难经》的主要创作地，是中医学理论体系形成与繁荣发展的重要基地和中医药文化的重要发祥地。

（一）历史贡献

黄河流域是人类较早出现的地区之一，河南原始先民在狩猎和采集过程中对动植物的药用功效有了原始的经验积累，为中药的萌芽、中药炮制和中药学理论体系的确立奠定了坚实的基础。据统计，历代各类史志典籍中的河南籍名医多达1900余人，其中较为著名的代表，如临证实践家范汪、针灸学家甄权、食疗学家孟诜、法医学家和凝、儿科学家阎孝忠、伤寒学家郭雍、攻邪学派创始人张从正、医经和针灸学家滑寿、医史学家李濂、药物学家李中立、针灸学家李守先、温病学家杨栗山、医学教育家龙之章等等，在中医学历史上做出了巨大的贡献。据史料所查，河南古代医家创作了至少400余种中医典籍，流传至今依然存世的著作有近百种，汇集了河南古代医家的宝贵学术经验，是中医学的重要财富，也是中国传统文化的优秀代表。河南还拥有丰富的中医药非物质文化资源，现有国家级中医药非物质文化遗产6项，省级50项，市级200余项，此外，以少林武术、陈家沟太极拳为代表的养生保健操术也与中医学有着密切的联系。这些资源鲜活地展现了河南中医伟大的创造力和旺盛的生命力。

（二）“十二五”以来的贡献

“十二五”以来，河南在基础设施建设、人才培养、科技创新、服务能力提升、管理和文化建设等方面取得明显成效，为地方经济社会发展做出了积极贡献。

基础设施建设实现跨越式发展。“十二五”期间，全省各级中医院累计增加土地面积2998亩，投入建设资金60亿元，新增建筑面积204万平方米，新增床位18687张，新增固定资产近45亿元，截至2015年，全省公立中医医疗机构建筑面积达到293万平方米，床位达到48341张。河南中医药大学第一附属医院国家中医临床研究基地、河南省洛阳正骨医院郑州院区等重大项目相继投入使用，百所县级中医院建设项目顺利实施。

中医医疗卫生资源丰富。2014年全省中医医院233个，实有床位51264张，在岗职工60192人，卫生技术人员49205人，执业（助理）医师17860人，注册护士19732人；诊疗人次2809.7万人，出院人数144.2万人。全省中西医结合医院16个，实有床位1510张，在岗职工1518人，卫生技术人员1223人，执业（助理）医师580人，注册护士388人；诊疗人次76.2万人，出院人数3.3万人。[1]

初步建立多层次多形式的人才培养体系。高层次人才培养成效显著，唐祖宣同志荣获第二届“国医大师”称号，获选第二届“河南省名中医”50名，顺利实施第三批全国优秀中医临床人才研修项目、第五批全国老中医药专家学术经验继承工作，培养省重点中医学科（专科）学术带头人85名。组织实施县级中医临床骨干等培养项目，有效提升基层中医药从业人员的业务水平和服务能力。不断完善人才培养平台，推动建设国家名老中医工作室42个、基层名老中医药专家传承工作室8个，打造平乐郭氏正骨、邵氏针灸学术流派，建设国家中医药重点学科17个。联合省教科文卫体工会持续举办全省中医药岗位技能竞赛，营造建设学习型行业。

中医药继承和创新取得突出成绩。科研平台建设渐成规模，河南中医药大学第一附属医院国家中医临床研究基地的业务建设通过国家阶段性评估，河南省洛阳正骨医院被确定为河南省中医骨科临床研究基地建设单位。

[1]　2014年河南省卫生资源与医疗服务统计公报。

科研成果效应不断显现，承担国家科技支撑计划、国家自然科学基金项目河南省科技攻关计划课题306项，老年肺炎、艾滋病、小儿紫癜性肾病领域的研究处于领先水平。获省部级以上科技奖励90余项，省级中医药科学研究专项课题立项478项。开展高水平科研团队建设，遴选培育10名中医临床学科领军人才，相关中医机构成立院士工作站。

各级中医药服务能力不断提升。出台了《关于进一步提升中医专科建设水平的指导意见》和《关于做好新一轮中医医院等级评审工作的指导意见》，医院管理水平和运行效率持续提高。累计建设国家临床重点专科、国家中医药局重点专科58个，63家医院通过医院等级评审，建成全国综合医院中医药工作示范单位13个，建设国家和省级基层中医药工作先进单位46个。2015年，全省中医机构门急诊总量3300万人次，出院病人182万人次，较“十一五”末分别增加70%和60%。75%的乡镇卫生院和84%的城市社区卫生服务中心设置了中医科，54%的村卫生室和71%的社区卫生服务站能够提供中医药服务。

文化建设和管理工作成效显著。文化建设成果丰硕，制定印发中医药知识宣传普及实施方案，组建科普巡讲专家团，成立河南中医药学会文化建设与科学普及分会，建设13个国家和省级中医药文化宣传教育基地，支持有关媒体创办中医药周刊，连续举办十二届张仲景医药科技文化节。中医管理机构加强壮大，省中医管理局机关人员编制和内设处室均有扩增，省辖市中南阳市成立市中医药管理局，焦作、平顶山、安阳、周口、信阳均设立中医管理局（中医管理办公室）。中医信息化建设稳步推进，参与制定《河南省数字化医院建设指南（2014版）》，完成基层中医医院信息化建设项目，依托河南省洛阳正骨医院成立省中医药数据中心。[1]

二、河南省部分中医院

河南省中医药研究院：该院位于郑州市城北路，成立于1959年，前身为河南中医药大学中医研究所，是一所应用现代科技手段和传统中医药理论进行中医、中药研究及中西医结合防治疾病的科研、医疗机构。该院共

---

[1] 河南省“十三五”中医药发展规划。

承担各级各类科研项目300余项，其中省部级项目60余项，获得科研成果200余项，其中省部级以上成果70余项。近几年来，该院中标国家级课题6项，其中有国家科技部、财政部、卫生部“艾滋病和病毒性肝炎等重大传染病防治科研重大专项”3项课题。

河南中医药大学第一附属医院：该院始建于1953年，是河南省规模最大、建院最早的一所集医疗、教学、科研、预防、保健、康复为一体的综合性中医医院，是全国三级甲等中医院，在河南省率先成立了艾滋病临床研究中心。河南省中医药防治艾滋病临床研究中心、河南中医药大学艾滋病研究所也相继挂靠该院。

河南省中医院（河南中医药大学第二附属医院）：该院始建于1986年，1992年正式开诊，现已是一所集医疗、教学、科研为一体的现代化综合性三级甲等中医医院。医院现拥有国家级重点专科和建设单位5个，河南省重点中医专科或建设单位5个。其中，心病科设有实验室、临床研究室，并于2009年被国家中医药管理局批准为第一批重点研究室建设单位。急诊科在2007年被批准为国家中医、中西医结合急诊临床基地建设项目单位。

河南中医药大学第三附属院：该院坐落在郑州市东明路。目前已经发展成为在省内外有较大影响的集医疗、教学、科研、预防、保健、康复为一体的现代化综合性中医院。针灸门诊研究出的一批特色技术被列为国家中医药管理局技术推广项目，如邵氏“五针法”、调卫健脑针法和三部推拿法等，在临床中疗效尤为显著。

河南省洛阳正骨医院：该院是在具有216年历史的平乐郭氏正骨基础上建设的一所集医疗、教学、科研、产业于一体的三级甲等中医骨伤专科医院。现在是全国中医骨伤专科医疗中心、全国重点中医专科（专病）建设单位。“洛阳正骨”于2008年入选国家级非物质文化遗产名录，与“龙门石窟”“洛阳牡丹”“洛阳水席”并称为“洛阳四绝”。

安阳市中医院：该院儿科被国家中医药管理局确定为全国重点专科建设单位。同时，儿科、心血管病科、消化病科、脑血管病科被评为河南省重点专科，成立了安阳市骨伤病治疗中心、安阳市中西医结合脑血管病治疗中心两个市级医疗中心。

济源市中医院：该院专科特色突出，形成了以中风科、肾内科、泌尿外科、消化内科、妇产科等为重点的临床专科，其中中风科、肾内科是济源市卫生局确定的十大重点专科，泌尿外科、消化内科在济源市处于领先地位，妇产科在济源市率先开展宫腔镜技术。

焦作市中医院：该院中风专科（神经内科、脑血管病专科）为省市级重点医疗学科，该科对于缺血性脑血管病（脑血栓、脑栓塞），针对不同病情应用溶栓、抗凝、降纤、血液稀释疗法，结合针灸、推拿、按摩、微电脑频谱治疗仪、功能稀释等疗法，临床获得显著疗效。

许昌市中医院：该院设有全省领先水平的功能康复治疗室，综合运用针灸、穴封、理疗、按摩、康复锻炼等疗法，提高了中风病治疗效果，治疗中风具有痛苦小、费用低、后期恢复快的特点。该院融心血管内科与呼吸内科为一体，采用中西医结合治疗方法，疗效显著。

三、河南省部分疾病治疗中心

（一）艾滋病临床研究中心

艾滋病是一种危害性极大的传染病。2017年，全国艾滋病发病人数达57194人，死亡人数达15251人。近年来，河南省为进一步推进艾滋病防治工作，切实维护广大人民群众身体健康，根据《中国遏制与防治艾滋病“十三五”行动计划》，制定了《河南省防治艾滋病“十三五”行动计划》，建设了艾滋病临床研究中心。

河南中医学院第一附属医院艾滋病临床研究中心是国家中医临床研究基地建设单位，拥有国家中医药管理局艾滋病重点研究室，是河南省中医药防治艾滋病临床研究中心及河南中医学院艾滋病研究所依托单位。基于多中心随机对照研究，建立了艾滋病无症状期、常见机会性感染（腹泻、肺部感染、皮疹）和减少 HAART 毒副作用的3个中医治疗方案。研制了益艾康胶囊、参芩龙清肺培元颗粒、参灵贝温肺培元颗粒等医疗机构制剂，已在临床推广运用。

（二）治未病健康管理中心

“治未病”即采取相应的措施，防止疾病的发生发展。其核心体现在“预防为主”，重在“未病先防、既病防变、瘥后防复”。2016年12月《中国的中医药》白皮书指出：“中医强调生活方式和健康有着密切关系，主张以养生为要务，认为可通过情志调摄、劳逸适度、膳食合理、起居有常等方式，也可根据不同体质或状态给予适当干预，以养神健体、培育正气、提高抗邪能力，从而达到保健和防病作用。”[1] 在国家号召下，河南省建设治未病健康管理中心，简称治未病中心。

治未病健康管理中心是2007年国家中医药管理局遴选的第一批“治未病”预防保健服务试点单位。中心充分发挥中医药特色优势，注重运用中医辩证思维及传统养生方法，围绕着“未病先防，既病防变，瘥后防复”的治未病理念，在成人及儿童健康管理工作中注重灵活运用中医综合方法，实施中药、膏方、传统外治法以及艺术行为、运动、临床营养等调理干预手段进行疾病防治及健康管理。

（三）全国慢性阻塞性肺疾病中医诊疗中心

河南中医药大学第一附属医院肺病科是国家中医临床研究基地重点研究慢性阻塞性肺疾病的基地建设单位，也是卫生部国家中医临床重点专科建设单位。中心临床治疗中以中医为主，以中西医结合为主要手段，开展益肺灸法穴位埋线、中药离子导入、刮痧、穴位按摩、耳穴埋豆、放血等特色疗法，主要研究领域是慢性阻塞性肺疾病、肺间质纤维化、肺炎、睡眠呼吸障碍疾病、支气管哮喘的中医综合治疗，呼吸衰竭抢救、肺栓塞的中西医综合治疗、不明原因发热性疾病的诊断和治疗以及肺部疑难疾病的诊治方面居于国内先进水平。

第五节　河南中医药产业发展迅猛

近年来，河南省中医药产业发展迅速。河南省一大批中医药企业和组织不断发展，在各方面都取得较好的成绩。另一方面，河南省正在打造一批中医药旅游产业，在发展和传播中医药文化、提高人民健康生活质量等方面起到重要作用。同时，河南省已经拥有着中医药影视和中医药博物馆等中医药文化资源，并将中医药文化产业与中医药经济产业相结合，提高了河南省中医药产业的整体水平。

---

[1] 《中国的中医药》白皮书，国务院新闻办公室2016年12月6日。

一、河南部分中医药企业

河南省中药材协会：协会于2018年7月在郑州市成立，围绕中药材经济的发展，对行业的发展战略、体制改革、技术进步等各方面进行调查研究，为会员单位提供各种信息和技术咨询服务，开展经济技术交流活动和中药材职业技术培训，以提高培训对象的行业素质，促进个人对于中药材认识的发展与进步。

河南省医药有限公司：该公司创建于1951年7月，是具有60年历史的省内最大的国有控股医药商业企业，是省政府指定的负责全省灾情、疫情用药储备和供应的唯一定点单位，承担中央储备和省级储备任务。目前公司仓储面积达到1.1万平方米，仓储设施完全符合GSP要求。公司目前经营医药商品品种3800余个，具备医疗用药供应、市场分销、社会零售的综合业务功能。

河南仲景宛西制药股份有限公司：宛西制药在8个乡镇建立了20万亩GAP山茱萸药材基地。基地中占地1600亩的仲景百草园，有山茱萸、连翘、丹参、柴胡、梭罗树等各种名贵中药材，目前已经建成经济园林数十个。公司按GMP标准兴建了固体制剂和液体制剂大楼，生产的中成药有浓缩丸、颗粒剂、口服液、片剂、胶囊等九个剂型、上百个品种，成为全国最大的浓缩丸生产基地和中原最大的口服液生产基地。

河南太龙药业股份有限公司：该公司位于郑州高新技术产业开发区。2006年被国家人事部批准为博士后工作站分站，公司注册商标也被认定为“中国驰名商标”。公司的主要产品有双金连合剂、双黄连系列产品、清热解毒口服液、石杉碱甲片以及各种基础输液等中西药品100多个，双黄连合剂等主要产品均收录在《国家基本药物目录》之内。公司在双黄连口服液的基础上，成功开发了具有20年自主知识产权的独家专利产品、国家中药六类新药——双金连合剂，该产品被国家四部委联合评定为“国家重点新产品”。

羚锐制药：该企业是中国橡胶膏剂药业中的首家上市企业，资产总额近10亿元，年创利率8000余万元，拥有橡胶膏剂、片剂、胶囊剂、注射剂等十余种剂型二百余种产品，其中包括通络祛痛膏、胃疼宁片、培元通脑胶囊、参芪降糖胶囊等独家拥有知识产权的产品及国家中药保护品种和国家医保药品。公司的所有产品剂型及其生产车间均通过国家GMP认证。羚锐制药股份有限公司及其下属子公司共有50余种具备国家药品批准文号的品种进入了2009版《国家基本药物目录》。

河南张仲景大药房股份有限公司：该公司成立于2004年8月，注册资金6000万元，是河南省宛西制药股份有限公司投资的大型医药连锁企业，总部设在河南郑州，目前在全省18个地市共开设门店230余家。公司于2004年12月、2009年3月两次通过国家GSP认证，2008年5月11日中共中央政治局常委、国务院总理温家宝到公司视察，对公司给予了极高的赞誉，为河南省医药零售连锁企业树立了形象。

辅仁药业集团有限公司：该公司是一家以药业、酒业为主导产业，集研发、生产、经营、投资、管理于一体的综合性集团公司。2001年，河南辅仁堂制药有限公司全面通过GMP认证。“辅仁”商标被认定为著名商标。在最新公布的307个《国家基本药物目录》中，辅仁入选170个品种，占目录总数的55%；在《国家基本医疗保险、工伤保险和生育保险药品目录（2009年版）》中，辅仁入选413个品种（含独家品种3个），成为中国制药企业中入选2009版《目录》品种最多的制药企业。

河南省汉帝药业有限公司：该公司成立于1998年，下设单位东亚钳蝎研究所，主要从事蝎毒的提取及医学应用。2014年通过河南省食品药品监督管理局药品GMP认证。该公司生产基地位于河南省平顶山市伏牛山脚下，拥有三个大型天然养蝎基地，从事蝎毒活性肽的分离和研究。汉帝药业产品有蝎毒系列产品、OTC系列产品、保健酒系列以及刘太医贴剂系列等。

太康海恩药业有限公司：该公司成立于2009年，是一家集科研、生产、销售于一体的现代化大型中、西药生产企业。公司拥有国药准字文号60个，包括硬胶囊剂、片剂、颗粒剂、散剂、糖浆剂、口服溶液剂、酊剂、搽剂、溶液剂（外用）、滴鼻液、热熨剂等，年产片剂50亿片、硬胶囊30亿粒、颗粒剂和散剂10亿袋、中药饮片300吨、香辛调味料6万件。拥有标准化中药材种植基地，2015年“致和”被河南省工商行政管理局评为河南省著名商标。

二、河南中医药旅游产业

（一）河南省中医药健康旅游示范区

许昌市鄢陵县中医药健康旅游示范区：该县充分发挥中医药文化与健康养生资源丰富并且品质高端的优势，促进中医药与旅游两大产业融合发展，打造形成一批功能齐全、地域特色明显的，集中医药文化体验、中医康复疗养、生态休闲保健、养老健康教育、养生度假旅游为一体的中医药健康旅游产业体系，把鄢陵建成省内一流、国内知名的中医药健康旅游目的地。

南阳市南召县中医药健康旅游示范区：近年来，南召旅游产业重点打造五朵山、宝天曼、莲花温泉、伏牛天池等景区，新开户外文体运动类景点6个，养老养生景区4个，国家4A级景区达到2个，3A级景区达到1个，被中国旅游协会命名“中国最佳休闲度假旅游名县”“中国优秀生态旅游名县”。

许昌市禹州市中医药健康旅游示范区：近年来，禹州市依托深厚的中医药文化资源和良好的产业基础，以“弘扬中药文化，发展医药经济”为宗旨，大力发展中医药文化和中医药产业，强力推动中医药产业与旅游业的融合发展，建设相关景区景点10余个，中医药健康旅游已成为全市旅游业四大品牌之一。

信阳市新县中医药健康旅游示范区：新县物产丰富，盛产林果、茶叶、中药材等，其中，板栗、银杏、茶叶、野生猕猴桃品质产量均居河南之冠，被国家林业局誉为全国名特优经济林“板栗之乡”“银杏之乡”。2018年9月26日，新县荣获2018年“中国天然氧吧”创建地区称号。

南阳市西峡县中医药健康旅游示范区：西峡是中国重阳文化的发源地。2016年第四届中国旅游业融合与创新论坛上，西峡再次成功入围“旅游业最美中国榜”，2017年被中国国土经济学会推选为“2017中国百佳深呼吸小城”，同年入选为第五届全国文明城市。2018年9月26日，西峡县荣获“中国天然氧吧”创建地区称号。

（二）河南中医药健康旅游示范基地

鹤壁市五岩山旅游区中医药健康旅游示范基地：五岩山气候宜人，非常适合药材生长。目前景区内的百药林、百草园种植了200余种中草药材。

景区内医药文化也随处可见，道路两边随处可见石碑，碑上刻有《千金方》中的药方。

南阳市宛西制药仲景大健康旅游基地：仲景宛西制药在全国同行业中率先采用“公司+基地+农户”模式，把药材基地作为生产现代中药的第一生产车间，先后在豫、皖、川三省道地药材产地建立山茱萸、地黄、山药、丹皮、茯苓、泽泻六大药材基地，成为全国GAP认证品种最多、道地药材种植面积最大的中药企业。

洛阳市韶华中医药健康旅游示范基地：洛阳市共有A级旅游景区45处，其中4A级以上景区26处，有中国洛阳牡丹文化节、河洛文化旅游节、小浪底观瀑节、伏牛山滑雪节等节日活动，获得了中国优秀旅游城市、全国园林城市、国家卫生城市、全国文明城市等荣誉。

新乡市辉县市郭家寨中药健康养生生态园：辉县是国家南太行旅游开发重要组成部分，全市旅游规划总面积250平方公里，现有4A级景区2家，3A级景区2家，国家级森林公园、国家地质公园和国家攀岩公园各1处。2008年，江西省樟树市、河南省辉县市与河南省禹州市共同申报的“药市习俗”，入选第二批国家级非物质文化遗产名录。

驻马店市老乐山中医药健康旅游示范基地：近年来，乐山旅游开发有限公司把“尊重自然、保护生态、造福民众、回报社会”作为发展理念，以“养生福地、生态家园”为主体定位。2015年以来，老乐山文化生态产业园旅游基础设施建设、老乐山银发壹族养生养老园、老乐山休闲农业产业园等被确定为国家专项基金建设项目。

平顶山市鲁山县仓头乡中药材种植基地：鲁山县仓头乡在充分调查论证的基础上，结合油用牡丹生长特性，确立了走文化旅游与生态观光农业相结合的发展道路，将油用牡丹确定为全乡的主导产业进行大力扶持，制定了用3年时间建成万亩油用牡丹种植基地的目标，树立了自己的“牡丹芍药文化”。

南阳市医圣祠：医圣祠位于中国中医药服务贸易重点城市、河南省第三大城市南阳市城东温凉河畔，它是“医圣”张仲景的墓祠纪念地。医圣祠以其丰厚的医学文化内涵，向大家展示了中华文明的悠久历史和炎黄子孙的勤劳智慧，是弘扬民族优秀文化、进行爱国主义教育的不朽篇章。

许昌市禹州市华夏药都健康小镇中医药健康旅游示范基地：该基地

总投资200亿元，占地面积8.3平方公里，是集产业、文化、智慧、健康、旅游五位一体的健康产业集聚发展的核心区和一二三产业融合发展的示范区。

郑州市岐黄小镇旅游发展有限公司岐黄养生园基地：该基地坐落于新密市苟堂镇百果山，是一家集生态旅游、中药保健、文化旅游开发、健康养老、养生保健开发为一体的健康旅游项目。现已初步建成“岐黄文化园”“岐黄养生园”“岐黄颐养园”“岐黄生物科技园”“岐黄生态种植园”五大园区。

信阳市浉河区中医药康养旅游示范基地：浉河区为建设成“中医药康养旅游示范基地”，吴家店镇中心卫生院率先投入大量资金以加强中医堂建设，中医堂总面积达到了660平方米，开设多个中医诊疗科室，建立了标准化的中药房、中药库和中医煎药室，配备专职煎药人员，形成了“院有专科，科有专病，病有专术，人有专长”的中医堂。

南阳市伏牛山天池中医药健康旅游基地：南阳伏牛山位于中国河南省南阳市，2006年6月公园被联合国教科文组织列为世界地质公园，占地面积1522平方公里，是秦岭延伸到河南省的一条重要山脉，也是河南省境内平均海拔最高、人类活动相对稀少、自然生态保存完好的山区。

安阳市九头仙艾国际艾文化产业园：汤阴县依托扁鹊庙进行配套开发旅游景点，已建成艾草景观区、艾草博物馆、艾草民宿区、艾灸服务区、艾草主题餐厅、艾草药膳园等六大旅游板块，提供健康管理、健康保险和医疗等配套服务。

三门峡市豫西百草园中医药健康旅游示范基地：豫西百草园景区充分发挥所处豫西的区位优势，立足于卢氏“天然药库”的资源优势，把中草药种植和农业生态观光相结合，积极开发生态休闲农业，打造以中草药和花卉观光为基础，以医药养生为内涵，集观光游憩、休闲娱乐、养生度假、教育体验等功能为一体的综合型旅游景区。

开封市河南天河农业科技发展有限公司：开封具有“文物遗存丰富、城市格局悠久、古城风貌浓郁、北方水城独特”四大特色，迄今已有4100余年的建城史和建都史。南天河农业科技发展有限公司经营范围包括农作物、果树、树木的种植、销售，农场休闲观光服务，餐饮、住宿、温泉洗浴服务以及游览船客运服务、儿童乐园服务、体育场馆服务等。

南阳市河南丹江大观苑大健康中医药旅游基地：丹江湖周边的青山乃八百里伏牛山延伸地带，中草药资源丰富，号称天然药库。丹江苑在原来天然草药的基础上开辟了近万亩的中草药基地，既充分发挥了自然资源优势，又可保护水土植被，基地还筹建了药王殿、李时珍像等建筑雕塑，以展示历代中医药名人事迹，成为全国少有的中药文化荟萃之地。

焦作市云台冰菊种植基地：云台冰菊基地位于修武县郇封镇后雁门村，包含云台冰菊种植加工基地、地黄种植加工基地、农耕文化园、大型游乐场、民宿度假村等。其中，云台冰菊种植加工基地总占地面积1000余亩，总投资1.6亿元。云台冰菊具有不散朵、回甘、开水泡后如鲜花般绽放的特点，有良好的清肝明目功效，被誉为“沸水中盛开的鲜花”。

三、河南中医药文化产业

（一）河南中医药博物馆

河南中医药博物馆：该博物馆位于河南省中医药大学龙子湖校区图书馆，由医史馆、校史馆、中药馆、仲景馆、古籍馆和医德馆等展馆组成。医史馆布展面积530平方米，主要展示中原中医药的历史贡献。仲景馆主要通过图文、实物和声光电等多媒体，展示医圣张仲景为世界医学发展以及中医药事业的发展做出的杰出贡献。在中药馆中，观众可以观赏到上千种水浸标本、蜡叶植物标本、中药材标本、动物矿物标本。校史馆用翔实的材料展现了河南中医学院1958年建校以来的发展历程和辉煌成就。

张仲景博物馆：张仲景博物馆即医圣祠，位于河南南阳东关温凉河畔，为东汉医学家张仲景的墓址所在地。馆内藏品丰富，仲景文化氛围浓厚，2008年被国家中医药管理局授予“全国中医药文化教育基地”的称号。

大宋中医药文化博物馆：该博物馆坐落在七朝古都开封市中医院门诊大楼第六层，是《河南省“十二五”中医事业发展规划》的一项重要任务，也是开封市政协2012年重点提案之一。目前博物馆有文化展板27块、制盛药工具12件、宋代线装医籍60余种、中医书刊100余册；收藏浸制植物标本32种、中药材标本9种、各类中药饮片30余种、中成药20余种；并挖掘了大批与宋代中医药发展相关，并具有一定社会影响的典故、传说事迹等中医药文化资源。

中国太极拳博物馆：该博物馆是首座国家级非物质文化遗产博物馆，

坐落于太极拳发源地——河南温县陈家沟，2009年8月正式对外开放。太极拳博物馆设立在太极阁这一仿古建筑内，分两仪堂、四象堂、文修堂、三省堂四部分，藏有太极拳相关文物资料近万件。其中有太极拳主要流派名人名家的传承谱系，集中展示了太极拳的基础文化、拳史、拳理、拳法，系统阐述了太极拳的起源、衍变和发展。

（二）河南中医药影视作品

《苍生大医》：该影片再现了全国著名老中医、原深圳平乐骨伤科医院名誉院长郭春园的感人事迹。郭春园是我国传统正骨四大流派之一“平乐郭氏正骨”的第五代传人，被国内同行专家赞誉为“中华骨魂”。影片塑造了当代中医药行业英模，是一首弘扬时代主旋律的艺术作品，是鼓舞白衣战士救死扶伤、无私奉献的优秀作品。

《精诚大医》：该片以国医大师李振华教授为原型，刻画出了一代国医大师的艺术形象。该片厚重的中医文化底蕴和精彩的艺术表现形式，为中医药走向世界从而让世人更多地了解中医药传统文化做出了贡献。

《河南中医1958》：整部影片以河南中医学院1958级学生自己讲自己的故事为线索展开，所有故事没有任何虚构，剧中所有的演员也都是该校教师及学生。影片用一个个真实的场景和故事，讲述了20世纪50年代河南中医药高等教育艰辛的起步过程，同时进一步深入挖掘了河南地域文化的中医药资源，发挥了地域中医药文化的重要价值。

《大国医》：该剧以河南洛阳中医正骨传奇发展史为背景，讲述了一个传奇女性的命运起伏。《大国医》因为作品所蕴含的文学元素，成功地把国家和民族的危难用温暖、用医德、用女人心演绎出来。

第五章　河南中医药强省建设

中医药学是中华民族在长期同疾病做斗争过程中成功经验的积累和升华，自其诞生以来就为我国人民乃至世界人民的健康事业做出了积极的贡献。

河南是中华民族的主要发祥地之一，是华夏民族始祖、人文初祖黄帝的故里，是医圣张仲景的故乡。自古以来，中原医林兴盛，名医大家辈出，中药资源丰富，群众基础深厚，是中医药文化的重要发源地，也是名副其实的中医药大省。近年来，随着健康中国战略和健康中原建设的实施，随着河南经济社会的快速发展，河南中医药事业呈现出勃勃生机，河南人民也对中医药健康保健提出了更高的要求，建设中医药强省已经成为新的时代要求。《河南省中医药发展战略规划（2016—2030年）》提出了“2030年全面建成中医药强省”的发展战略。充分发挥河南中医药的优势，做大做强中医药事业，是落实“健康中国”战略的重要举措，不仅有利于河南人民的健康，而且也能够更好地服务于河南经济社会发展。

第一节　中医药强省建设的时代背景

古人云：“得中原者得天下。”河南省位于我国中东部、黄河中下游，因大部分地区位于黄河以南，故称河南。远古时期，黄河中下游地区河流纵横、森林茂密、野象众多，河南又被形象地描述为“人牵象”之地，这就是象形字“豫”的来源，也是河南简称“豫”的由来。《尚书·禹贡》将天下分为“九州”，豫州位居九州之中，现今河南大部分地区属九州中的豫州，故有“中原”“中州”之称。这里四季分明、资源丰富、历史悠久、交通便利、人口聚集，是中华文明和中华民族的重要发源地。先后有20多个朝代定都于此，在相当长的历史时期是我国的政治、经济和文化中心，文化底蕴深厚，为中医药学的形成、发展奠定了深厚的基础。

一、文化背景深厚

河南是中华民族和华夏文明的重要发祥地。中华民族的人文始祖黄帝诞生在河南新郑，中华文明的起源、文字的发明、城市的形成和统一国家的建立，都与河南有着密不可分的关系。在5000年中华文明史中，河南作为国家的政治、经济、文化中心长达3000多年，先后有20多个朝代在此建都、200多个皇帝在此执政。中国八大古都中有四个在河南，即九朝古都洛阳、七朝古都开封、殷商古都安阳和商都郑州。洛阳、开封、安阳、南阳、商丘、郑州、浚县、濮阳都是全国历史文化名城。

厚重的中原大地孕育了诸多历史人物，灿若群星，如古代哲学家、思想家老子、庄子、墨子、韩非等，政治家、军事家姜子牙、商鞅、苏秦、李斯、刘秀等，文学家、艺术家杜甫、韩愈、白居易、李贺等，科学家张衡、僧一行等，以及医学家张仲景和佛学家玄奘等，还有近代史的抗日英雄吉鸿昌、杨靖宇，革命先辈邓颖超、彭雪枫、吴焕先、许世友，以及时代楷模焦裕禄等。

“万姓同根，万宗同源。”河南是中华姓氏的重要发源地，当今的300个大姓中根在河南的有171个，依人口数量多少而排列的100个大姓中有78个姓氏的源头或部分源头在河南，有“陈林半天下，黄郑排满街”之称的海外四大姓氏均起源于河南。

二、自然环境优良

（一）地理概况

河南位于北纬31°23′－36°22′，东经110°21′－116°39′之间，东接安徽、山东，北挨河北、山西，西连陕西，南临湖北，呈望北向南、承东启西之势。河南地理位置优越，古时即为驿道、漕运必经之地，商贾云集之所。今天，河南地处沿海开放地区与中西部地区的结合部，是我国经济由东向西梯次推进发展的中间地带。国家促进中部地区崛起的战略部署，更加凸显了河南独特的区位优势。全省总面积16.7万平方公里，居全国各省区市第17位，占全国总面积的1.73%。地势西高东低：北、西、南三面由太行山、伏牛山、桐柏山、大别山沿省界呈半环形分布，中、东部为黄淮海冲积平原，西南部为南阳盆地。平原和盆地、山地、丘陵分别占总面积的55.7%、26.6%、17.7%。

（二）自然资源

河南地跨长江、淮河、黄河、海河四大流域。省内河流大多发源于西部、西北部和东南部山区，流域面积100平方公里以上的河流有493条。全省多年平均水资源总量405亿立方米，居全国第19位。全省现有林业用地7053.03万亩，森林覆盖率17.32%，林木覆盖率23.77%。全省建立各类自然保护区35个，总面积1135.4万亩。湿地面积1663万亩，占全省总面积的6.6%。省内动植物资源丰富，森林公园达94处，已知陆生脊椎野生动物520种，占全国总数的23.9%，其中国家重点保护野生动物90种。

河南既是历史文化资源大省，也是自然景观荟萃之地，山川壮美，风光秀丽，融南秀北雄于一体。全省有国家级风景名胜区8处，省级风景名胜区23处。郑州的嵩山、洛阳的龙门山和白云山、信阳的鸡公山、焦作的云台山、济源的王屋山、平顶山的石人山、安阳的太行山大峡谷、南阳的宝天曼和老界岭、鹤壁的云梦山、驻马店的嵖岈山等均属山水奇观。黄河自西向东流经河南，出三门峡后经小浪底流入黄淮平原，在郑州至开封段河床高出地面，形成地上悬河的独特自然景观。

（三）气候特征

河南大部分地区地处暖温带，南部跨亚热带，属北亚热带向暖温带过渡的大陆性季风气候，同时还具有自东向西由平原向丘陵山地气候过渡的特征，具有四季分明、雨热同期、复杂多样和气象灾害频繁的特点。全省由南向北年平均气温为15.7～12.1℃，年均降水量1380.6～532.5毫米，降雨以6～8月份最多，年均日照1848.0～2488.7小时，全年无霜期189～240天，适宜多种农作物生长。

三、河南中医药事业发展现状

（一）中医医疗

截至2015年底，河南中医药工作人员8.6万人，中医执业医师4.3万人，中医机构2300家，中医院427所。全省拥有国家中医临床研究基地1个，国家级重点专科29个，省级重点专科51个，省级特色中医专科15个。绝大多数中医医院都有自己的重点专科，并形成了品牌优势，其中洛阳正骨、周围血管、儿科、风湿病等学科在全国享有盛誉。

（二）中药资源与开发

河南省是传统的中药材生产大省，河南省中药材人工栽培的数量和产量均处于全国前列，是全国中药材主要产区之一。河南境内有太行山区、伏牛山区、大别山桐柏山区、豫东平原等自然区域，在不同的区域中，根据地理、气候特点，野生药材的采收和人工栽培都有悠久的历史。博大精深的中原文化养育了底蕴丰厚、极具特色和优势的中医药文化，禹州药都、百泉药交会、四大怀药等文化遗产成为中医药产业发展的重要财富。

（三）中医药教育

目前，河南省有一所中医药本科院校——河南中医药大学，六所中医药职业院校，河南现代中医药高等教育体系已初具规模，已经形成了专科、本科、硕士、博士的培养体系，中医药教育的水平和质量不断提高，内涵建设不断加强，探索构建了院校教育与师承教育相结合的人才培养体系，教育体系日趋完善。初步建立并形成了具有自身特色的课程体系和学科群体，对主干课程进行规划教材编写，扩大教学基地规模，改善实践实验教学环境，基本形成了富有特色的中医药人才培养体系。

第二节　中医药强省建设的重大意义

随着医学模式的转变和预防保健需求的增长，医源性、药源性、老龄性疾病增多，以天然资源为原料的药物在疾病预防、治疗和保健中愈来愈受到重视，集绿色、安全、预防、保健、治疗于一体的中医药越来越受到世人的青睐。在全面建成小康社会的过程中，国家提出了“健康中国”战略，河南实施了“健康中原建设”方针，而中医药是“健康中原建设”的重要保障。中医药强省建设对促进河南省建设“富强河南、文明河南、平安河南、美丽河南”具有强有力的保障作用。因此，建设中医药强省，加快河南中医药事业发展，既是更好满足人民群众日益增长的健康保健服务需求，也是立足河南省情，将文化资源优势转变为经济发展优势的战略选择。

一、有利于完善医疗保障体系，推进“平安河南”建设

新中国成立以来，特别是改革开放以来，我国健康领域改革发展取得了举世瞩目的成就。2015年，我国人均预期寿命已达76.34岁，婴儿死亡率和5岁以下儿童死亡率分别下降到8.1‰和10.7‰，总体上优于中高收入国家平均水平，为全面建成小康社会奠定了坚实基础。

20世纪70年代前，我国仅用世界卫生费用的1%，就解决了占世界人口22%的中国人的医疗保障问题，公共卫生覆盖率达85%，这与当时形成的以中医为主、中西医并举的农村合作医疗方式密不可分。因此，在我国医疗卫生体系中，中医药和西医药两者相互补充、共同发展，这是中国特色医药卫生事业及保障体系的重要特征和显著优势。

进入21世纪，健康问题已成为当今各国的最关注的问题之一，中共中央、国务院于2016年10月25日印发并实施了《“健康中国2030”规划纲要》，提出了健康中国建设的宏伟蓝图和行动纲领。为实现这一目标，必须确立中医药事业的重要地位，振兴发展中医药事业，建立符合中国国情的“坚持以预防为主、防治结合、中西医并重”的医疗卫生保健体系。振兴发展中医药事业，建设中医药强省，是落实健康中原建设的重要举措，是“平安河南”建设的重要组成部分。加快发展中医药产业，以医带药，强药促医，医药并重，促进中医药协调发展，需丰富中医药产品品种，提高药品和服务的质量，更好地预防疾病、治疗疾病，全面提升我省广大人民群众的健康水平，促进“平安河南”建设。

二、有利于促进经济社会发展，推进“富强河南”建设

河南地处南北气候过渡带，山水地貌复杂，生物种类繁多，独特的自然条件造就了丰富的中药材资源。据不完全统计，河南共有中药材资源2780多种，不止闻名世界的“四大怀药”，还有山茱萸、辛夷、金银花等37种道地药材的产量占全国总数的23%。河南出产的中药材品质好、产量大，在全国中药材市场居主导地位。河南现已建成省级中药材种植基地8家，

中药材种植（养殖）、加工、流通、经营、科研、检测机构达数百家，有中药材知名品牌数十个，中药材产量和人工栽培种植面积均居全国前三位。河南的天方、宛西、羚锐、辅仁等药品企业及品牌在全国医药市场上均占有一定份额，有着较好的声誉和良好的形象。

种植中药材已经成为河南农村生态建设和农民增收致富的重要举措。继续鼓励药农种植与养殖，完善野生药用动植物资源保护，努力发展人工育种技术，保证中药材资源的可持续发展，做好我省道地药材的开发与利用，有利于调整农村产业结构，发展绿色经济，增加农民收入。中医药产业具有产业链条长、附加值高、成长性好、市场前景广阔的突出优势，已经成为我省经济发展的支柱产业。

所以，从全省经济社会发展战略布局看，建设中医药强省有利于河南省经济结构调整，为经济发展创造新的闪亮增长点，也是深入推进河南经济发展高质量的迫切需要，对发展河南经济、推进“富强河南”建设具有重大意义。

三、有利于中医药文化传承创新，推进“美丽河南”建设

在世界四大传统医学中，中医是理论最完整、实践内容最丰富、最有效的医学。河南作为中医药学的重要发祥地和医圣张仲景的故乡，历代名医辈出，他们的学术思想为中医药理论奠定了坚实的基础。东汉医学家张仲景开创了辩证论治之先河，形成了完整的中医诊疗体系。

在建设中医药强省的过程中，要为中医产业发展创造良好氛围。广泛宣传中医药思维方式、传统习俗、行为规范、生活方式、文学艺术，使中医药文化更加深入人心，这样不仅能够让环境美丽，让人们的心灵更美丽，也有助于在这种大环境下形成文明的社会风气。这对建设美丽河南具有非常重要的意义。

四、有利于打造中医药人才队伍，推进“文明河南”建设

建设中医药强省，发展中医药产业，人才队伍是关键。河南中医药强省建设需要整合全省资源，集中中医药及相关学科优势，在中医药各类人才培养上集中发力，为河南经济社会发展提供强有力的人才支持和智力支撑。促进产、学、研结合是强化人才队伍建设的重要举措，对加快中医药

战略人才、管理人才、营销人才、综合人才和各类专业技术人才的培养起着重要的推动作用。

在建设中医药强省的过程中，要高度重视中医药文化产业的建设和发展。中医药文化产业是民生产业，也是一个为国富民强保驾护航的利国利民的产业。它为人提供一种健康和谐的生存状态、生活态度、生活形态、生活方式、行为方式、卫生习俗，它能提高人们的文化品质和身心健康素质，这对形成具有中国民族文化特色的健康教育、健康促进的思想和模式都会有积极的影响，对建设文明河南具有重大意义。

第三节　中医药强省建设战略规划

河南作为中医药大省，随着全面建成小康社会和健康中原建设的深入推进，深化医药卫生体制改革也进入了深水期和攻坚期，加快中医药强省建设步伐，更好地发挥中医药的特色和优势，将成为满足人人享有基本医疗卫生服务、实现全民健康的最佳切入点和关键点。

当前，我省中医药事业发展迎来了难得的历史机遇。《中华人民共和国中医药法》发布施行，为中医药事业发展提供国家层面的法律保障。国务院印发实施的《中医药发展战略规划纲要（2016—2030年）》，将中医药事业上升为国家战略，摆在了经济社会发展全局的重要位置。《河南省中医药发展战略规划（2016—2030年）》（以下简称《规划》），明确了我省建设中医药强省的发展目标和路径措施。

一、指导思想

《规划》以习近平总书记系列重要讲话精神为指导，全面贯彻落实全国和全省卫生与健康大会及省十次党代会部署，坚持新形势下卫生与健康工作方针，以加快建设中医药强省为目标，实施中医药优先发展战略，弘扬张仲景文化，建立健全中医药法规、中医药发展的政策举措、中医药管理体系和适合中医药发展的评价体系、标准体系，统筹推进中医药医疗、保健、科研、教育、产业、文化六位一体全面发展，为深化医药卫生体制改革、推进健康中原建设和全面建成小康社会做出新贡献。

二、基本原则

（一）传承发展、创新驱动

推进中医药传承与创新，强化创新驱动作用，着力推动中医药学术进步，努力实现中医药健康养生文化创造性转化和创新性发展。

（二）深化改革、统筹推进

在管理体制、运行机制、投入补偿、人才培养、产业发展等方面先行先试、积累经验，坚持中医西医并重、中药西药协同发展。统筹发展规模与质量，坚持质量优先、效益优先。

（三）突出重点、全面提升

突出中医药服务体系建设，突出中医药特色优势，突出中医药健康服务业和现代中药产业发展，突出中医药文化弘扬传播，全面提升中医药医疗、保健、科研、教育、产业、文化发展水平。

（四）以人为本、服务惠民

以满足人民群众日益增长的健康服务需求为出发点和落脚点，不断提升中医药服务能力，增加群众医疗服务选择机会，增进人民健康福祉，保证人民享有安全、有效、方便的中医药服务。

三、发展目标

《规划》明确指出：到2020年，中医药强省建设初见成效，中医药服务体系进一步完善，实现人人享有基本中医药服务的目标，中药产业不断壮大，中医药发展部分指标居全国前列。中医药产业专项投入加大，基础设施基本完备，队伍建设持续加强，实现中医药服务资源要素数量和质量双达标。全省公立中医医院床位达到0.56张／千人，中医执业医师达到0.42人／千人，略高于全国平均水平，优质资源占比明显提升。省级中医医院综合实力显著增强，中医儿科、骨伤、肺病、糖尿病等专业在全国保持领先地位，争取入选全国区域医疗中心，康复、脑病、肿瘤等专业跻身全国先进行列。80%以上的市级中医医院达到三级甲等中医医院标准，形成一批全省中医区域医疗中心；县级公立中医医院基础设施标准化建设实现全覆盖，服务功能得到强化，基层中医药服务龙头作用进一步强化，80%以上达到二级甲等中医医院标准，其中床均建筑面积、床均卫生技术人员分别达到60平方米／床、1人／床以上；100%的城市社区卫生服务中心和乡镇卫生院、80%以上的城市社区卫生服务站和70%以上的村卫生室能够提供规范的中医药服务。社会办中医医疗机构进一步发展。覆盖城乡的中医医疗服务网络基本健全，养生保健特色优势得到充分发挥。中医药参与应急和重大疾病防治能力大幅度提高，在艾滋病、病毒性肝炎、流感等传染病防治领域发挥积极作用。河南中医药大学第一附属医院国家中医临床研究基地和洛阳正骨医院骨科临床研究基地科研实力显著增强，带动全省中医药科研水平整体提升，推出3—5个在全国有较大影响的中医药科研团队，争取在国家和我省重大科研课题立项及获得国家科技奖项上有新的突破。中药材保护与发展体系基本建成，种植面积达到500万亩。实现原料来源基地化，流通环节规范化，仓储率达到70%，药材质量标准显著提高。现代中药产业规模化发展，产值达到1000亿元，竞争力持续提升。

到2030年，河南全面建成中医药强省，综合实力全面提升，主要指标居全国前列。建成设施优良、功能完备、特色突出、健康运行的中医医疗、教育、科研体系，现代中药产业、中医药健康服务业发展跻身全国先进行列。河南中医药大学第一附属医院、洛阳正骨医院建成全国区域性中医医疗中心，以三级甲等中医医院为核心的优势专科集群在全国形成较大影响，建成5个以上全国中医专科医疗中心。市级公立中医医院全部达到三级甲等中医医院标准，县级公立中医医院全部达到二级甲等中医医院标准。社会办中医机构和公立中医医院形成优势互补、良性竞争局面，中医医疗、保健、预防、养生协调发展。河南中医药大学建成国内一流的研究型中医药大学，面向基层的中医药高等专科教育、职业教育形成规模，继续教育体系运行良好，中医药人才短缺问题得到根本解决。我省中医药科学研究整体进入全国第一梯队，在若干专业领域保持领先地位，建成一批实力雄厚、机制健全、开放合作的科研平台，造就一批在全国有重要影响的名中医和中医药研究团队，争取推出中国工程院院士人选。现代中药产业和研发生产能力居全国先进行列，打造一批中药制药龙头企业和知名品牌，中药研发、生产、流通形成完整体系。中药材生产产业化水平进一步提高，成为全国中药材生产和种植的优势区域。

四、重点任务

（一）中医药服务能力持续提升

完善中医医疗服务网络。完善规划布局，加大投入力度，加快建设以公立中医医院为主体的覆盖城乡的基本中医药服务网络。按照功能定位和基本标准，改善省、市、县级公立中医医院基础设施，提高诊疗装备水平，完善服务功能，突出特色优势。在综合医院、妇幼保健院等医疗机构推进中医药科室标准化建设。在乡镇卫生院和社区卫生服务中心建立中医馆（国医堂）等中医综合服务区，完善基础设施，加强人员配备。推动民营中医医疗服务机构规范发展。加强中医医院康复科室建设，支持康复医院设置中医科室，加强中医康复专业技术人员的培养和配备。

提高中医药防病治病能力。实施中医临床优势培育工程，以国家级重点专科为龙头，以省级重点专科为骨干，加快各级中医专科建设。三级中医医院基础雄厚的专业要争创国家中医区域（专科）医疗中心，其他优势专业以重点专科为基础，建设全省中医区域（专科）医疗中心。建立中医药参与突发公共事件应急救治工作协调机制，提高中医药应急救治和重大传染病防治能力。将中医和中西医结合纳入公共卫生服务体系和公共卫生突发事件临床救治体系。巩固基层中医药服务能力提升工程成果，实施基层中医药服务能力提升工程“十三五”行动计划，继续开展国家和省级基层中医药工作先进单位创建工作，提高中医药综合服务能力。

加强中医药人才队伍建设。建立健全院校教育、毕业后教育、继续教育有机衔接以及师承教育贯穿始终的中医药人才培养体系和保障激励机制。继续推进国医大师、全国名中医及河南省名中医评选。传承中药炮制工艺，培育代表性传承人、中药炮制技艺宗师。做好全国老中医药专家学术经验继承工作。支持国医大师、全国名中医、省名中医和其他知名专家带徒授业。创新中医药师承教育工作机制，设立“河南省名中医”师承教育项目，通过师承模式培养优秀中医药骨干人才。支持河南中医药大学等院校和教育机构探索中医药传承人才培育模式创新。支持南阳市办好仲景书院。支持民族医药、宗教医药和养生技术传承创新。

依法放宽中医药服务准入。依法改革中医医疗服务资格准入、执业范围和执业管理制度。改革传统医学师承和确有专长人员执业资格准入制度，实施中医诊所备案制管理。允许取得乡村医生执业证书的传统医药一技之长人员在乡镇和村开办中医诊所，鼓励社会力量开办连锁中医医疗机构。对社会资本开办的只提供传统中医药服务的中医门诊部和诊所，医疗机构设置规划和区域卫生发展规划不作布局限制。支持有资质的中医专业技术人员特别是离退休名老中医开办只提供传统中医药服务的门诊部和诊所。鼓励药品经营企业开办中医坐堂医诊所。保证社会办和政府办中医医疗机构在准入、执业等方面享有同等权利。

促进中西医结合。推进中西医资源整合、优势互补、协同创新。加强中西医结合创新研究平台建设，以临床问题为导向开展重大疑难疾病中西医联合攻关。围绕重点病种，尤其是在儿科、骨伤、肺病、脑病及高血压、糖尿病、肿瘤等严重影响群众健康的重大疑难疾病和急危重症方面，制定和推广实用性的中西医结合诊疗方案。探索建立完善重大疑难疾病中西医协作工作机制与模式。推进综合医院、西医专科医院、乡镇卫生院、社区卫生服务中心中医药服务水平提高。在住院医师规范化培训、专科医师规范化培训、全科医生培训以及职称晋升中，合理确定中西医知识和技能内容要求，鼓励西医学习中医知识和技能，重点培养高层次的医教研复合型中西医结合人才，加强面向基层医生的中医药知识培训，提升基层中西医综合诊治能力。

鼓励中药制剂研发与应用。支持医疗机构研发、生产和应用中药制剂，医疗机构未取得医疗机构制剂许可证的，经省食品药品监管局批准，可以委托符合条件的医疗机构或药品生产企业配制。支持中药饮片与中药配方颗粒等新型饮片产品研发。支持运用传统工艺炮制中药饮片、生产传统剂型中成药。鼓励运用中医经典处方、中医经验处方研制中药制剂。在确保安全和明确责任的前提下，对医疗机构临床急需而市场没有供应的中药制剂，经省食品药品监管局批准，可以在专科协作网络、科研协作单位、对口支援单位和医联体内调剂使用。将中药新药研发、中成药二次开发与重大疾病防治相结合，围绕提升临床疗效，加强中医药联合攻关，不断提高研发能力和水平。

推动“互联网 +”中医医疗发展。大力发展中医远程医疗、移动医疗、智慧医疗等新型医疗服务。依托河南省中医药数据中心，打破各医疗机构之间的壁垒，连通信息“孤岛”，建设集医学影像、检验报告、健康档案等于一体的医疗信息共享服务体系和中医医疗数据共享交换标准体系。积极推广中医临床科研一体化信息平台，以信息技术支撑临床研究。鼓励探索“互联网 +”中医医疗服务创新，利用移动互联网等信息技术提供在线预约诊疗、候诊提醒、电子处方、划价缴费、诊疗报告查询、药品配送、健康管理等服务。

（二）大力发展中医养生保健服务

加强中医养生保健服务体系能力建设。支持社会力量举办中医养生保健机构，探索集团化发展或连锁化经营。实施中医治未病健康工程，加强中医医院治未病科室建设，为群众提供中医健康咨询评估、干预调理、随访管理等治未病服务，探索融合健康文化、健康管理、健康保险于一体的中医健康保障模式。鼓励中医医疗机构、养生保健机构走进机关、学校、企业、社区、乡村和家庭，推广普及养生保健知识与方法。鼓励中医药机构研发保健食品、保健用品和保健器械器材。推广融入治未病理念的健康工作和生活方式，在疾病康复、亚健康干预、优生优育、运动保健、托老保健等领域充分发挥中医药的作用。

发展中医药健康养老服务。推动中医药与养老服务融合发展，促进中医医疗资源进入养老机构、社区和居民家庭。支持养老机构与中医医疗机构合作，加大医疗养老联合体及养老机构内设医疗康复机构的建设力度，鼓励中医医疗机构和中医医师为老年人提供上门服务及养生保健、体检、中医药文化知识宣传和诊疗服务。鼓励社会资本建设以中医健康养老为主的护理院、疗养院，探索设立中医特色医养结合机构。鼓励在中医药资源丰富、优势明显的地方，规划建设一批以保健养生、医疗康复为主的养老产业园区。

发展中医药健康旅游服务。推动中医药健康服务与旅游产业有机融合，发展以中医药文化传播和体验为主题，融中医诊疗、康复、养生、休养、文化传播、商务会展、中药材考察于一体的健康旅游。充分利用我省中医医疗资源、中药材资源、历史文化资源，开发特色中药保健品、功能食品、药酒、药妆等健康旅游产品，建设一批中医药生态休闲旅游景区、休闲养生养老基地，打造中医药主题健康旅游示范基地和健康旅游综合体。支持举办高层次中医药健康旅游展览、会议和论坛，打造具有河南特色的中医药健康旅游品牌。

（三）扎实推进中医药继承创新

加强中医药理论方法继承。全面继承名老中医药专家学术思想和临床诊疗经验，系统总结中医优势病种临床基本诊疗规律和方法，编纂出版《河南省名中医学术经验荟萃》系列丛书。开展中医药经典文献和古籍普查登记工作，推进中医药古籍文献数字化。挖掘整理传统中药炮制、制剂技术工艺，形成统一规范并传承推广。开展民间中医特色疗法收集、整理、评价及推广工作。

强化中医药师承教育。建立中医药师承教育培养体系，将师承教育全面融入院校教育、毕业后教育和继续教育。加强中医药学术传承，充分发挥名老中医药专家对人才培养、技术传承创新及临床科学研究的辐射引领作用。加强中医药重点学科建设，支持建成一批名老中医药专家传承工作室、中医学术流派传承工作室和基层名老中医药专家传承工作室，培养一批中医药学术传承团队。实施与师承教育相衔接的中医药“领军、骨干、青苗”等人才培养计划。鼓励医疗机构开展师承教育，实现师承教育常态化和制度化。

建立完善中医药科技创新和评价体系。加强科技创新和评价制度建设，完善课题管理、项目绩效考核、科技成果奖评审等相关制度。优化科技创新和评价条件，建立河南省中医药学术咨询与评审专家库，通过同行评议和引进第三方评估，提高项目管理效率和研究水平。提升科技创新和评价能力，继续实施科研能力提升培训，加强各层次科研人才梯队建设，建立医疗机构、高校、科研院所、中医药企业共同参与，多学科、跨部门的中医药协同创新体制机制，完善有利于中医药创新的激励政策。

加强中医药科学研究。加快国家级和省级中医临床研究基地、工程技术中心、院士工作站、博士后工作站、重点研究室和实验室等创新平台建设，推进省中医药研究院、省正骨研究院、南阳市张仲景研究院等科研机构建设，开展国内外学术交流活动，为中医药科技创新提供基础支撑。推进高校、科研院所、医院、企业之间协同创新。支持科研团队争取国家和省级重点科研项目。继续实施河南省中医药科学研究专项，重点支持中医药防治重大疾病和优势病种临床研究、中医理论传承与创新研究、中药新用和中成药新用研究、中药生产、炮制技术研究以及配方颗粒和中医诊断治疗康复设备研发等。

（四）全面提升中药产业发展水平

加强中药资源保护、开发和利用。依托河南中医药大学，巩固第四次全国中药资源普查试点成果，全面掌握我省中药资源现状，建立全省中药资源数据库、资源动态监测机制和信息网络。加强野生中药资源涵养保护，加强珍稀濒危品种保护、繁育和替代品研究，引导野生中药材抚育种植产业化发展，实现优质中药材生产与生态保护协调发展。积极推广应用生物技术和新型育种、栽培技术，发展名贵中药材种植。建立豫产道地药材、大宗药材的良种繁育体系和中药材种植规范化、标准化、规模化生产基地，制定中药材生产、加工、流通、储运行业规范，确保中药材质量安全、有效、稳定、可控。

加快构建现代中药产业体系。制定面向省内外的“引、育、用”人才政策，设立专项资金，加快培养一批熟悉中医药、懂市场、会经营、善管理的现代中药企业家和经营管理人才。促进中药产业优化升级，催生现代中药产业集群，培育和扶持优质中药饮片加工和中药制药企业。以宛西、羚锐等中药龙头企业为重点，大力发展中药物流仓储业，打造高效运营的电子商务平台，延伸产业链条，加速中药流通领域规模化、集约化发展。支持有条件的企业或中药材专业市场建立中药材生产流通全过程质量管理和质量追溯体系。规划建设一批中药现代物流中心，支持中药名店连锁经营，培育一批新的中药经营企业。

（五）大力弘扬中医药文化

繁荣发展中医药文化。大力挖掘、凝练和弘扬张仲景文化、洛阳正骨文化和怀药文化，突出张仲景品牌，打造以张仲景文化为核心、富有时代和地域特征的中医药文化体系。深入研究我省历代名医、流派的学术思想，挖掘、整理、研究现存的中医药文献资料。加强中医药文物古迹、文化典籍保护工作，加大对列入国家级非物质文化遗产名录项目的保护力度。积极谋划和打造中国嵩山骨科高峰论坛、仲景论坛、黄河心血管论坛、河南中医高层论坛等一批高端学术论坛，打造我省中医药高层次学术品牌和文化品牌。

发展中医药文化产业。推动中医药与文化产业融合发展，将中医药文化纳入文化产业发展范围，对中医药文化宣传教育基地、中医药博物馆等给予支持。支持中医药文化读物和影视作品的出版和摄制，建设一批中医药科普宣传基地，继续办好南阳张仲景医药科技文化节。鼓励中医药企业参加各类文化产业展会，鼓励文化企业创作以中医药为主题和内容的文化创意产品，支持中医药文化企业“走出去”，开展对外文化贸易，全面展示我省中医药发展的悠久历史和辉煌成就。允许产业发展相对较好的地方先行先试，鼓励支持其发展壮大中医药文化产业，培育中医药文化产业集群。

（六）积极推动中医药对外开放

加强中医药对外交流合作。支持有优势、有特色、有竞争力的医疗机构和企业全面参与全球中医药领域合作与竞争，鼓励到海外开办中医医院、诊所和中医养生保健机构，积极参与国家“一带一路”战略。推进多层次的中医药教育国际合作，吸引更多的海外学生来豫接受学历教育、非学历教育、短期培训和临床实习。探索我省中医药特色品牌与服务、贸易、旅游相结合，吸引境外居民来豫体验中医药服务，购买中医药产品，把中医药打造成我省对外开放和人文交流的名片。

五、保障措施

（一）加强组织领导，落实扶持政策

充分发挥省中医药工作领导小组作用，建立健全中医药统筹协调机制，加强部门协调与沟通，研究解决中医药发展重大问题。推动中医药改革创新，支持建设国家中医药综合改革试验区。县级以上政府要将中医药工作纳入经济社会发展规划，加强组织领导，健全中医药管理体系和中医药统筹发展的组织领导体制与工作推进机制，完善考核评估和监督检查机制。要落实政府举办公立医院责任，在区域卫生规划中合理配置中医医疗资源，至少开办一所达到相应等级的公立中医医院。在争取国家项目的同时，采取积极措施，优先支持达不到基本标准的公立中医医院改扩建或迁建。在项目安排、财政预算、城乡居民基本医保和职工医保、支付制度改革、医疗服务价格调整、中药饮片使用管理等方面坚持中西医并重，推动中西医协调发展，充分考虑并尊重中医药的特殊性，给予必要的扶持和倾斜，不得在国家规定之外人为限制中医药服务的提供和应用。在城市规划、产业布局、土地供给、税收政策等方面，对中医医疗、养生保健、中医药健康养老服务、中医药旅游等项目给予支持。

（二）强化依法管理，完善监管制度

认真学习贯彻《中华人民共和国中医药法》，推动出台《河南省实施〈中华人民共和国中医药法〉办法》，开展法治宣传教育，提高中医药从业人员法律素质。提升中医药行政监管部门监督与行政执法能力和水平，严厉打击假冒中医名义非法行医、发布虚假违法广告、销售假劣药品及保健品等行为。依法保护中医机构、中药企业和中医药从业人员的合法权益。针对制约中医药发展的实际问题，健全中医药管理政策标准体系，并做好卫生、医保及相关政策的衔接工作，确保中西医并重方针落实。加强中医临床诊疗指南、技术操作规范和疗效评价标准推广应用。

（三）做好宣传工作，营造良好氛围

综合运用广播电视、报刊等传统媒体和数字智能终端、移动终端等新型载体，大力弘扬张仲景文化，传播科学用药和养生保健知识，宣传中医药在经济社会发展中的重要地位和作用。开展中医药文化科普进基层活动，推动中医药进校园、进社区、进乡村、进家庭，将中医药基础知识纳入中小学传统文化、生理卫生课程，同时充分发挥社会组织作用，努力形成全社会支持中医药振兴发展的浓厚氛围和共同发展中医药的良好格局[1]。

[1] 《河南省中医药发展战略规划（2016—2030年）》。

第六章　仲景学术思想

张仲景，名机，字仲景，是我国东汉末年伟大的医学家，“机”之名，最早出现于梁代陶弘景所著的《辅行诀脏腑用药法要》中，其文曰："汉晋以还，诸名医辈，张机、卫汎、华元化、吴普、皇甫玄晏、支法师、葛稚川、范将军等，皆当代名贤，咸师式此《汤液经法》。”仲景自幼敏而好学，专于医道，成年后更加刻苦钻研医术，勤于临床实践，因“感往昔之沦丧，伤横夭之莫救”，而“勤求古训，博采众方”，终“为《伤寒杂病论》合十六卷”。

《伤寒杂病论》奠定了中医临床辩证论治诊疗体系的基础，融理、法、方、药于一体，是中国医学史上现存最早的一部完整系统的临床医学著作，具有划时代的意义，与《黄帝内经》《难经》《神农本草经》并称为中医四大经典，被后世医界奉为圭臬，称其“活人之书”“方书之祖”，誉之“启万世之法门，诚医门之圣书”，后世尊张仲景为“医圣”。

第一节　河南是医圣张仲景的故乡

张仲景的生平在正史中并不多见，可靠史料十分缺少，如在陈寿的《三国志》与范晔的《后汉书》中均找寻不到张仲景的传记，概因古代史学家的阙失所致，抑或其他史书原有详载，但又拘于历史条件，因战争不断，存书不易，致其散佚亡失，终不可见。所以，可以反映张仲景相关情况的文献便只有他在《伤寒杂病论》中的自序了，其余的终不可查。

自魏晋起、至唐宋时，虽有少许书籍论及张仲景的生平经历，但均是只言片语，完整的史料亦同样缺乏，皆不足以展现张仲景的生平全貌，如晋皇甫谧的《针灸甲乙经》、葛洪的《抱朴子》、唐刘知玑的《史通·人物志》、王冰的《黄帝内经素问》、甘伯宗的《名医录》、宋林亿等的《校订伤寒论序》、张杲的《医说》等，此外，还有《襄阳府志》等，均是此类。而后，最早为张仲景作传，详述其生平的是明代李濂的《医史》，即为《张机补传》，清代则有陆九芝撰写《世补斋医书》，并作《补后汉书张机传》。此后，有关张仲景的事迹才逐渐完整，方才开始有张仲景传记流行于世。如今亦有陈邦贤的《中国医学史》、丁福保的《名医略传》以及孙鼎宣、黄竹斋、章太炎等人所作的张仲景相关传略。百家争鸣，众说纷纭，虽各有所本，亦均有增改，但河南是医圣张仲景的故乡是诸家都认可的。

一、张仲景出生在河南

（一）张仲景生卒年代考证

张仲景确切的生卒年月无从详考，概因魏晋唐宋的医者无一家予以关注，直至近代方才有人开始求索，但亦没有一个统一的确切说法，只能确定一个大概的年限范围。

张仲景生卒年代的考证必须以历史文献为依据，结合与张仲景同时代的历史人物去推测方才合理可信，而可用以考证之文献与人物，大抵不外乎何颙、华佗等。

其一，张仲景生年考。

《后汉书·何颙传》云：“何颙字伯求，南阳襄乡人也。少游学洛阳，颙虽后进，而郭林宗、贾伟节等与之相好；显名太学。贾伟节有父仇未报，而笃病将终。颙往候之，伟节泣而诉。颙感其义，为复仇，以头醊其墓。及陈蕃李膺之败，颙以与蕃膺善，遂为宦官所陷，乃变姓名亡匿汝南间，所至皆亲其豪杰，有声荆豫之域。”据此看来，何颙游学洛阳的时候，已逐渐和郭林宗、贾伟节、陈蕃和李膺等人交好，后来因被宦官诬陷，为躲避“党祸”而外逃。据考证，郭林宗离开洛阳的时间大概在延熹八年（165年），因何颙与郭林宗交好，推测与其一起离开洛阳的可能性很大，可以假定何颙是在延熹八年外出洛阳而避祸，于冬腊回家省亲。

《后汉书·桓帝纪》曰：“延熹九年冬十二月……司隶校尉李膺等二百余人，受诬为党人；并坐下狱，书名王府。”何颙早年在太学中声名极高，是著名党人，故为了再次避祸很可能离开故郡。因此，延熹九年（166年）十二月之后，张仲景就再无可能“总角造颙”了。此外，永康元年（167年）六月颁布了“赦党人归田里，禁锢终身”的政令，使何颙有了回家的可能，张仲景可以此时去拜访，但考虑到何颙著名“党人”的敏感身份，仲景究竟是否前往拜见自是未解。等到了建宁元年（168年）时，“党祸”愈演愈烈，严峻的政治形势使何颙回家再无可能，张仲景也不容易见到何颙了。

故此可做推测：何颙于延熹八年（165年）冬腊间受郭林宗影响而返家，又于延熹九年（166年）十二月为避“党祸”而外逃。所以张仲景“总角何颙”发生在延熹九年（166年）的可能性要大于在永康元年（167年）六月以后。假设张仲景总角时与何颙在延熹九年（166年）相见，按照“总角”的记载，仲景当时应当十五岁，则可推测出仲景约生于150年左右。

其二，张仲景卒年考。

张仲景卒年考证有早期说和晚期说两种说法。

早期说。王叔和在《脉经》序中有云：“今撰集岐伯以来，逮于华佗，经论要诀，合为十卷。”道出《脉经》源于岐伯、华佗间诸多医家的“经论要诀”。因华佗与仲景俱是同时代著名的医学家，故可大致判断仲景先卒于华佗，否则叔和所述便不再是“逮于华佗”，而是“逮于仲景”了。《魏志·武文世王公传》云：“邓哀王冲，字仓舒……年十三，建安十三年，疾病；太祖亲为清命。及亡，哀甚。”《三国志·华佗传》亦有类似的记载，曹操爱子曹冲死于建安十三年（公元208年），曹操叹曰：“吾悔杀华佗，令此儿强死也。”故可断定华佗应当卒于公元208年之前，此时张仲景亦不在人世，否则曹操必然会请张仲景为曹冲治病。另外，华佗还称赞过张仲景的《伤寒杂病论》，并言到“此书可以活人”。结合当时的历史环境，可知张仲景著书必定不是一年之功，故仲景卒年应早于公元208年。

晚期说。张仲景《伤寒杂病论》自序有云：“余宗族素多，向余二百。建安纪年以来，犹未十稔，其死亡者三分有二，伤寒十居其七。”这就表明了自序是在建安纪年以后写的，否则便不会出现“建安纪年以来，犹未十稔”等语句了。《伤寒杂病论》的编写涉及了多种外感病和内科杂病，内容繁杂，必定要历经数年时间方可撰写完毕。依据万国鼎编撰的《中国历史纪年表》可知，建安元年为196年，建安纪年则是208年，再结合“犹未十稔”，则可推测仲景可能卒于建安二十五年（公元215年）左右。

其三，其他医家学者考证。

尚启东认为张仲景生于汉桓帝永康元年，卒于建安六、七年间。

韩奕、耿建国等人提出三种可能的说法：①张仲景生年早于公元140年甚至130年。②张仲景生于公元140—150年，卒于公元205—220年。③张仲景生于三国时期的魏，卒年更是延后。

宋向元、杜雨茂等认为张仲景生年应在公元148年—152年，卒年应在公元211年—219年。

范行准认为张仲景生活于后延熙年间至第三世纪中叶。

赵清理、陈邦贤、田代华等认为张仲景生于东汉和平元年至建安二十五年左右。

洪贯之认为仲景应生于公元148—152年间，卒于公元219年左右。

韩立祥认为张仲景生卒年限当是公元146年—236年。

章次公、任应秋等认为张仲景应当生活在汉桓帝（公元147年）、汉灵帝（公元168年）、汉献帝（公元190—219年）三朝期间。

后世医家对于张仲景的生卒年代考证各有见解，均有自己的一番道理，上述的考证及例举仅供交流参考。

（二）张仲景籍贯考证

较之古时记载仲景生卒年代史料的匮乏，自隋代以来，关于张仲景籍贯的文献则卷帙浩繁，历代医家学者们对仲景籍贯进行了较为全面的考证，虽观点相异，但人们对张仲景系东汉南阳郡人的观点认同度较高。

张仲景系东汉南阳郡人之说较早见于《何颙别传》、甘伯宗的《名医录》，后又见于宋代陈振孙的《直斋书录解题》和张杲的《医说·张仲景方叙伦》、元代马端麟的《文献通考》、明代徐春圃的《古今医统》等书。南阳郡为秦朝所置，东汉时候下辖三十六县，约是如今河南省西部与湖北省北部的总和，又因历代行政区划沿袭变革不断，故而具体县份众说纷纭，大约可分为以下四种说法。

涅阳说。明嘉靖年间的《邓州志》有记载云："张机，字仲景，涅阳人，学医于同郡张伯祖，尽得其传。灵帝时举孝廉，官至长沙太守。"根据中国古今地名大辞典的相关介绍可知，涅阳县，汉置，为侯邑，刘邦封吕腾为涅阳侯，所以设为县，属南阳郡。新莽时期改南阳郡为前队，郡都宛曰南阳，宛西南杜衍曰闰衍，涅阳曰前亭。东汉时复名为涅阳，安帝刘祜封其妹为“涅阳公主”。三国时期仍为涅阳。而后的刘宋、齐梁、魏齐周都一直沿用涅阳这个名字。至隋开皇三年把涅阳改为课阳，仍属南阳郡。唐贞观初年，废去课阳，设为驿馆，归邓州（今邓州市）管辖。因为它在古穰县（今邓州市）之东，所以叫穰东驿，从此涅阳就变成穰东了。后至宋元明清，邓州皆以此地为重镇。清乾隆《邓州志》云：“穰东城，州东六十里，今穰东镇西北三里有旧城巷，上中高起，崇祯间，居民筑为寨。知州刘振世于镇置铺，提名涅阳旧馆。”由此可看出，穰东镇西北边三里的张寨一带则是涅阳城的故城遗址。另外，历年来在涅阳古城遗址的范围出土的汉砖、陶器等汉代文物的数量相当庞大，曾经还发现过铸有“涅阳”二字的铜器碎片。张寨北门上曾挂着留有石刻“古涅阳县”铭文的碑额，曾存于邓县（今邓州市）文化馆。

这种说法认为张仲景的籍贯是古之涅阳，即今天河南邓州市的穰东镇。

棘阳说。《襄阳府志》有记载曰：“张机，字仲景，南阳棘阳人。”《何颙别传》中记述了与何颙同郡的张仲景在其总角之时拜访了何颙的事情。书中明确记载的是同郡，而不是同县，说明张仲景与何颙的居住地是隶属于同一个郡，即南阳郡，但不属于同一个县。考虑到当时交通困难的历史背景与张仲景的年纪，总角之时的仲景为拜访何颙而远出家门的可能性很小，所以张仲景所在的县与何颙所在的县应当是相近的。《后汉书•何颙传》中记载：“何颙，南阳襄乡人。”李贤等人考证说：“襄乡故城在今随州枣阳县东北。”《辞海》亦有“枣阳，今县名，在湖北襄阳县东，隋置，宋升为军，元仍为县，清属襄阳府”的记述。据考证，“棘阳，旧县名，汉置，地在棘水之阳，故名，西魏为百宁县，故城在今河南省新野县东北。”此外，《宋书》中曰：“棘阳，晋属义阳，后属新野。”《元一统志》云：“棘阳故城在湖阳新野东北。”《清一统志》又言：“新野，东北至湖北枣阳四十里。”由此可见，后汉时襄乡与棘阳二县是相接壤的，因此这种说法认为张仲景的籍贯应是棘阳。

枣阳说。枣阳说可见于《人名大辞典》《辞源》以及黄竹斋《医圣张仲景传》中。《人名大辞典》中记载张仲景是“南阳枣阳人”。范行准在《张仲景传略》中指出“张仲景，名机，南阳蔡阳（今湖北枣阳）人”。此外，《历代地理沿革表》有记载云：“枣阳，晋属义阳郡，后废，置广昌郡及广昌县，后魏置南荆州，西魏改曰昌州，隋开皇初废。仁寿元年避太广讳，改广昌县为枣阳县。”而《隋书·地理志》亦言“枣阳隋置”。所以，枣阳为隋朝所设，张仲景生活的东汉时期是没有枣阳之说的，而今天湖北省枣阳市却是东汉时期的蔡阳，因此说张仲景的籍贯是枣阳没有根据，无法成立。

南阳说。认为仲景籍贯是南阳的医家有很多，如梁陶弘景在《辅行诀脏腑用药法要》中言：“外感天行之热而病，经方治有二旦、六神、大小等汤，昔南阳张机，依此方撰为《伤寒论》一部。”唐《名医录》有记载云：“南阳人，名机，仲景乃其字也，举孝廉，官至长沙太守，始受术于同郡张伯祖，时人言识用精微过其师。”宋《历代名医蒙求·仲景良医》曰：“名医大传，张机，字仲景，南阳人，受术于同郡张伯祖。善于理疗，尤精经方。举以孝廉，官至长沙太守，后在京师为良医，时人言：其识用精微，过于伯祖。”《医林列传上·张机》谈道：“张机，字仲景，南阳人也，受业于同郡张伯祖，善于治疗，尤精经方。举孝廉，官至长沙太守，后在京师为名医，于当时为上手。”明李濂在《医史》记述曰：“张机，字仲景，南阳人也，学医术于同郡张伯祖，尽得其传。工于治疗，尤精经方，遂大有时誉。汉灵帝时举孝廉，官至长沙太守。”明嘉靖年间的《南阳府志》记载道：“张机，字仲景，南阳人，产于涅，灵帝时举孝廉，官长沙太守。”清陈念祖的《医学三字经》也有类似的记载，谓曰：“张机，字仲景，居南阳，官长沙，汉人也。”章太炎作《张仲景事状考》言：“何颙，在《后汉书·党锢传》，南阳襄乡人。《别传》言同郡张伯祖，则《名医录》称仲景南阳人信矣。……南阳张氏，自廷尉释之以来，世为甲族。”钱超尘认为“何颙南阳人，与仲景同郡，是知甘伯宗称仲景为南阳人有据，仲景为南阳人，确切无疑。”所以，张仲景的籍贯应是南阳。

综合四种说法，张仲景的籍贯无论是古之涅阳、棘阳，还是南阳，都属于河南省。结合张仲景生卒年代考证与籍贯考证，张仲景出生在河南是无可非议的。

二、张仲景生活在河南

（一）拜师伯祖

张杲的《医说》中有关于张伯祖的记述，谓曰：“张伯祖，南阳人，性志沈简，笃好方术，诊处精审，疗皆十全，为当时所重。同郡张仲景异而师之，因有大誉。”张仲景拜师学医的有关记载，最早可见于唐代甘伯宗所撰的《名医录》，但在流传过程中，大约于南宋时期失传。林亿等校正《伤寒论·序》时则保留了一些相关资料，曰："张仲景，《汉书》无传，见《名医录》云：南阳人，名机，仲景乃其字也。举孝廉，官至长沙太守。始受术于同郡张伯祖，时人言，识用精微过其师。所著论，其言精而奥，其法简而详，非浅闻寡见者所能及。"迨至明代，李濂在《医史·张仲景补传》中记载："（仲景）学医术于同郡张伯祖，尽得其传，工于治疗，尤精经方，遂大有时誉。"

张伯祖与张仲景是同郡人，同时也是张仲景的伯父。张伯祖精通医理，医术精妙，且医德高尚，是当时的名医，造福一方百姓，深受当地人民尊敬。张仲景因仰慕其医术品德，遂虔心请求伯祖做自己的老师，随其学习医术。张伯祖感其一片赤诚，念其天资聪颖，勤奋好学，又肯吃苦，就收下这个弟子，将自己的毕生所学倾囊相授。张仲景在伯祖的指导下学习了《素问》《灵枢》《难经》等古医书，同时广泛临床，细心认真地诊治每一位病人，尽得伯祖真传，医术愈加精深，较之伯祖有过之而无不及，名声也越来越大。

（二）何颙评参

《后汉书·何颙传》记载："初，颙见曹操，叹曰：'汉家将亡，安天下者必此人也。'操以是嘉之。尝称'颍川荀彧，王佐之器'。及彧为尚书令，遣人西迎叔父爽，并致颙尸，而葬之爽之冢傍。"由此可知，何颙才高识远，颇负知人之望，曾风评过曹操、荀彧等人。后汉之人极重风评，喜欢臧否人物，后辈们多请有名望的长辈品评自己，这是当时社会的一种风气。

张仲景与何颙相交一事，始见于《何颙别传》。《太平御览·卷七二二》引《何颙别传》有云："同郡张仲景，总角造颙，颙曰：君用思精而韵不高，后将为良医。卒如其言。颙先识独觉，言无虚发。"何颙与张仲景是同郡人，总角之时的张仲景在拜访何颙时也请何颙评价自己，何颙考察了仲景的品德医术后，对仲景说："你思虑精细，但为官的气韵不高，以后将成为优秀的医生。"何颙的话更加坚定了张仲景从医的决心，此后仲景专心致力于医道，遂成为东汉时期伟大的医学家。

（三）王粲讳疾

王粲讳疾的典故在晋代皇甫谧《针灸甲乙经》序中有详细的记载，其文曰："仲景见侍中王仲宣，时年二十余，谓曰：君有病，四十当眉落，眉落半年而死。令服五石汤可免。仲宣嫌其言忤，受汤勿服。居三日，见仲宣，谓曰：服汤否？仲宣曰：已服。仲景曰：色候固非服汤之诊，君何轻命也！仲宣犹不言。后二十年果眉落，后一百八十七日而死。终如其言。”

王粲，字仲宣，年轻时曾在荆州避乱，投奔刘表。建安二年（197年），时年二十一岁的王仲宣与张仲景会面，张仲景审视王粲后便说：“仲宣，你体内有很大的疾病隐患，如今它已于你的神情气色上反映出来了，长此以往，四十岁时而眉落，后半年则亡。”言毕，拿了数包可助其免于疾困的五石汤药交给王粲。王粲心中大为不快，虽接受了汤药，却并没有服用。过了几天，仲景与王粲偶遇，便问王粲是否服用了汤药，王粲谎称已服过汤药，但察觉王粲气色非为服汤药后表现的仲景不禁感叹王粲轻贱生命到了如此地步。二十年后，仲宣的眉毛开始掉落，又过大约半年时间而病亡。

（四）官守长沙

记载张仲景官守长沙相关情况的历史文献资料很多，如宋代林亿所校勘的《伤寒论》序：“南阳人，名机，仲景乃其字也，举孝廉，官至长沙太守，始受术于同群张伯祖，时人言识用精微过其师。”张仲景“举孝廉、官至长沙太守”之说，实源出于唐代甘伯宗之《名医录》，谓曰：“张仲景，南阳人，名机，仲景乃其字也，举孝廉，官至长沙太守”。林亿加以引用。宋人马端临编撰的《文献通考》中有谈及高保衡、孙奇、林亿等校订的《伤寒论》序中有：“汉长沙太守南阳张机仲景”的署题，而同朝代的张杲的《医说》、周守忠的《历代名医蒙求》，有关于此的记录大致一样。值得指出的是《文献通考》与晁公武的《郡斋读书志》均另列《南阳活人书二十卷》，下引该书序文，迳称仲景为“张长沙”。明代李濂《医史》及《襄阳府志》等著述中在“举孝廉”上又加“灵帝时”三字。清朝陆九芝《补后汉书张机传》则记载“灵帝时举孝廉……建安中官至长沙太守”，肯定了官守长沙的事实；陈修园尊称仲景方为长沙方，并以“长沙”入书中命名为《长沙方歌括》；汪琥迳称仲景为长沙公等等。

为纪念仲景而在南阳府建造的医圣祠亦可作为仲景“官守长沙”的史料证据。医圣祠自清代始建，气势恢宏、雄伟壮观。张仲景的陵墓坐落于祠院正中，墓碑为清顺治年间南阳县丞张三异所立，上刻着“万代医宗”四字，中间的大字为“东汉长沙太守医圣张仲景之墓”。

所以，大量的历史资料证明张仲景举孝廉、官至长沙太守是历史事实，为世人所公认，人们只要一提及“张长沙”，便马上想到的是张仲景。

三、张仲景著书在河南

（一）张仲景生活的时代背景

政治黑暗，兵戈扰攘。公元25年，刘秀结束战争，一统全国，重建大汉帝国，定都于洛阳，史称东汉。鉴于西汉末期权臣外戚乱政夺权、地方军阀拥兵自重的历史教训，东汉王朝为避免重蹈西汉覆辙，采取多种措施以强化皇权及中央对地方的控制，一方面不断把权力收回中央，另一方面不断削弱豪门权贵和地方各级官僚的权利，将中央集权做到最大化。但东汉末年国家政权慢慢易主，皇权旁落，统治集团内部分为外戚和宦官两大派系，两派相互倾轧、斗争不休，大大削弱了中央对地方的控制力量。汉末近百年间，外戚和宦官之间的斗争愈演愈烈，豪强地主暗自招兵买马，迅速发展，形成了大大小小的地方军阀势力，而后公开进行疯狂武装混战，进入了社会空前破坏分裂的黑暗时期，广大劳动人民深陷水深火热之中，遭受着严重的苦难。仲景就身处这灾疫肆虐、黑暗动荡、百姓流离失所的年代，也正是百姓的病苦疾哀以及家族的浮萍命运使张仲景萌生济世业医的想法。

经济危机，财政亏空。政治的黑暗愈发蒙蔽了统治阶级的眼睛，整日饮酒取乐、纸醉金迷，一片堕落腐化、骄奢淫逸之象。官员们大多以权谋私，更有甚者监守自盗，侵吞国家财产。国家在进行三次对羌作战后，财政渐危，至桓帝朝时出现了田野空、朝廷空、仓库空的“三空之厄”。地方豪强霸主们变本加厉地疯狂剥削贫苦百姓，繁重的赋税更加重了底层劳动人民的负担，贫富差距越拉越大。此外，当时因穷困饥饿，加之流离失所、风餐露宿，百姓体质普遍下降，寿命多不长久。若不幸赶上疫病流行，死亡的百姓更是不计其数。曹植的《论疫气》中便有形象的记载：“建安二十二年，厉气流行，家家有僵尸之痛，室室有号泣之哀，或阖门而殪，或复族而丧。”百姓的不断流失使社会生产力遭受一次又一次的重创，农桑不复，百业俱废，社会上一派衰败凋零的残破景象，见者伤心，落泪沾裳。张仲景深恶官场腐败，忧心百姓。他痛斥“趋势之士，驰竞浮华，不固根本，忘躯徇物”的浮躁社会风气，唾弃之余，自省己身，愤然挂冠归隐，潜心著书，济世救民。

思想交争、文化冲击。西汉时期的思想交争集中表现于科学态度与神权迷信之争。当时，神权和巫觋控制着医学的发展，病人被所谓的神鬼天命所欺蒙，钦望巫祝，告穷归天，故被误治或延误治疗等而死的不可计数。东汉初年，谶纬迷信因为迎合统治阶级的需求而风行于世，神学充斥，巫祝杂流，医巫混乱。与此同时，以王充“气一元论”为代表的唯物论则对谶纬进行否定，无神论的观点对张仲景产生了深刻影响。张仲景不但继承了王充“气一元论”的唯物主义自然观，而且对其进行了扩充和发展，并把这一理论应用于实践。此外，董仲舒思想中的阴阳五行论和天人感应等思想，也对张仲景哲学思想的形成影响颇深。中医学自秦汉以来不断发展，积累了丰富的医学经验，如《黄帝内经》《难经》和《胎胪药录》等医学书籍以及秦国著名医生医和的“六气致病说”等相继问世。仲景在《伤寒杂病论》自序中有云：“撰用《素问》《九卷》《八十一难》《阴阳大论》，并为《伤寒杂病论》合十六卷，虽未能尽愈诸病，庶可以见病知源。”由此可见，先秦时期文化的发展为《伤寒杂病论》的撰写打下了坚实的思想文化基础，影响仲景颇多。

（二）隐居少室，巨著问世

东汉末年，政治黑暗，群雄逐鹿，兵荒马乱，社会动荡不安，百姓流离失所。在朝政混乱、举世皆浊的情况下，张仲景毅然挂冠出仕，隐居于河南少室山。

张仲景自辞官后便与弟子卫泛（一作卫汎）一起来到少室山，他们在半山腰搭建房屋安家，在山脚凿井，还在屋子附近的空地上种上蔬菜与谷物。张仲景依然勤于临床，每当有病人前来时，他都全心全意地服务病人，处方抓药莫不用心，除病人之疾苦，造福附近百姓。闲暇之时，张仲景还亲自进山采药，顺便给徒弟讲解药性以及医学知识。

张仲景在少室山上回顾以往治病的经验教训，同时与其他医生的临床治疗方法相比对，广泛阅读当世大量的医学典籍，并深入思考与分析，开始全面系统地将自己对医学的理解与认识进行总结。日复一日，不知不觉中仲景在徒弟卫泛的帮助下写完最后一卷，并将所有的卷次编成一本书，即《伤寒杂病论》。至此，中国医学史上诞生了第一部集理法方药为一体、以辩证论治为主旨的医学经典。《伤寒杂病论》不仅丰富发展了中医理论体系，而且为后世树立了临床诊疗典范，极大地推动了后世医学的发展。

第二节　张仲景博大精深的学术思想

张仲景学术思想集汉以前医学之大成，张仲景所撰写的《伤寒杂病论》是其学术思想的集中体现，其医理、医方、医药和思维方法既受到前世医学的影响，又在前人经验的基础上进行创造性的发挥，形成了理、法、方、药和煎、服、护、养八位一体的理论体系，提出了中和思想与医学理论、哲学思想与辩证理论和治未病思想与养生理论等诸多思想理论，体现了济世与救人的人道精神、勤求与博采的治学精神和实践与创新的科学精神等医圣精神，为后世医学奠定了坚实的理论基础，深刻影响了后世医学的发展。

一、历代名医对张仲景学术思想咏评举隅

（一）中国名医咏评

其一，宋以前医家。

华佗，字元化，东汉沛国谯人，他赞叹《伤寒杂病论》为“此真活人书也”。

王叔和，名熙，西晋高平人，他在《伤寒论·伤寒例》有云：“今搜采仲景旧论，寻其证候、诊脉、声色，对病真方有神验者，以防世急也。”以赞仲景。

皇甫谧，字士安，西晋安定郡朝那人，他在《针灸甲乙经》中记载了仲景为王仲宣察色验眉定死生的故事，发出“此事虽扁鹊、仓公无以加也”的感慨。

陶弘景，字通明，南朝梁时丹阳秣棱人，他曾言：“惟张仲景一部，最为众方之祖。又悉依《本草》，但其善诊脉，明气候，以消息之尔。”

孙思邈，隋唐京兆华原人，他对仲景推崇备至，有语云：“伤寒热病自古有之，名贤睿哲多所防御，至于仲景特有神功，寻思旨趣，莫测其致，所以医人未能钻仰。”

其二，宋金元时期医家。

宋仁宗时，首次官方修订仲景的《伤寒杂病论》，林亿、孙奇、高保衡等参与校注，并多次折服于仲景博大精深的学术思想，颂曰“活人者，必读仲景之书也”，“尝以对方证对者，之于人，其效若神”，“所论著，其言精而奥，其法简而详，非浅闻寡见者所能及”。

许叔微，字知可，宋代真州人，他深入研究仲景学术思想后感慨道：“论伤寒不读仲景书，犹为儒而不知孔子六经也。”

成无已，金代聊摄人，他称赞仲景方药曰：“自古诸方历岁浸远，难可考评。惟仲景之方，最为众方之祖。是以仲景本伊尹之法，伊尹本神农之经，医帜之中，特为枢要。参今法古，不越毫末，乃大圣之所作也。”

刘完素，字守真，金代河间人，他将仲景比作亚圣，颂之曰：“仲景亚圣也，虽仲景之书未备圣人之教，亦几近于圣人焉。”

朱震亨，字彦修，元代婺州义乌人，他曾评价仲景经方曰：“仲景诸方，实万世医门之规矩准绳也。后之欲为方圆平直者，必于是而取则焉。”

其三，明清时期医家。

李梴，字健斋，明代江西南丰人，他在《医学入门》中记述：“独有汉长沙太守张仲景，揣本求源，探微索隐，取《内经》大小奇偶之制，定君臣佐使之法，而作医方，表里虚实，真千载不传之秘，乃大贤亚圣之贤，有继往开来之功也。”

方有执，字中行，明代安徽歙县人，他著写了《伤寒论条辨》，并赞仲景曰：“昔人论医，谓前乎仲景有法无方，后乎仲景有方无法，方法具备惟仲景此书。然则此书者，尽斯道体用之全，得圣人之经而时出者也，后有作者，终其此能此德焉。”

喻昌，字嘉言，清代新建人，他赞《伤寒论》曰：“张仲景伤寒论一书，天苞地符，为众法之宗，群方之祖。”

柯琴，子韵伯，清浙江慈溪人，他在《伤寒来苏集》中说：“不思仲景所集，安能见病知源哉！”

徐大椿，字灵胎，清江苏吴江人，他赞叹仲景方药曰：“非此方不能治此病，非此药不能成此方，精微深妙，不可思议。药味不过五六品，其功用无不周。此乃天地之化机，圣人之妙用，与天地同不朽者也。”

其四，近代著名医家。

黄竹斋先生赞叹仲景曰："医圣，悯生民之疾疢，哀横夭之莫拯。爰撰《伤寒杂病论》，证治统钤六经。道缵三皇，德侔孔孟。集方书之大成，为医家之正宗。仁被万世，教垂无穷。"

任应秋先生赞叹仲景曰："仲景医中圣，伤寒发宏论。上以疗君亲，下以救万姓。博采众方书，《素》《难》为龟镜。皇皇十六卷，言精而义蕴。三阳及三阴，平脉以辨证。三百九七法，足以概诸病。一百十二方，变化无穷尽。"

岳美中先生赞叹仲景曰："法宗仲圣思常沛，医学长沙自有真……仲景大论，万古长青。"

张赞臣先生赞叹仲景曰："医家亚圣，方书鼻祖，金匮玉函，津逮万流。"

刘渡舟先生赞叹仲景曰："上溯内难，参以己意，推陈出新，著书问世。纲分阴阳，六经乃立；脏腑气血，气化应之。三九八法，辨证论治，活人无算，春回大地。"

廖国玉先生赞叹仲景曰："先师勤求古训，集前人之大成，博采众方，揽四代之精华；缜谛覃思，融会贯通，著《伤寒杂病论》之宏篇，创理、法、方、药之规范，开辩证论治之先河，树救厄扶危之楷模。"

（二）日本汉方名医咏评

山田正珍先生评价仲景曰："余尝读仲景氏书，观其立法之意，循循然莫不有规矩。说补不偏乎补，说泻不偏乎泻，曲尽极变之妙，以极其源，其文简而达，其法约而中，苟能熟之，则不眩于疾病之多，无感于法方之少。其为后世虑者，可谓详且备矣。"

尾台榕堂先生评价仲景曰："其方简明正严，条理序然，宽猛之治，和攻之法，无不周详赅备。故苟能读习谙练，以精究其意，推广其义，则万病之治，可运之掌也。"

渡边武先生评价仲景曰："择药性能，从古人之规矩，则何病不治。"

寺师睦宗先生评价仲景曰："仲景开医药，已有两千年，伤寒金匮著，古今一脉传。"

二、张仲景学术思想之源

(一)医理之源

其一，张仲景学术医理之源——《黄帝内经》。

《素问·热论》便是《伤寒论》的直接参考资料，仲景不仅沿用太阳、阳明、少阳、太阴、少阴、厥阴之名，更杂糅病性病位于一体，用“六经辩证”诊治伤寒外感热病。《金匮要略》所论的病症名，如痉病、血痹、胸痹、心痛、短气、呕吐、下利、吐血、黄疸、咳嗽等，在《内经》中均可见到，另外，如湿病、虚劳、寒疝等，虽在《内经》中找寻不到，但却有对其病因病机的相关记载，是其辨证论治的理论雏形。

其二，张仲景学术脉学之源——《难经》。

人迎脉、太溪脉、趺阳脉和寸口脉是仲景脉诊的四个部位，其中，受《难经》“独取寸口”的深刻影响，寸口脉为仲景常用，其余三处是在极特殊情况下方才使用，或与寸口脉兼用。《难经》中的阴阳脉法启迪仲景以脉象辨表里、虚实、营卫、气血等，从而使仲景诊治患者更加胸有成竹，得心应手。此外，仲景治疗虚劳病时，遵《难经》“五损”之说，而后辩证论治，完善了虚劳病的相关治疗。

(二)医方之源

其一，张仲景学术医方之源——《汤液经法》。

《汤液经法》中的小阳旦汤便是《伤寒论》中的桂枝汤，《伤寒论》中的大、小青龙汤和白虎汤、真武汤等亦可在《汤液经法》中的二旦、四神大小等汤中寻得，虽方名不同，但方药一脉相承。陶弘景还曾对此注释云：“张机撰《伤寒杂病论》，避道家之称，故其方皆非正名也，但以某药名之，以推主为识耳。”仲景在吸收《汤液经法》用药制方法则的精髓后，更加娴于遣方用药，药精效奇，活人无数。

其二，张仲景医方治法之源——《五十二病方》。

帛书《五十二病方》认为“伤，风入伤”是导致痉病的原因，并使用热熨发汗、服药发汗、攻下和祝由等方法治疗。仲景在此基础上将受外伤后的“风入伤”推广至凡能致使人体津液损伤、筋脉失养而拘急的内外所有可能性因素，沿用汗法和攻下法，摒弃熨法和祝由等，使痉病的治疗更合理有效。《金匮要略》中的风引汤与帛书《五十二病方》中的诸伤方第一方药相似度极高，此外，仲景用乌头止痹痛、烧裈散疗阴阳易等俱是帛书《五十二病方》中的经验。

（三）药学之源

其一，张仲景学术药学之源——《神农本草经》。

《神农本草经》首次以三品分类法归类药物：上药主养命以应天，中药主养性以应人，下药主治病以应地。纵观《伤寒杂病论》所用药物，除粳米、香豉、猪肤等，其余药物均在《神农本草经》中有记载，且多为各品之代表性药物。仲景用于扶正调理的药物多出自上品和中品，攻邪破积的药物多出自下品，此与《神农本草经》的用药指导思想相吻合。此外，仲景还创造性地将《神农本草经》中“四气”与“五味”理论联合运用，如桂枝配甘草辛甘以化阳、芍药配甘草酸甘以化阴等。

其二，张仲景学术药学之源——《胎胪药录》。

仲景在《伤寒杂病论》自序中有言：“乃勤求古训，博采众方，撰用《素问》《九卷》《八十一难》《阴阳大论》《胎胪药录》，并平脉辩证，为伤寒杂病论合十六卷。”从这一段话中我们可以看出，《胎胪药录》虽然没有流传下来，但在仲景那个时代却盛行于世，仲景还深入研究学习过。从书的名字来看，《胎胪药录》很可能是一本记载药物学知识的专著，以“胎胪”冠名更见其宝贵。所以，《胎胪药录》亦是仲景《伤寒杂病论》的学术药学之源。

（四）哲学之源

其一，张仲景阴阳哲学思想之源——《周易》。

阴阳学说源起于《周易》，《周易》将原始的阴阳概念进行哲学思辨化为系统的阴阳学说。《周易》中的河图生数之交变从象数的角度衍化“三阴三阳”，《周易·系辞传》中“一阴一阳谓之道”，揭示了宇宙运动变化的规律，还提出了“阴阳相感”“同气相求”等理论。仲景以阴阳学说为主导思想，用阴阳的视角审视人体，“阴平阳秘”则其人体康健，阴阳不调则其人夭殃，他认为疾病是阴阳失和的矛盾冲突过程，治疗疾病应时时把握阴阳的动态消长变化。阴阳学说在《伤寒杂病论》中体现在对疾病病因病机的判断分析、病位病症的辨别归类、脉象征候的表达记述和治则方药的制定运用等方方面面中。故《周易》为仲景的阴阳哲学思想之源。

其二，张仲景五行哲学思想之源——《尚书》。

《尚书·洪范》有言："五行：一曰水，二曰火，三曰木，四曰金，五曰土，水曰润下，火曰炎上，木曰曲直，金曰从革，土爰稼穑。"此为五行学说的雏形。后原始五行概念被不断深化，在注入大量的内涵外延后，升华为可以代表宇宙自然规律从而帮助人们认识理解世界的思维工具，遂成五行学说。仲景根据一年之中木、火、土、金、水的五运变化，结合风、寒、暑、湿、燥、火的六气运行，以识别气候的至与不至。仲景观察色脉的五行属性，根据五行的生克乘侮规律诊断疾病的病位病性，同时以五行规律为指导，用五行的思维确立治疗方法以及用药处方，调整人体各脏腑之间的相互联系使之复归于常态。故《尚书》为仲景的五行阴阳哲学思想之源。

三、张仲景学术思想内容

（一）张仲景学术体系

其一，理。《伤寒论》以六经作为辩证思维的工具，用其概述外感病的规律，同时以六经分病作为辩证论治纲领，对六经所属脏腑、经络及其阴阳气血营卫病理等反应作了征候概括。六经病是对人体病理反映的概括，具有物质的客观性，不单是归类方法。无论外感病，还是杂病，还是相兼证，都离不开六经。《金匮要略》是《伤寒杂病论》的杂病部分，是我国现存最早的一部诊治内伤杂病的专书。张仲景将医经医方合于一炉，对东汉以前治疗杂病的理论和经验进行了全面的总结，创造性地提出了以脏腑、经络病机结合八纲从而进行病与症相结合的杂病辩证论治体系。《金匮要略》首先对疾病进行分类，是以发病途径、病变部位来分类的，然后又依据发病脏腑进行了再次分类。

其二，法。《伤寒论》六经病症的治则，不外祛邪与扶正两个方面，三阳病以祛邪为主，三阴病则以扶正为法。无论其祛邪或是扶正，始终贯穿着"保胃气""存津液""扶阳气"的治疗思想，祛邪扶正法则在《伤寒论》中基本上都体现在汗、吐、下、和、温、清、消、补八法之中。推而广之，《金匮要略》的治疗原则仍然以扶正祛邪为基本思想。在《伤寒论》中，仲景学说的主要治疗原则除"保胃气""存津液""扶阳气"以外，"表里先后""标本先后"等亦是主要内容。而在治法方面，除八法以外，还有“外治法”，如针刺、灸络、温熨、药摩等，仲景将这些方法运用于病症的治疗，因而又有五脏病的治法，以及不同症状的治法等。

其三，方。《伤寒论》载方共113首，含有毒性的药物者55方，《金匮要略》载方248首，其中附方23首。《伤寒论》中除大量使用汤剂外，还有丸剂、散剂、膏剂、酒剂、洗剂、醋剂、浴剂、点剂、熏烟剂、灌鼻剂、吹鼻剂等，此外还有灌肠、阴道和肛门栓剂等。据不同病症灵活选用不同剂型，通过临床验证，皆为之有效，现今仍有较高的使用价值。

其四，药。《伤寒论》应用药物91种，毒性药物16味。《金匮要略》应用药物195种，包括附方用药3种。仲景药物的配伍方法主要是类方配伍法、性味配伍法和相反相成法。辛甘化阳、辛开苦降、酸甘化阴、酸苦涌泻等是仲景常用的性味配伍法，相反相成法中最具代表性的是升降相因、补泻兼施、敛散结合、寒热并用等。

其五，煎。凡用煎剂，必重水质（或其他溶剂）。水有潦水、泉水、井花水、甘澜水、麻沸汤、清浆水之别，其他溶剂则有酒、苦酒、白饮种种不同，各有要义。如除水湿则甘澜水最妙，除湿热则潦水为宜。用水分量也很是讲究，小则一升，大则二斗，各有其用。诸方的煎煮方法，从煮药耗水量来计算，有轻煮、浓煎之别。轻煮者仅煮沸即可，浓煎者则须煮去水的3/4，白虎汤类方的煎煮取汁法即属浓煎范畴。另有一类方药，煎煮时可根据药物难易煎煮特点及解除药物毒性作用和治病需要，又有同煎、先煮、后纳、烊化种种区别，如乌头、蜀漆之类需先煎，阿胶需烊化等，最后的取汁量也需根据病情而决定多取或是少取，一般病情轻浅者少取，病情深重者多取。

其六，服。服药温度，一般情况下多以温服为主。仲景在大多数药方后皆注明“温服”，如桂枝汤、麻黄汤等。有少数汤丸，未言明温服或冷服，如甘遂半夏汤、蒲灰散等，可考虑具体病情需要而定，反而更是灵活。有少数汤药明令小冷方可服用，如半夏散及汤。此外，温服法中又有“少少温服”“温顿服之”之别。

服药时间多数以白天服药才能充分发挥药效，如四逆汤证等。另有部分病症，必须日夜频服，方能奏效，如黄连汤证等。此外，十枣汤须平旦空腹服药，蜀漆散需在牝疟未发作之前的1—2小时内服药。

服药次数因病而异。一般疾病，采用再服或三服之法，即可奏效。若有特殊情况，则应采取特殊服法，如大乌头煎只一次顿服，麦门冬汤以日三夜一多次服药等。

服药剂量有常有变，常用剂量一般以每次服药五合至一升为准，如小柴胡汤等是以每次服药一升为准。但常中有变，有的方药因病情需要不同而用量不同，如调胃承气汤，以清泻燥热为主时，用少少温服之法；以通便为主时，则采用顿服方法。还有的汤药，在具体运用时因人而异，如服小青龙加石膏汤就要求强人服一升，羸者减之，小儿服四合等。

其七，护。生活起居护理：人体的生理活动和病理变化与自然界息息相关，加强护理可助去邪，如桂枝汤、麻黄汤、桂枝麻黄各半汤等，服药后皆应温覆其身，避风取汗，以防复感。此外，服竹叶散亦应温覆其身，以助汗出。服防己黄芪汤后，尚应注意患者反应，若出现有似虫行皮中，且从腰以下冷如冰的情况，应让患者取坐位，用衣被绕腰以下，使其微微汗出而病瘥，皆属其例。

情志护理：情志不良是导致疾病产生的重要因素，而疾病的发生又会产生焦虑、忧思、恐惧等一系列情志变化，从而加重患者的心理负担，影响疾病的演变和转归，甚至加重病情，所以情志护理十分重要。仲景虽未专篇论述情志护理，但对于百合病、妇人病等却比较系统地总结了其病因、征候以及治疗方法，为情志护理提供了指导原则。

饮食护理与饮食禁忌：借助食物等饮食护理以达到增减药力效果的作用，如服桂枝汤后，须啜热粥，增强药力以助发汗，汗微出而解；五苓散以白饮和服，并多饮暖水，既可顾护胃气，又能加强药力，助阳发汗，驱邪外出。

其八，养。张仲景的养生方法虽然未作为专篇论述，但在各篇中若隐若现，从全书整体看来却是全面系统的，主要包括饮食养生、顺天避邪养生、调神爱心养生、房事养生、妇人养生和治未病养生等多个方面。其中饮食养生是重中之重，包括摄取得宜的饮食、避免进食对身体有害的食物、节制食量、注意食物的搭配、饮食宜与天时相应以及饮食应适寒温等。顺天养生是指顺应自然寒暑气温变化，注意四时及一日饮食宜忌，以及服药要顺应天时阴阳盛衰等。妇人养生则是指避免正气虚损、避免产生积冷、避免出现结气、避免内生瘀血以及注意饮食宜忌等。

（二）张仲景思想理论

中和思想与医学理论。“和”是张仲景对天人正常关系及人体正常状态的描述。就天人关系而言，“和”是张仲景对天人协调、和谐关系的描述；就人体状态而言，“和”是张仲景对人体精气运行和顺通畅、脏腑功能燮和统一状态的描述，如仲景在《伤寒杂病论》中多次使用“身和”“脉和”“津液和”“荣卫和”“胃气和”等词语来表示人体处于正常状态。“失和”是疾病发生与致人死亡的原因，那么恢复天人及人自身之“和”自然就是论治的目的。仲景认为人体有“自愈”的能力，并主张只有当人体无法“自和”时，方才佐以药物协助机体抗病祛邪。从宏观层面讲，仲景之方都是“和”其“失和”三法的体现；从具体临证层面讲，“和”又是张仲景论治的具体方法与手段。“和阴阳”“和荣卫”“和胃气”“和少阳”“和津液”“和表里”“和上下”等都是“和”在论治方法上的体现。“消补之和”“寒热之和”“升降之和”“润燥之和”“敛散之和”“刚柔之和”“滑涩之和”等都是“和”在组方用药上的体现。

哲学思想与辩证理论。普遍联系观、对立统一观和质量转化观是仲景主要的辩证法思想。他不仅重视人与自然的整体性，还强调人体自身的整体性，即普遍联系观。对立统一观则表现为他辩证认识正邪消长和阴阳盛衰，在遣方用药时相反相成以达到扶正祛邪、平调阴阳的目的。质量转化观则体现于诊断和治疗的方方面面，如在诊断中可以见到疾病自然进程中的转化顺序与疾病发展中的质量相互转化。此外，《伤寒杂病论》中体现的辩证思维方法，主要有透过现象看本质、抓主要矛盾、具体问题具体分析等。仲景运用脏腑经络辩证与八纲辩证相结合，透过现象看本质，故有同病异治与异病同治、正治与反治以及试探法等应用，抓主要矛盾的思想贯穿于识别主症、分析病机、确立治法等阶段中，再根据具体问题具体分析，提出各随证治之的原则，适用于临床多种杂病的治疗。

治未病思想与养生理论。最早明确提出治未病思想的是《内经》，《素问·四气调神大论》有言：“圣人不治已病治未病，不治已乱治未乱，此之谓也。”其后，《难经》则结合脏腑病的传变，对其做进一步地发展。仲景集前代治未病思想研究成果之大成，并将之与养生相结合，创造性地提出治未病养生等一系列行之有效的养生方法，对后世影响深远。其治未病思想与养生理论主要包括未病先防、早期诊疗、既病防变、瘥后防复以及养生观和养生方法等。

（三）张仲景医圣精神

仲景医圣精神以张仲景学术思想为载体，是仲景学术思想在精神层面上的升华，更是仲景学术思想产生的前提和基础。仲景医圣精神主要包括济世与救人的人道精神、勤求与博采的治学精神和实践与创新的科学精神，对后世影响深远。

济世与救人的人道精神。《伤寒杂病论》自序中有云："但竟逐荣势，企踵权豪，孜孜汲汲，惟名利是务。崇饰其末，忽弃其本，华其外而悴其内。……赍百年之寿命，持至贵之重器，委付凡医，恣其所措。……趋势之士，驰竞浮华，不固根本，忘躯徇物，危若冰谷，至于是也。……感往昔之沦丧，伤横夭之莫救。……观今之医，不念思求经旨，以演其所知，各承家技，终始顺旧。省疾问病，务在口给。……夫欲视死别生，实为难矣。"由此可知，仲景对生命是心怀敬畏的，故而面对不珍爱自己性命、无端耗损身体的愚人以及学医不精、固执守旧、轻贱病人生命的凡医，仲景俱是深恶痛绝且忧心忡忡的。此外，仲景还对当时浮躁功利的社会风气进行强烈批判，严肃批评那些本末倒置、耽于名利之人，仲景人们应当十分爱惜珍重自己的身体，过分追求名利、溺于物欲会严重损心伤身，舍本逐末是非常危险的做法，最终一世浮华终成镜花水月。仲景还对从医者谆谆教导，强调应该做到贵生爱人、淡泊名利、精求医理、济世救人。医生如果汲汲于名利，以功利之心行医，且因循守旧不愿变通，则必会轻视生命，对医道一知半解，故而诊察开药草草了事，又何谈死生预后、治病活人呢？仲景辞官归隐，勤求古训，精索医理，以人为本，治病于未起之时，活人于将亡之刻，体现了济世与救人的人道精神，对后世医德医风的发展影响深远。

勤求与博采的治学精神。《伤寒杂病论》自序中言到："乃勤求古训，博采众方，撰用《素问》《九卷》《八十一难》《阴阳大论》《胎胪药录》，并平脉辩证，为《伤寒杂病论》合十六卷。虽未能尽愈诸病，庶可以见病知源，若能寻余所集，思过半矣。"仲景大量阅读当世的医书，如《素问》《九卷》和《八十一难》等，深入研究探求医理，并结合临床实践，总结了脉诊等四诊经验，提出了六经辩证与脏腑辩证等辩证方法；仲景还广泛搜集流传于世上的单方效方，不论出处，不计贵贱，一概验之于临床，并将有益的纳为己用；仲景还兼容并蓄当时的多种学术思想，择儒家、道家等思想之善者而从之，取阴阳、五行等思维之益者而用之，所以最终得以著成十六卷的《伤寒杂病论》，集汉以前医学经验之大成。仲景希望后世医家亦能够勤求博采，通过研读此书以提高临证的水平，可以“见病知源”，如果还可以“寻余所集”，则必可“思过半矣”，故而岳美中先生曾有“法宗仲圣思常沛，医学长沙自有真”的感慨。

实践与创新的科学精神。《伤寒杂病论》自序谓曰：“相对须臾，便处汤药，按寸不及尺，握手不及足，人迎趺阳三部不参，动数发息不满五十，短期未知决诊，九候曾无仿佛，明堂阙庭尽不见察，所谓窥管而已。”这是仲景对医生不重视临床实践的批评，他认为医生诊脉时缩短搭脉时间或删减脉诊部位是极不可取的，如按脉时间很短，且诊过了寸脉就不再关注尺脉和关脉，九候亦不曾诊得，更忽略了重要的人迎脉与趺阳脉等草草了事的操作都是错误的。此外，望诊时不能尽察“明堂阙庭”等，皆是临床实践意识薄弱的体现。所以，仲景在诊病时注重四诊合参，脉证相合，处方开药时必会深思熟虑因人因时因地制宜，或同病异治，或异病同治，最终力求药简效专，使病人痊愈康健。经方正是仲景多年坚持临床实践的成果，至今依然具有良好的临床疗效，《伤寒杂病论》亦是仲景临证经验的总结，如《伤寒论·辨太阳病脉证并治》曰：“太阳病，十日以去，脉浮细而嗜卧者，外已解也。设胸满胁痛者，与小柴胡汤；脉但浮者，与麻黄汤。”

仲景的创新精神体现在他不拘泥于古人的医学经验，更注重联系临床实际情况加以发挥创新之中。如仲景对《内经》六经分证理论等进一步发挥，创立六经辩证理论，奠定了中医临床辩证论治的诊疗体系；受《难经》对虚劳病论述的启发，提出“缓中补虚”的治法，并以大黄䗪虫丸治之，完善了虚劳病的相关治疗；得《神农本草经》中药学理论知识和药物配伍规则之助，对当时流行的汤方进行精妙的化裁，同时又创造了一些配伍精当、效专力宏的方剂，后世统称之为“经方”。

第三节　张仲景学术思想的传承与弘扬

张仲景继三世之医学，揽四代之精华，博极医理，撰著《伤寒杂病论》，蕴活人之法于内，广受后学尊崇。后世诸多医家对《伤寒杂病论》皆珍而重之，不仅搜求整饬力争还条文以原貌，而且注释析义竭力解仲景之心法。仲景学术思想理奥趣深，启发后学无数，也正是由于历代医家的不断研究发挥创新，仲景学术思想的内涵外延被不断地扩而充之，并在代代薪火相传、推陈出新中熠熠生辉。

一、《伤寒杂病论》之版本流传

《伤寒杂病论》经张仲景撰成并妥善保管，仲景逝去后传给其弟子保存，其间因战乱、虫蠹、秘藏等多方因素又散佚丢失，后幸得叔和、王焘和林亿等志士仁人搜集整理校注，方不致消亡，宋时根据原书所论内容的不同侧重又将《伤寒杂病论》分成了《伤寒论》和《金匮要略》两部分。所以，《伤寒杂病论》随历史间或分合隐现，曲折流传，辗转至今。

本节研究《伤寒杂病论》的版本流传，主要从《伤寒杂病论》成书沿革和《伤寒论》《金匮要略》《伤寒杂病论》的主要版本四个方面分别展开论述，对于主要版本本节试作简要记述，仅供参考。

（一）《伤寒杂病论》成书沿革

《伤寒杂病论》自成书以来命运多舛，几经周转，其历史沿革大致可分为三个阶段。

其一，成书隐没。

《伤寒杂病论》成书后不久，在其流传过程中很快便因天下汹汹的兵连祸结而隐没。

关于其隐没的原因，主要有两种观点：

散佚说。一方面由于当时社会动荡不安，战火连天，百姓颠沛流离，居无定所，另一方面由于历史的局限，当时书籍的传播形式极大程度上依赖手工传抄，且保存难度很高，故《伤寒杂病论》在流传过程中散佚了。

秘藏说。王叔和在《脉经》序中云“旧经秘述，奥而不售”，朱肱在《类证活人书》中谓“江南秘仲景方不传”，由此可推测当时《伤寒杂病论》被人秘藏起来了。

其二，整理复现。

晋代王叔和对《伤寒杂病论》进行第一次整理，并将其编入《脉经》中。《伤寒论》内容集中于《脉经》卷七、八、九，首次以“可”与“不可”的形式排列。此次整理中《金匮要略》部分则阙失。

《诸病源候论》为隋代巢元方等编著，《伤寒论》内容大多收录于卷五、七、八，但卷七、九中还收录部分“伤寒例”内容，《金匮要略》散见于全书许多章节中。

唐代孙思邈撰著《千金要方》和《千金翼方》，其中《千金翼方》在卷九、十中引用《伤寒论》的部分条文，《金匮要略》未被收录。在《千金要方》中，《伤寒论》大多收录于卷九、十、十五、二十，《金匮要略》则散见于全书许多章节中。

唐代王焘编著《外台秘要》，将《伤寒论》多收于卷一、二、三、六，且收录条文都注明出处，此外，该书还收录《金匮要略》全文内容。

其三，校订刊行。

北宋治平二年（1065年），林亿、高保衡、孙琦校订《伤寒论》并奉旨镂版刊刻“大字本”《伤寒论》，后世称其为宋本《伤寒论》，即今之《伤寒论》，其后又分别刊刻了浙路小字本和国子监小字本。

北宋治平三年（1066年），林亿、高保衡、孙琦校订《金匮玉函经》并雕版刊行。《金匮玉函经》与宋本《伤寒论》同体别名，“并两存之”，是《伤寒论》的另一古本。

北宋治平三年（1066年），林亿等人校订《金匮玉函要略方》，删除上卷《伤寒论》，保留中下二卷，并搜集《外台秘要》等各家方书中的仲景方，连同后世验方一起汇编成上、中、下三卷，名之为《金匮要略方论》，即今之《金匮要略》，并雕版刊刻“大字本”，其后又刊行国子监小字本。

（二）《伤寒论》的主要版本

其一，同体别名类《伤寒论》主要版本。

《金匮玉函经》：宋本《金匮玉函经》佚后终不复见，直到清初陈世杰得何焯手抄本，并以此为据校订整理，于1716年雕刻刊印。现存的为人民卫生出版社于1955、1956年分别影印的陈世杰本。

其二，《伤寒论》类主要版本。

国内的主要版本：

唐本《伤寒论》：唐孙思邈搜集整理《伤寒论》并辑于《千金翼方》中，比较全面地保留唐时《伤寒论》的原貌，宋代高保衡等校订雕刊，元代梅溪书院照版复刊，流行于世。

淳化本《伤寒论》：《太平圣惠方》成书于宋太宗淳化三年（公元992年），书中保留《伤寒论》内容，后世称书中之《伤寒论》为淳化本《伤寒论》。1958年人民卫生出版社校订版印，通行于世。

宋本《伤寒论》：其书佚后终不复见，明赵开美复刻后再度亡佚，后范行准先生幸得赵开美刊印之《仲景全书》，亦获宋本《伤寒论》。

成注本《伤寒论》：金代成无几以经释论，引《伤寒论》原文并逐条逐句作注而编撰《注解伤寒论》，后其书收入明赵开美刊刻之《仲景全书》，盛行于明清。

日本的主要版本：

康治本《伤寒论》：805年，最橙和尚于浙江台州聘人誊抄后带回日本，1143年丁纯和尚二度传抄，1858年丹波赖德"代书援笔"在京都书林刊行。全日本医疗机关联合会访华团于1965年访华时赠予我国两部。

康平本《伤寒论》：1060年日本丹波雅忠手抄，1346年和气朝臣嗣成另行传抄，其后日本汉方医学会出版。1946年叶橘泉与大冢敬节交换著作，由此得之。

安政本《伤寒论》：1856年日本堀川济校订枫山秘府赵开美本《伤寒论》，并刊刻印行。1931年我国影印安政本，注明"民国二十年一月上海中医书局印"。

（三）《金匮要略》的主要版本

宋本《金匮要略》：其书佚后终不复见，明赵开美复刻后再度亡佚，后范行准先生幸得赵开美刊印之《仲景全书》，亦获宋本《金匮要略》。

元代邓珍本《金匮要略》：1340年邓珍获未经世传的《金匮要略》，并为之刊刻印发。邓珍本是现存最古的《金匮要略》影印复刻版本，其孤本仅存于北京大学图书馆。

明代无名氏本《金匮要略》：真柳氏在中国科学院图书馆和台北故宫博物院分别发现一册刻本和一册江户末的影抄本。此版本虽字体直逼宋版，但断编错讹却是很大问题。

明代俞桥本《金匮要略》：明嘉靖年间俞桥整理刊行，后不知所踪。1929年，《四部丛刊》收编影印。此版本错文讹字亦大量存在。

明代徐镕本《金匮要略》：1585年徐镕整理了古本、新本《金匮要略》，又对其进行考较，世称徐镕校刊本。1601年王肯堂引用其本刻印于《古今医统正脉全书》之中，故又可称其医统本。

明代赵开美本《金匮要略》：1599年赵开美将《金匮要略》辑入《仲景全书》并刊刻印行。此版本在中国、日本均有收藏，并多次影印，流行于世。

清代版本较多，1683年的文瑞堂刊本收藏于南京图书馆，1721年的宝纶堂刊本收藏于上海图书馆，1894年的成都邓崇文斋刊本收藏于湖南省图书馆。

（四）《伤寒杂病论》的主要版本

长沙古本：1912年湖南浏阳刘昆湘偶得四册十六卷古本《伤寒杂病论》，1934年何云樵手刊石刻，并同刘仲迈著疏印发，即为湘古本《伤寒杂病论》。

涪陵古本：四川刘镕经得之并石刻刊印，即为涪陵本《伤寒杂病论》，流行于世。据传刘镕经或从涪陵人张齐五处获，或从自垫江至涪的袁医士处得，抑或从明代垫邑某石洞里发现。

桂林古本：1864年桂林张学正将家传四册第十二稿《伤寒杂病论》手抄本（世称白云阁本）传于左盛德，1894年左盛德复传弟子罗哲初，1934年罗哲初又传门人黄竹斋，其后1939年得张钫之助始刻木刊印，即为白云阁本《伤寒杂病论》，流行于世。

二、《伤寒杂病论》研究性著作沿革

《伤寒杂病论》是我国第一部理法兼备，并以辩证论治指导临床诊疗的中医经典，医理精深，治则治法完备，为“众法之宗”。自其问世以来便广为历代医家推崇，有人注解之，有人发挥之，仁者见仁，智者见智，各出机杼。正是由于历代医家的不断研究创新，仲景学术思想才得以发扬光大，历久弥新。

因晋唐时期的医家多是将《伤寒杂病论》视作方书，对其注解发挥较少，宋时将《伤寒杂病论》一分为二，此后相关研究性著作或以注解形式，或以专论方式，或以讲义格式等等层出不穷，令人目不暇接，讫于今日早已是文山书海，数不胜数，《伤寒论》的相关研究性著作多达六七百种，而《金匮要略》的相关研究性著作亦有一百几十种之多。

本节论述《伤寒杂病论》研究性著作之沿革，主要分为《伤寒论》研究性著作之沿革与《金匮要略》研究性著作之沿革两部分。

(一)《伤寒论》研究性著作之沿革

宋代《伤寒论》研究性著作主要有：韩祇和的《伤寒微旨论》、庞安时的《伤寒总病论》、朱肱的《伤寒类证活人书》、李知先的《活人书括》、许叔微的《伤寒百证歌》《伤寒发微论》《伤寒九十论》、钱闻礼的《伤寒百问歌》等。

金代《伤寒论》研究性著作主要有：成无己的《注解伤寒论》《伤寒明理论》、宋云公的《伤寒类证》、刘完素的《伤寒直格》《伤寒标本心法类萃》、常德的《伤寒心镜》等。

元代《伤寒论》研究性著作主要有：王好古的《阴证略例》《此事难知》、程德斋的《伤寒钤法》、吴恕的《伤寒图歌活人指掌》、张壁的《云岐子保命集论类要》等。

明代《伤寒论》研究性著作主要有：刘纯的《伤寒治例》、何渊的《伤寒海底眼》、许宏的《金镜内台方议》、陶华的《伤寒六书》《伤寒全生集》、陆彦功的《伤寒类证便览》、吴绶的《伤寒蕴要全书》、万全的《万氏家传伤寒摘锦》等。

清代《伤寒论》研究性著作主要有：张志聪的《伤寒论宗印》、《伤寒论集注》、喻昌的《伤寒脉证歌》、施端教的《伤寒手援》、徐彬的《伤寒一百一十三方发明》、张登的《伤寒舌鉴》、张倬的《伤寒论兼证析义》、程知《伤寒经注》等。

近现代《伤寒论》研究性著作主要有：王橘泉的《王氏家宝伤寒证治条例》、王正枢的《伤寒论新元编》、汪莲石的《伤寒论汇编精华》、吴考槃的《百大名字合注伤寒论》、陈无咎的《伤寒论蜕》、陈金声的《伤寒论辨注》等。

日本《伤寒论》研究性著作主要有：内藤希哲的《医经解惑论》、川越正淑的《伤寒用药研究》、丹波元坚的《伤寒广要》《伤寒论述义》、浅田惟常的《伤寒论识》等。

（二）《金匮要略》研究性著作沿革

明代《金匮要略》研究性著作仅有赵以德的《金匮方论衍义》。

清代《金匮要略》研究性著作主要有：徐彬的《金匮要略论注》、程林的《金匮要略直解》、李彣的《金匮要略广注》、沈明宗的《金匮要略编注》、魏荔彤的《金匮要略方论本义》、尤怡的《金匮要略心典》、吴谦的《医宗金鉴·订正仲景全书·金匮要略注》等。

近现代《金匮要略》研究性著作主要有：许宗正的《金匮论方合解》、曹颖甫《金匮发微》、黄竹斋的《金匮要略方论集注》、吴考槃的《金匮要略五十家注》、张静涛的《金匮方解》、陆彭年的《金匮要略今释》、谭次仲的《金匮削繁》等。

日本《金匮要略》研究性著作主要有：丹波元简的《金匮玉函要略辑义》《金匮玉函要略述义》、玄医的《金匮要略注解》、大冢敬节的《金匮要略讲话》、伊泽裳轩的《金匮玉函要略私讲》、山田业广的《金匮要略集注》等。

三、张仲景经方医案相关著作举隅

张仲景在前人经验的基础上搜集整理，发挥创造了一大批组方严谨、用药精当、临床疗效显著的方剂，对后代方药理论启发颇多，其所著的《伤寒杂病论》遂有“群方之祖”的赞誉，后学感念仲景德泽，故特将仲景之方冠以“经方”之名，并与“时方”相区别。

后世医家极其青睐仲景方药，临证多用经方，或以经方为本灵活化裁，或以经方为翼杂合他方，不断对经方进行发挥创造，常用常新，使仲景经方保持了旺盛的生命力。这些妙用经方的临床医学活动均记载于经方医案中，故本节对仲景经方医案相关著作进行简要举例，以供交流。

（一）宋金元时期

宋金元时期医家立案逐渐兴盛，不仅有医案专著的问世，医籍附案也越来越多，鳞次栉比。

经方医案专著为许叔微的《伤寒九十论》，其中记载经方医案61则，选用经方36首。

医籍附经方医案的相关著作主要有：钱乙的《小儿药证直诀》、窦材的《扁鹊心书》、陈自明的《妇人大全良方》、张从正的《儒门事亲》、李杲的《脾胃论》、罗天益的《东垣先生试效方》《卫生宝鉴》、王好古的《阴证略例》、朱震亨的《格致余论》、朱震亨弟子整理的《丹溪心法》等。

（二）明代

明代医案蓬勃发展，既大量涌现个人医案专著，亦有医案类书的编著。此外，对医案的研究也逐渐开展起来。

记经方医案之个人医案专著主要有：汪机的《石山医案》、孙一奎的《孙文垣医案》、王肯堂的《医学穷源集》、卢复的《芷园臆草存案》、程从周的《程茂先医案》、喻昌的《寓意草》、李中梓的《李中梓医案》、施沛的《云起堂医案》等。

载经方医案之医案类书为：江瓘的《名医类案》，其书20卷，收录医案3000有余，其中经方医案记载117则。

医籍附经方医案的相关著作主要有：戴思恭的《推求师意》、虞抟的《医学正传》、薛己的《内科摘要》《外科发挥》《外科心法》《病疡机要》《口齿类要》《女科撮要》《保婴撮要》、周子干的《慎斋遗书》、万全的《保命歌括》、徐谦的《仁端录》等。

（三）清代

清代医案臻于完备，个人医案专著大量问世，盛况空前，医案类书、医案丛书等不断迭出。此外，对医案的评注异军突起，方兴未艾。

记经方医案之个人医案专著主要有：叶桂的《临证指南医案》《未刻本叶氏医案》、薛雪的《扫叶庄一瓢老人医案》、吴瑭的《吴鞠通医案》、王士雄的《王孟英医案》、高斗魁的《四明医案》、马俶的《印机草》、郑重光的《素圃医案》、李用梓的《旧德堂医案》等。

载经方医案之医案类书为：魏之琇的《续名医类案》，其中收录51家名医医案，记载经方医案324则。

录经方医案之医案丛书主要有：姜成之的《龙砂八家医案》、吴子音的《三家合刻医案》、柳宝饴的《柳选四家医案》等。

评注经方医案的相关著作有俞震的《古今医案按》，其中收录34家名医医案，记载经方医案117则。

医籍附经方医案的相关著作主要有：张璐的《张氏医通》、陈志铎的

《辩证奇闻》、沈又彭的《沈氏女科辑要》、周魁的《温证指归》、吴士瑛的《痢疾明辨》、雷丰的《时病论》、吴达的《医学求是》等。

（四）近现代

近现代经方医案虽在形式上突破不大，却致力于对经方的研究评论，极大丰富了经方临床应用理论和经验。

近现代经方医案相关著作主要有：丁甘仁的《诊方辑要》《丁甘仁医案》《喉痧症治概要》、曹颖甫的《经方实验录》、张锡纯的《医学衷中参西录》、王琦的《经方应用》、高德的《伤寒论方医案选编》等。

四、张仲景学术思想之流

仲景学术思想内涵丰富，广泛启迪后世医道，仲景所撰之《伤寒杂病论》亦倍受后世医家推许，有“启万世之法门，诚医门之圣书”的赞评。历代医家多宗仲景之学，慕仲景之德，传其说者代代有之，立论发扬者骈兴错出。

本节研究仲景学术思想之流主要分为辩证理论之流与历代名医之流两个部分。其中，历代名医之流分晋唐时期、宋金元时期、明代、清代和近现代五个历史阶段，按时间顺序对历代研究仲景学术思想的名医大家择其代表作简要记述。

（一）辩证理论之流

仲景六经辩证理论启迪了后世的卫气营血辩证理论与三焦辩证理论，其脏腑辩证理论又得钱乙、刘完素等不断细化分化而愈加完善。

卫气营血辩证理论。《伤寒论》中有“营行脉中，卫行脉外，卫气不共营气谐和故也”“发热汗出者，此荣弱卫强”“营气不足，血少故也”等言论，这是仲景对营卫的经典论述。清代医家叶天士在此基础上，于辨治外感温热病时将仲景营卫理论进一步发挥成卫气营血辩证理论，于仲景六经辩证之外又立一新的辩证法门。叶氏提出以卫、气、营、血分别代表着温热病浅深轻重不同的四大病理阶段，并认为温热病邪的传变规律是由卫及气、由气入营、由营入血，病情逐步加重，正如《温热论》曰：“卫之后方言气，营之后方言血，……在卫汗之可也，到气才可清气，入营犹可透热转气……入血就恐耗血动血。”

三焦辩证理论。《金匮要略·五藏风寒积聚病脉证并治第十一》中有云：“热在上焦者，因咳为肺痿；热在中焦者，则为坚；热在下焦者，则溺血，亦令淋闭不通。”这是仲景对三焦热病的辨证理论。清代医家吴鞠通以此为理论依据，吸收卫气营血辨证理论的精髓，结合临床温热病的传变特点及规律，提出三焦辨证理论，对三焦所属脏腑在温热病过程中的病理变化、临床表现、征候特点及传变规律做了详细全面的论述。

脏腑辨证理论。《伤寒论》中有许多关于脏腑诊断的描述，诸如“脏有寒”“脾家实”“胃家实”“胃中必有燥屎”“胃中虚冷”等，体现了仲景脏腑辩证的学术思想。钱乙将仲景脏腑辩证理论应用于小儿五脏辩证理论，对小儿生理病理特点进行深入研究，提出小儿五脏辩证纲领，如《小儿药证直决》中云：“小儿脏腑之气软弱，易虚易实。”此外，刘完素等医家对仲景脏腑辩证也进行了不同程度的细化，使脏腑辩证理论得以不断发展。

（二）历代名医之流

晋唐时期：

王叔和，西晋高平人。王氏将仲景伤寒学说中的热病拖出伤寒之外，如把《内经》有关热病死证的论述特意附于仲景伤寒学说后，此种见解虽与仲景伤寒本义不符，但却是叔和自己的理解。

葛洪，字稚川，晋丹阳句容（今江苏句容）人。葛氏在仲景伤寒学说基础上发挥了伤寒内涵，认为伤寒、时行、瘟疫三者相同，差异不大，如《肘后方》中言：“伤寒、时行、瘟疫，三者同一种耳，而源本小异。”

巢元方，隋代著名医学家。巢氏对仲景广义伤寒加以扩充，认为中风、时气、疫疠等亦归于伤寒，如《诸病源候论》有云：“从春分以后至秋分节前，天有暴寒者，皆为时行寒疫也。一名时行伤寒。此是节后有寒伤于人，非触冒之过也。”

孙思邈，唐京兆华原（今陕西耀县）人。孙氏总结仲景治疗伤寒经验为“三汤疗伤寒”，如《千金翼方》谓：“夫寻方之大意，不过三种：一则桂枝，二则麻黄，三则青龙。此之三方，凡疗伤寒不出之也。”

宋金元时期：

许叔微，字知可，南宋真州白沙（今江苏仪征）人。许氏发扬仲景脉法，临证时重视脉诊，必辨表里虚实，如《伤寒百证歌》有言：“伤寒先要辨表里虚实，此四者为急。仲景云，浮为在表，沉为在里，然表证有虚有实。”

李杲，字明之，金代真定（今河北保定）人。李氏借鉴仲景以甘温扶中法治疗虚劳病的经验，主张“脾胃内伤，百病由生”，临床时注重后天脾胃对疾病的发生、发展与治疗的意义，如《内外伤辨惑论》谓：“饮食失节，中气不足之病，当补不当泻。举世医者，皆以饮食失节，劳役所伤，中气不足，当补之证，认作外感风寒，有余客邪之病，重泻其表，使荣卫之气外绝，其死只在旬日之间。”

刘完素，字守真，金代河间（今河北河间）人。刘氏将仲景伤寒诸多分属总括一处整体看待，统称之外感热病，如《伤寒直格》有言：“以至仲景直言伤寒者，言外伤之寒邪也，以分风、寒、暑、湿之所伤，主疗不同，故只言伤寒，而不通言热病也。其寒邪为害至大，故一切内外所伤，俱为受寒之病热者，通谓之伤寒也。”

朱震亨，字彦修，元代婺州义乌（今浙江）人。朱氏的养生理论受仲景“治未病”思想影响颇深，认为疾病首当预防，重视保养，未病先治，如记述其思想与临证经验的《丹溪心法》中云：“与其救疗于有疾之后，不若摄养于无疾之先，盖疾成而后药者，徒劳而已。未病而先治，所以明摄生之理。”

明代：

张介宾，字景岳，会稽（今浙江绍兴）人。张氏提倡用“温中发汗”的治法以治疗邪盛正虚之疾，作为对仲景“脉虚不可发汗”的补充，如《景岳全书》中言：“故治此者，但遇脉息微弱，正不胜邪等证，必须速固根本，以杜深入，专助中气，以托外邪，必使真元渐充，则脉必渐盛。”

陶华，字尚之，浙江余杭人。陶氏深谙仲景辩证论治思想，灵活看待六经，注重八纲辩证，故其遣方用药常有新意，如他将仲景之葛根汤化裁而成柴葛解肌汤，此外，他所首创的三黄石膏汤、六乙顺气汤、羌活冲和汤等俱是珍贵的验方。

王肯堂，字宇泰，江苏金坛人。王氏浸淫伤寒研究十多年，辩证时六经和八纲皆用，对《伤寒论》中的一些症状认识尤为深刻，如《伤寒证治准绳》有云：“太阴经腹满而痛，其证有二：有实痛，有虚痛。肠鸣泄利而痛者，虚痛也；腹满，大便秘，按之痛者，实痛也；阳明腹满急而痛，此为里实。”

缪存济，字慕松，苏郡长州（今江苏苏州）人。缪氏发扬仲景之“清法”，善用仲景白虎汤与竹叶石膏汤，对石膏一药用之得心应手，故有“解表用白虎汤、有太阳证则加羌活，有少阳证者加柴胡、黄芩”的临床经验。

清代：

喻昌，字嘉言，江西南昌新建人。喻氏整理了仲景《伤寒论》中明确论述温病的条文，并加以归纳解释，他对伏气温病之病因病机进行研究，提出治则治法，发展完善了伏气温病学说。

陈念祖，字修园，福建长乐人。陈氏精索仲景脉诊之法，颇有所得，强调脉证合参，不仅凭脉诊断疾病，而且以脉象示病机、定治法、测预后。如《金匮要略浅注》中言：“推原痉之所自始，为辨痉之法，非痉家之本症也。刚痉脉宜紧弦，柔痉脉宜浮弦，仲景未言，可以悟出。”

柯琴，字韵伯，浙江慈溪人。柯氏对仲景六经辩证见解独到，并以仲景六经理论为基础，提出“六经地面学说”“六经兵法学说”和“六经纵横学说”等，充分发展完善了六经辩证理论体系，其中“六经纵横学说”更奠定了后世三焦辩证的理论基础。

尤怡，字在泾，长洲（今江苏吴县）人。尤氏采取治法为纲、证方为目的形式对《伤寒论》条文进行编次重排，结合临床注解发挥，以示自己修习仲景之学的心得，如《伤寒贯珠集·太阳救逆法第四》有云：“大陷胸与大承气，其用有心下与胃中之分，以愚观之，仲景所云心下者，正胃之谓，所云胃中者，正大小肠之谓也。”

近现代：

樺铁樵，江苏武进人。樺氏认为学习《伤寒论》要先学习六经，六经是《伤寒论》的重要内容，也是最难理解的地方。他通过多年的研究与临床后终有所得，于仲景六经之论上推出新论六经界说，如《伤寒论研究》谓：“《伤寒论》第一重要之处为六经，而第一难解之处亦为六经。六经为何物，则径直答曰：六经者，就人体所著之病状为之界说。”

曹家达，字颖甫，江苏江阴人。曹氏致力于经方研究，善用经方，对仲景经方见解精湛允妥。他反对成无己、柯琴等人将仲景栀子豉汤解作涌吐之方，在《伤寒金匮发微合刊》中辩驳道：“夫探吐之剂，当从口出，岂有反能下泻者。第一节言汗吐下后之余邪，岂有吐后虚烦而更吐之理。况呕逆者，加和生姜明止之，岂有吐剂而反能止呕者？”

刘渡舟，辽宁营口市人。刘氏提出用方证分析方法研究《伤寒论》，其水证论、火证论、湿证论和古今接轨论是其方证辩证的主要内容，其中古今接轨论中效法仲景合方而用，将“经方”与“时方”两相和合，成“古今接轨方”，取相辅相成之效，如麻黄汤与苍耳子散接轨、小柴胡汤与平胃散接轨、桂枝汤与玉屏风散接轨等等。

李克绍，山东烟台人。李氏精通仲景《伤寒论》之辩证方法，结合自己的临床实践，提出以征候群作为辩证的依据，并结合筛选法，排除亦可出现此症状的其他病症，其次，牢牢把握主脉主证，更是精究相似脉证的异同。此外，病人的早期治疗经过以及特异性的发病时间亦有助于辩证等。

杨百茀，现代《金匮要略》研究大家。杨氏主张学习《金匮要略》应当理解条文的精神实质，对每一病症的病因、征候、辩证、治疗、预后等进行系统地分析归纳，并且参读经典和历代名著。此外，杨氏肯定了仲景对妇科的贡献，推崇《金匮要略》中的对于妇人妊娠病、产后病和杂病的论述与诊治。

五、河南中医药大学对张仲景学术思想的传承与弘扬

作为河南省唯一一所培养高等中医药人才的高等院校，河南中医药大学办学历史悠久、积淀深厚、特色鲜明。河南中医药大学创建于1958年，是全国建校较早的高等中医药院校之一，前身是1955年在开封创办的河南省中医进修学校。学校位于省会郑州，现有4个校区，分别为龙子湖校区、东明路校区、人民路校区、东风路校区，占地面积1594.94亩。建筑面积61.88万㎡，教学科研仪器设备总值3.79亿元。河南中医药大学是河南省人民政府和国家中医药管理局共建高校、国家中西部高等教育振兴计划高校、教育部中国政府奖学金生培养高校、教育部中医学专业“5+3”一体化招生院校、国家中医药国际合作基地、博士学位授权单位、省级文明单位，是河南省中医药人才培养、科学研究、社会服务、文化传承与创新、国际交流与合作的龙头和中心。

（一）河南中医药大学对仲景学术思想的传承

自1958年建校以来，学校一直重视对仲景学术思想的传承，重视仲景学术思想相关课程的开设，将仲景学术思想贯穿于课堂教学、实验实训、见习实习等人才培养的各个环节，培养了大批传承仲景学术思想的高素质中医应用型人才。尤其是2008年以来，学校采用整体化战略，在仲景学术特色教学、科学研究、医疗服务、学术推广、文化交流等方面进行顶层设

计，突出仲景学术传承，取得了显著的成效。

其一，中医临床基础学科建设。

河南中医药大学基础医学院成立于1958年，其前身是河南中医药大学建校之初唯一的教学单位，经过几十年发展，于2017年11月更名为基础医学院（仲景学院）。院系下辖伤寒教研室、金匮教研室等多个教学机构，统筹安排中医临床基础学科的建设，为仲景学术思想的传承提供了有力保障。

伤寒教研室和金匮教研室均于1958年创立，成立以后便一直奋斗在仲景学术思想传承工作的第一线。伤寒教研室现承担学校本科生、研究生等各层次的《伤寒论》《中医临床基础》等课程的授课任务；金匮教研室现承担全校各专业专科生、本科生、研究生的《金匮要略》《中医临床基础》等课程的授课任务。

其二，仲景学术思想交流平台搭建。

辟栏创刊。学校在《河南中医》《中医学报》上开辟仲景学术研究专栏，为广大仲景学生思想研究者搭建了广阔的学术交流平台。

举办仲景学术会议。学校先后组织承办了世界中医药联合会仲景学说学术研讨会、中华中医药学会仲景学说学术研讨会、河南省中医药学会仲景学说学术研讨会等诸多重要的仲景学术会议，来自世界各地的仲景学术研究的专家学者汇聚一堂，多方面、多角度全面阐释对仲景学术理论的感悟及体会。

成立仲景医药研究所。学校整合全校仲景学术研究资源，形成一支坚强的仲景学术研究队伍，成立了仲景医药研究所。

成立张仲景学术传承与创新中心。2017年，学校以仲景学术传承与创新研究为立足点，以中医辩证论治的基本规律为主要研究内容，以指导临床应用为目的，成立了张仲景学术传承与创新中心。该中心依托河南中医药大学、宛西制药、太龙药业、南阳市政府等进行资源整合，通过校地合作、校企合作，自筹资金，在全球范围招聘仲景研究及临床名流大家，形成仲景研究及品牌合力，传承仲景学术，弘扬仲景文化，注重仲景理论创新，发挥仲景临床特色优势。

其三，仲景传承人才培养。

仲景学术传承班。在多年仲景学术传承经验积累的基础上，2009年学校在广泛调研论证以及缜密顶层设计后，以“突出仲景、注重传承”为根本任务，依托地方特色和优势资源，秉承“厚基础、重经典与临床”的教学理念，在全国范围内率先开办“中医学专业（仲景学术传承班）”，探索仲景学术传承人才培养新模式——“院校教育与师承教育相结合，班级制与导师制相互补充，学校、政府、医院、企业共建的人才培养模式”，构建了强调“四重一突出”（重传统文化、重经典诵读、重中医思维、重跟师临床，突出仲景学术传承）的中医学专业传承人才培养的特色课程体系，旨在培养仲景理论扎实、临床技术精湛、中医功底深厚、医风医德高尚的中医药优秀人才。此后连续开办，目前已连办九届。

研究生培养。学校现有从事仲景学术研究方向的博士研究生导师4人，硕士研究生导师8人，在校博士、硕士研究生19人。

（二）河南中医药大学对仲景学术思想的弘扬

经过六十载锲而不舍的求索，一甲子兀兀穷年的耕耘，河南中医药大学在仲景学术思想的发展发扬上成绩斐然。本部分分别从仲景学术研究成果、教育教学成果和人才培养成果三个方面展现河南中医药大学对仲景学术思想的弘扬。

其一，仲景学术研究成果。

河南中医药大学制作了《伤寒论》《金匮要略》网络课程，供学生线上学习，主编的高等中医药教育院校特色教材《伤寒论讲义》已在多所高校授课中使用，取得很好成效。

近年来，学校共发表仲景学术研究论文2245篇，出版仲景学术研究著作140部。其中《伤寒论》和《金匮要略》校注整理47部，《伤寒论》和《金匮要略》研究专著65部，参编教材28部，仲景学术研究方面先后获得省部级以上奖励19项。

学校出版了我国第一部《张仲景学术研究大成》，建成开放了我国第一所张仲景博物馆，成立了张仲景学术研究中心，开发了《伤寒杂病论》论文题目检索系统、大成听书APP和《伤寒论》真人阅读APP，制作了我国第一部《伤寒论》动画教学片，凸显了仲景学术研究在全国的学术地位。

学校在2017年成立中华中医药学会仲景学术传承与创新共同体，2018年成立世界中医药学会联合会仲景传承与创新专业委员会，相继申报获批了河南省中医药大数据工程研究中心、仲景方药工程研究中心和河南省仲景方药现代研究重点实验室，形成了从信息到药学实验等多方位应用现代科学技术进行仲景学说创新研究的研究基地，进一步加强仲景学术思想的整理与传承，推进仲景学术成果交流与合作，拓宽仲景特色人才培养模式。

其二，教育教学成果。

学校在开办“仲景学术传承班”的同时，同步进行相关教育教学研究，共申请省部级、厅局级项目立项6项，获奖5项。其中郑玉玲教授主持的“特色中医传承教育模式的建立及其与院校教育模式的比较研究”获河南省高等教育教学成果特等奖，基于此课题发表的相关学术论文共计21篇。由朱艳琴教授主持完成的《医学实验教学平台全面质量管理模式研究》和张大伟教授主持完成的《基于中医学类专业临床能力培养的实训课程体系的改革与实践》两项成果，均获国家级教学成果二等奖。

伤寒教研室2008年获批第六批“河南省重点学科”，2012年获批“国家中医药管理局重点学科”。1999年获批硕士学位授权点，2013年获批博士学位授权点。2005年《伤寒论》课程被评为“河南省精品课程”，2017年成功申报省级《伤寒论》精品在线开放课程；2009年被评为“河南中医学院教学团队”。

金匮教研室，2000年获批硕士学位授权点，2011年《金匮要略》课程被评为校级精品课程，在2018年立项校级精品在线开放课程。

其三，仲景人才培养成果。

建校以来，学校已为社会培养各类中医药人才10余名。经过近10年的持续探索和深入实践，择优选拔、小班教学的中医学专业（仲景学术传承班）建设已初见成效，在强化中医经典理论学习的同时，鼓励学生开展学术创新科学研究活动，如参加“挑战杯”竞赛，资助“大学生创新学习项目”等，培养学生的科研素质和创新能力，使学生的综合水平明显提高。目前，该班已招生九届，毕业五届，共培养197名中医药优秀人才，发表学术论文53篇，获得各类奖项18项，平均考研录取率为74.45%，平均就业率为100%。此外，根据仲景学术传承班毕业生理论水平、实践能力、第三方评价得知，“仲景学术传承班”学生的综合知识成绩、尊师态度、临床态度、学习态度、个人修养、临床技能、书写病历能力、医患沟通能力、中医思辨与诊疗能力等均高于院校教育普通中医班。此外，为总结学习成效，学校编印了学生论文集，如首届仲景班毕业生论文集收录论文有《〈伤寒论〉悸证治浅识》《浅谈〈伤寒论〉》的辩证层次》等39篇。

中国教育报、中国中医药报、河南日报等多家媒体对河南中医药大学传承仲景学术、创新中医传承人才培养模式的教改举措给予广泛关注、客观报道和积极评价，均认同河南中医药大学仲景学术传承班毕业学生“仲景基因”突出。

第七章　仲景文化

自汉末六朝讫于今，仲景文化已陪伴中华民族走过1800多个春夏秋冬。仲景文化因仲景而缘起，得中华文化之化育，赖历世后学方传承弘扬，终成内容庞杂、精妙绝伦、体系恢宏、博大精深的文化体系，并以其鲜明的仲景特质誉满全球。

仲景文化是中医药文化的杰出代表，是深具民族文化特色、兼有旺盛顽强生命力的东方医学文化。研究仲景文化的内涵，把握仲景文化的基本特征，深入挖掘仲景文化的内容，探寻仲景文化的形成过程，了解仲景文化的后世发扬，揭示仲景文化的时代价值，对振兴发展中医药事业、建设中医药强省、增强文化自信，具有十分重要的理论意义和时代价值。

第一节　仲景文化的内涵

仲景文化集创造性、继承性、地域性和价值性于一体，主要包含仲景学术思想、仲景传说与民间风俗、仲景医德文化、仲景治未病与养生文化和仲景圣祠文化等多方面内容，是中医药文化的重要组成部分，也是中国传统文化的优秀代表，是中华文化中闪耀仲景光芒的物质成果与精神成果的总和。

一、仲景文化的概念

“文化”乃“人文化成”一词的缩写。对于“文化”的研究与理解，古今中外百家争鸣不可胜计。《周易·贲卦·彖传》云：“刚柔交错，天文也；文明以止，人文也。观乎天文，以察时变；观乎人文，以化成天下。”这是我国先民对文化原始含义做出的最早回答。正所谓“在天成象，在地成文”，“文”是中国原始社会的先民们在长期生产生活实践中逐渐发明而后固定使用的，可以反映物质世界和精神世界的一系列符号，通过可视的具体物体来传递表达自己对自然世界的感触，如史皇所作之图、颗首所作之画，又如结绳以记事、契木以为文等。“化”则是客观物质与主观精神在时间与空间上的量变和质变的总和。所以，“文化”是人类有意识的创造，并带着人类的情感色彩开启人类的历史。“文”与“化”两个字一开始并没有连在一起使用，甚至在以后很长的一段时间内也都是单独使用的，直到西汉末年刘向在《说苑·指武》中最早将“文”与“化”联合使用，其后，“文化”一词方才流行开来，这亦是“文化”一词在我国的最早出处，其文曰：“圣人之治天下也，先文德而后武力。凡武之兴，为不服也，文化不改，然后加诛。”文化的本义是以文化人、教化天下，即把道德品质、理想信念、规则制度等以“文”的手段施加于人，并使之产生相应效果，以实现“化”人的目的。

回顾人类漫长的历史发展进程，全球不同区域、不同国度的民族无时无刻不在创造自己独一无二的特色民族文化，在人类文明演进的历史长河中激起一朵又一朵绚烂的文明浪花。在这些浪花中，最引人注目的当属四大文明古国所创造的民族文化，即两河流域文化、古埃及文化、古印度文化和中华文化。更让人值得骄傲自豪的是，中华文化亦是自古及今五千年来唯一没有断流的文化。虽然同其他三大文化一样，中华文化在其形成演变的历史过程中也历经动乱疫疠的考量，饱受外来文化的冲击，但是中华民族在自我生命高度完整的基础上以强大的包容性、灵活的变通性、顽强的适应性同一切磨难挫折进行不懈斗争，最终使中华文化得以完整顺延并不断发展。由此可见，时刻为中华民族身体健康保驾护航的中医药文化在中华文化，尤其是中国传统文化中占据着重要的地位。对于中医药文化的定义学术界一直争议不休，没有形成统一的意见，直到2005年8月中华中医药学会中医药文化分会召开全国第八届中医药文化研讨会后，方首次明确中医药文化的定义，即中医药文化是中华民族优秀传统文化中体现中医药本质与特色的精神文明和物质文明的总和。[1]

中医药文化是中国传统文化的瑰宝，而以张仲景为代表的仲景文化更是中医药文化中一颗璀璨的明珠。张仲景学本三代之旧，识高先秦之上，精极医理，博采众方，辩证施治，为医学事业所做的伟大贡献不可胜数，后又撰写《伤寒杂病论》，极大地影响和改变了后世医学千年的发展进程，故被后人尊称为“医圣”。张仲景医圣文化是张仲景所创立的独特医疗文化模式，是中医药学内在的价值观念、思维方式和外在的行为规范、器物形象的总和，是中医药文化的精华和瑰宝，蕴含并体现着丰富的中国传统优秀文化。[2] 张仲景文化是拥有独立知识产权的传统知识理论体系和临床实践体系，是中国中医药文化的重要组成部分和中华民族传统文化的优秀代表。[3]

二、仲景文化的基本特征

仲景文化根植于中国传统文化的广袤土地上，在吸收了足够的营养和水分后破土而出，而后又在其日积月累地潜移默化中茁壮成长。因此，若要深刻认识、把握仲景文化的基本特征，就要先了解中国传统文化的特质。中国传统文化又归属于中国文化，所以只有先了解了中国文化的特征，才能更好地把握仲景文化。

对于中国文化的特征，《中国文化史》一书有详细地记述：首先，中国文化具有“伦理型”的特点，注重道德感化的威力，强调劝善惩恶，见贤思齐；其次，中国文化的包容性很强，既个性突出，又广收兼蓄，所以具有旺盛的生命力；再次，中国文化具有务实精神和中庸特征；第四，中国文化具有延绵不绝、体系完备的特点；第五，中国文化具有重人事轻宗教、重现实轻来世的特点；第六，近代中国文化是整个中国文化的组成部分，它是在西方文化和中国传统文化互相冲突又会通融合的过程

[1] 张金虎：《试析张仲景医圣文化魅力》[J].《殷都学刊》2010年第2期。

[2] 张金虎：《试析张仲景医圣文化魅力》[J].《殷都学刊》2010年第2期。

[3] 杨金运、石保山：《张仲景文化知识产权保护的现状及策略》[J].《南阳师范学院学报》2014年第8期。

中形成的。[1]

（一）创造性特征

人类在日常的生产生活中，往往会将自己的主观意愿与情感色彩赋予可视可触的物体上，改造之，创造之，当它们脱离了原始纯粹的自然状态后，文化便随之产生。“伦理型”的中国文化称颂高贵的品德，教化民族济世救民，所以每值国家民族危亡时刻，总会涌现一批批仁人志士。东汉末年，正是兵荒马乱、瘟疫肆虐的时代，身处其中的张仲景虽不能披甲上阵，平定战乱，但是他也从未忘记百姓的苦难，遂将自己毕生所修习的医术尽数用于对瘟疫疾病的对抗，得仲景汤药存活者无数。

张仲景集汉以前医学之大成，创造性地将无形的医术转换成有形的文字，编著出《伤寒杂病论》，奠定了中医学辨证论治的临床诊疗体系。于是，仲景文化的创造性特征便在《伤寒杂病论》一书中得以淋漓尽致地展现。仲景首创辩证论治法，以六经辨伤寒，以脏腑论杂病，开创了中医学的新格局。仲景不仅博采众方，更跳出已有方剂的局限，整合千变万化的病情资料后，精巧地遣方用药，为后世留下一大批至今临床疗效依旧显著的经方。仲景的治则治法因人而异，创造性极强，如在原有“下法”的基础上独创“蜜导法”来治疗虚人便秘之证等。所以仲景文化的创造性特征是名副其实的。

（二）继承性特征

文化由人类所创造，也就需要人类传承和传播，这个传播过程便是文化继承性特征的具体表现。在这一过程中，个体的特殊现象会逐步向外传播，并发展转变为群体的一般现象。传播的方式无外乎两种，即同时代人际群体间的横向传播与跨时代人际群体间的纵向传播，而中国文化延绵不绝、体系完备的特点决定了仲景文化传播的方式主要是纵向传播。

张仲景的《伤寒杂病论》自问世以来便备受推崇，基于此，仲景文化也由仲景一人逐步向外传播，而后形成一脉相承又不断创新发展的文化体系。《伤寒杂病论》经仲景撰成后，在流传过程中因战乱等原因散佚脱简，后得王叔和整理、林亿等人校注，分化为《伤寒论》和《金匮要略》流行于世。对于仲景学术的研究，后世医家更是孜孜不倦，相关书籍比比皆是，

[1]　裘士京、房列曙、周晓光：《中国文化史》，安徽大学出版社，1998年。

研究流派不可胜数。仲景文化跨越时代、跨越社会，其继承性特征为世所公认。

（三）地域性特征

文化与地域休戚相关，一方水土养一方人，一方人创造一方文化。不同的地域造就不同的生活，进而形成不同的民俗风情，文化的产生与传播也因此而千差万别。在东亚大陆上，辽阔的土地、适宜的气候、丰富的资源为中华民族的栖息繁衍打下了基础，中华文化便由此发祥于黄河、长江流域。

张仲景的故乡在河南，河南地处中原，而中原文化是中华文化的基石，仲景文化自其诞生之时便带有浓烈的地域色彩。仲景文化不仅是中医药文化的代表，更是中华文化的象征。仲景文化受熏于中国古代精气、阴阳、五行等传统哲学思想，深谙中华文化的意识形态与思维模式，形成了闪耀着辩证论治思辨智慧的东方医学文化，有别于西方以微观和解剖为主要内容的医学文化不同。此外，仲景文化中的南阳基因更是其地域性特征的一大体现，南阳的中医中药、风俗民情俱是仲景文化传承传播的硕果。因此，仲景文化是极具地域性特征的。

（四）价值性特征

作用功效和精神意义是文化价值性特征的两大表现主体。人类有意识地创造文化，便是借以满足人类对物质与精神生活的需求，故此为文化的作用功效，具有的是功利主义价值。但较之作用功效，更有意义的还是文化的精神意义，即文化在继承传扬中对人类的意识思想所产生的影响，具有的是理想主义价值。每一代的传承者们都必须重新审视，深入钻研，找到新的突破口，将文化纵向横向拉伸扩充，使文化代代相传又常传常新。

仲景文化是中华文化的一张王牌，在中华民族与疫疠瘟病的长期历史斗争中，仲景文化始终发挥着无可替代的关键作用，以显著的临床疗效击退时疫一次次的进攻，保证了中华民族的高度生命完整，并深深融入每一位中华儿女的生命健康中。自仲景之后，医家流派日益繁盛，后世历代医家仰承仲景医术德泽，各自独辟蹊径，将仲景医药的内涵外延不断拓展，“补土派”的李东垣、“温病学派”的薛生白等俱是时代的佼佼者。仲景文化既有救世活人的作用功效，又有创新超越的精神意义，其价值性特征自不言而喻。

三、仲景文化的主要内容

仲景文化起源于张仲景，以仲景为主体，以《伤寒杂病论》为主要载体，同时又在其后的传播发展过程中得历代志士仁人不断传承发扬，从而成为内容丰富、特色鲜明的中医药文化。其主要内容包括中医基础理论、诊疗模式、诊疗技术、医德文化、经方知识、坐堂行医、养生保健、用药特色以及与张仲景中医药传统知识有关的药材资源、中药材加工炮制技术、特有的标志符号、文献、文物、建筑、遗迹及相关的文化艺术活动等。[1]

本节论述仲景文化的内容，主要从仲景学术思想、仲景传说与民间风俗、仲景医德文化、仲景治未病与养生文化和仲景圣祠文化等方面展现仲景文化。

（一）仲景学术思想

仲景学术思想博大精深，《伤寒杂病论》亦是言简、意博、理奥、趣深，遂为后世留下了诸如医药文化、医方文化、医理文化和医疗文化等丰富多彩的中医药文化。仲景学术思想主要包括理、法、方、药、煎、服、护、养八位一体的理论体系，以及中和、辩证和治未病等思想理论。

（二）仲景传说与民间风俗

有关张仲景的事迹传说虽在正史中记述不详，但在民间的记载却是比比皆是，因仲景而兴起的风俗习惯亦是趣味十足，意义非凡。

拜师伯祖、何颙评参、王粲讳疾、官守长沙、传道卫杜和隐居少室等，皆为仲景的事迹传说，但因皆已在前文中详谈过了，故此处不再赘述。此外还有诸如古猿献桐木、医圣传汤方以及妙手除脏躁等。本节主要以首创蜜导疗虚秘、奇用葱管救母子、情志疗法巧除疾、坐堂行医解民厄和祛寒娇耳暖民心等故事展现仲景传说与民间风俗的相关内容。

首创蜜导疗虚秘。张仲景早年跟随伯父张伯祖学习医术，不仅得其悉心教导，亦聪敏好学、研精覃思。一日，有一高烧大热、唇舌干燥、萎靡倦怠的病人上门求医，张伯祖诊其为“热邪伤津，体虚便秘”，本当用泻法治其便秘，但思及病者体弱恐不耐峻猛泻药，故而一时陷于两难之境。

---

[1]　石保山、杨金运、何义霞：《论张仲景文化国际话语权的内涵与特征》[J].《中医药管理杂志》2015年第1期。

仲景灵机一动，告诉伯祖可借蜂蜜湿滑之性以润肠通便，得到老师的肯定后，仲景遂将蜂蜜熬煎至团块，搓揉成条状，并置于患者肛门内，其后蜂蜜遇热而融，宿便亦随之而下，热邪得去，又处方善后，病人遂数日而愈。

奇用葱管救母子。母子坡为今南阳唐河毕店镇东三里处的高坡，汉时原称回头坡，为当地民间停灵之所，后因仲景在此救一孕妇并保其母子平安，人们为纪念此事遂改其名，沿用至今。某天，毕氏族长之妻难产而亡，家人停灵于此坡上。仲景打马而过突见棺木流出鲜血，心生疑窦，遂近前问询并言明自己医生的身份，了解实情后便忙让人开棺进行切脉诊察，原是妇人生产之时用力过猛引动痰气壅塞咽喉而窒息，其后又因棺木抬落动摇而致痰气移位，气血通行，胎动下血。知其有救后，仲景便让家属将妇人抬出，但迫于情况危急突发奇想用葱管救人，将葱管置于孕妇口中，呼吸之间口吐浓痰，其后不久又闻婴啼，母子俱安。

情志疗法巧除疾。南阳有一名医叫沈槐，早年丧偶后不曾再娶，一直与女儿相依为命。后来，越来越多的媒人登门求娶自己已适婚嫁的女儿，这让沈槐不由得想象女儿出嫁后自己独自一人生活的惨淡光景，心中无限悲凉，最终竟致大病一场。他的女儿遍请诸医诊治，但疗效皆不显著，最后延请仲景为父治病。仲景先仔细诊察沈槐的病情，又详询女儿一些情况后，便已知晓沈槐病在何处，该如何治疗。仲景先在附近餐馆定制一个一公斤左右的大馒头，且涂以朱砂，然后交给沈槐的女儿，告知她沈槐需要将此馒头整个吞下方可痊愈，并言明一月之后再来拜访。沈槐从女儿口中听闻仲景的治病方法后哈哈大笑，讥讽了几句，然后又让女儿将馒头悬于床边，每当有人前来拜访时总会笑着将馒头指给客人看，就这样笑了月余，沈槐也无暇思及日后之事，烦忧不存，病随之而解。

坐堂行医解民厄。东汉末年，疫疠横行肆虐，生民夭殃无数，白骨蔽原，哀号遍野。时任长沙太守的张仲景感怀世人沦丧，忧虑辖所百姓的性命健康，决定亲自处方诊治以解百姓之病苦。当时病人求医要请医生到自己家中，但是太守又不可擅入民居，仲景却别道而行，开放衙门，让有疾患的百姓前来就诊，并冠“坐堂医生”四字于己名之上，定每月初一和十五为坐堂行医之日。此后仲景悉心诊疗每一位患者，得其汤药痊愈康健者不计其数，人们口耳相传皆称颂赞美。“坐堂医生”的称谓由此而生，并保留至今，一些地方的中医大夫在处方后落款时亦会在自己名字前写上“坐堂医生”，以示不忘先师恩德。同时人们亦会便把那些坐在药店内诊治疾病的医生通称为“坐堂医”。此外，中药店也大多称“堂”，著名的有“同仁堂”和“同济堂”等。

祛寒娇耳暖民心。在冬至时节吃着热腾腾的饺子，听着南阳民谣“冬至不端饺子碗，冻掉耳朵没人管”时，总会让人不由得想起千余年前张仲景亲舍“祛寒娇耳汤”的故事。相传寒冬腊月间，仲景回乡途中遍见困苦穷人饥寒交迫、病容惨淡，耳朵冻伤冻烂者更比比皆是。仲景悯恤生民，一路上不断思索治病的方法，等回乡后便搭棚架炉，先合煮羊肉、辣椒以及一些温热散寒的药物，熬成“祛寒汤”，其后又将之全部捞出切碎，裹以面皮，捏成耳状，命名为“娇耳”，复投汤中，待其煮熟后分与百姓，人们食后全身发热回暖，舒畅至极，不久两耳也重新长好。仲景建棚舍药从冬至一直延续到大年三十，人们为庆贺耳朵痊愈又在大年初一仿“娇耳”之形另做了类似的食物，称之为“饺子”或“扁食”等。此后，在冬至与大年初一时吃饺子的习惯便保留下来，饺子也早已成为家常便饭，受人喜爱。

（三）仲景医德文化

仲景医德文化是仲景文化中一道亮丽的人文风景线，与仲景医圣精神是一脉相承的，同时医圣精神亦是仲景医德文化的内核与精华。仲景医德文化以医圣精神为载体，告诫后学医门之规矩，启迪后世医学之正道，不仅对后世医学的发展起关键作用，而且深刻影响了后世医界的医德与医风。仲景医德文化以仲景医圣精神为主要内容，仲景医圣精神包含济世与救人的人道精神、勤求与博采的治学精神和实践与创新的科学精神等。

（四）仲景治未病与养生文化

仲景治未病与养生文化是仲景文化的重要组成部分，历来便广受世人推崇喜爱，对保障生命健康极具指导意义，同时亦深远影响了后世养生之道的发展。

第一，仲景治未病思想。

其一，仲景治未病思想之源。

《周易》有言：“水在火上，既济，君子以思患而豫防之。”《国语·楚语》谓曰：“夫谁无疾眚？能者早除之……若召而近之，死无日矣。”《礼纬·含文嘉》云：“燧人氏钻木取火，炮生为熟，令人无腹疾。”此皆为治未病思想的理论雏形。

《内经》首次提出“治未病”的思想，并对其详细阐述，如《素问·四气调神大论》曰：“是故圣人不治已病治未病，不治已乱治未乱，此之谓也。”《素问·刺热》有言：“病虽未发，见赤色者刺之，名曰治未病。”《素问·八正神明论》谓：“上工救其萌芽，必先见三部九候之气，尽调不败而救之，故曰上工。”《灵枢·逆顺》有云：“上工刺其未生者也，其次刺其未盛者也，其次刺其已衰者也。下工刺其方袭者也，与其形之盈者也，与其病之与脉相逆者也。”

《难经·七十七难》谓曰：“所谓治未病者，见肝之病，则知肝当传之与脾，故先实其脾气，无令得受肝之邪，故曰治未病焉。中工者，见肝之病，不晓相传，但一心治肝，故曰治已病也。”联系脏腑从正反两个角度进一步论述治未病思想。

其二，仲景治未病思想主要内容。

仲景治未病思想是多位一体的，主要包括未病先防、早期诊疗、既病防变和瘥后防复等，具体论述如下：

未病先防：《金匮要略·藏府经络先后病脉证》有云：“若人能养慎，莫令邪风干忤经络……更能无犯王法，禽兽灾伤，房室勿令竭之，服食节其冷、热、苦、酸、辛、甘，不遣形体有衰，病则无由入其腠理。”可以看出仲景非常重视疾病的预防，认为在日常生活中不仅要注意规避贼风邪气，更要适度有序地生活，积极发挥自己的主观能动性将一切可能致病的因素尽可能地全部杜绝，这样疾病便不会再产生了。

早期诊疗：仲景特意指出如果身体一旦感觉不舒服或表现出疾病的一些外在症状后，一定要采取相应的解决措施，必要时要及时就诊，正如《金匮要略·藏府经络先后病脉证》所讲的“适中经络，未流传府藏，即医治之，四肢才觉重滞，即导引、吐纳、针灸、膏摩，勿令九窍闭塞”。此外，在医生诊断疾病时，仲景亦告诫医者要灵活看待疾病的特征性症状，要对疾病初起时的病症十分敏感，快速正确地给出诊断，例如《伤寒论·辨太阳病脉证并治》谓曰：“伤寒与中风，有柴胡证，但见一证便是，不必悉具。”

既病防变：《金匮要略·藏府经络先后病脉证》有云：“问曰：上工治未病，何也？师曰：夫治未病者，见肝之病，知肝传脾，当先实脾，四季脾正不受邪，即勿补之。中工不晓相传，见肝之病，不解实脾，惟治肝也。”

此段话便是仲景既病防变思想的突出体现，仲景将人体视为有机的整体，脏腑之间是紧密联系的，一脏病变日久必会累及相关的脏腑，所以在得病的开始便要安定其相关联但还未发病的脏腑，提前截断病传的途径对疾病的治疗有着非常积极的意义。此外，护元气、扶阳气、存津液和顾胃气等皆是仲景指导既病防变的重要思想，亦是既病防变要遵循的法则。

瘥后防复：疾病复发是临床中极为常见的情况，仲景为使瘥后疾病不再发作特意告诫病人要十分注意病后的休养，更从饮食与劳动等多个方面详细论述，如《伤寒论·辨阴阳易差后劳复病脉证并治》曰："大病差后，劳复者，枳实栀子豉汤主之。大病已解，而日暮微烦者，以病新差，人强于谷，脾胃之气尚弱，不能消谷，故令微烦，损谷则愈。"

其三，仲景治未病思想之流。

仲景治未病思想启发后世医家无数，后学不仅继承之，更发扬之，如葛洪在《抱朴子》中云："至人消未起之患，治未病之疾。"钱乙的《小儿药证直诀》中谓："肝强胜肺，肺怯不能胜肝，当补脾肺治肝。"李东垣在《脾胃论》中谈道："内伤脾胃，百病由生。"朱丹溪的《格致余论》亦讲："养阴防衰须慎色欲，节饮食，以教化'治未病'。"叶天士在《温热论》中有言："务在先安未受邪之地。"

第二，仲景养生理论。

其一，仲景的生命健康观。

《伤寒杂病论》中虽并未明确提出生命健康观，亦未作专门论述，但从字里行间中不难看出仲景对人体生命健康的认识是极为深刻细致的。

《伤寒论》讲到"血弱气虚，腠理开，邪气因入，与正气相搏，结于胁下，正邪纷争，往来寒热，休作有时，嘿嘿不欲饮食"，"病人常自汗出者，此为营气和，卫气不谐也"等，《金匮要略》谈及"不遣形体有衰，病则无由入其腠理"，"若五藏元真通畅，人即安和，客气邪风，中人多死"，"有阴无阳，故称厥阳"，"脾能伤肾，肾气微弱则水不行，水不行则心火气盛"等，《伤寒杂病论》自序亦指出："但竞逐荣势，企踵权豪，孜孜汲汲，惟名利是务。崇饰其末，忽弃其本，华其外而悴其内。皮之不存，毛将安附焉。"综上可知，仲景认为人体的正常生命活动依赖于气血阴阳，受到脏腑功能的调节，此外，虚邪贼风和名利物欲等会使生命受损，所以当气血充足且调和、阴平阳秘、脏腑功能协调、元真通畅、恬淡虚无时才可以"不遗形体有衰”，身体康健，此即为仲景的生命健康观。

其二，仲景的养生观。

《伤寒杂病论》自序有言：“怪当今居世之士，曾不留神医药，精究方术，上以疗君亲之疾，下以救贫贱之厄，中以保身长全，以养其生……虽未能尽愈诸病，庶可以见病知源，若能寻余所集，思过半矣。”由此可以看出，仲景养生的目的是“保身长全”，以达到《内经·上古天真论》中所描绘的境界，即“形与神俱，而尽终其天年，度百岁乃去”。此外，仲景之养生并非一个人的养生，而是所有人、全社会的养生，不仅需要认真学习基本的医学知识，深入了解养生的相关内容，而且还要在社会上形成良性积极的养生风气，从而使不同阶层、不同年龄、不同性别的每一个人都要去养生、都能去养生、并且养生能够成功。仲景在《金匮要略·藏府经络先后病脉证》中还谈到“若人能养慎，莫令邪风干忤经络”，指出了养生以“养慎”为要，时时刻刻不忘“养慎”之旨，方能行养生之正道，得养生之真意。

其三，仲景的养生方法。

仲景的养生方法主要包括饮食养生、顺天避邪养生、调神爱心养生、妇人养生和治未病养生等，分别论述如下。

饮食养生：《金匮要略·藏府经络先后病脉证》有言：“服食节其冷、热、苦、酸、辛、甘。”这是仲景对饮食养生最凝练的表述，一个“节”字从质和量两个方面指导了饮食养生的原则，饮食或过于肥甘、或过于清淡、或过饥、或过饱皆能伤身，所以应当把握饮食的“度”，无太过，亦无不及。《金匮要略·禽兽虫鱼禁忌并治》和《金匮要略·果实菜谷禁忌并治》是仲景记述饮食养生的专篇，在此两篇中，仲景对摄取得宜的饮食、避免进食对身体有害的食物、节制食量、注意食物的搭配、饮食宜与天时相应、饮食应适寒温以及解食物中毒等方面的内容都做了详细的论述。

顺天避邪养生：《伤寒论·伤寒例》中曰：“此君子春夏养阳，秋冬养阴，顺天地之刚柔也。小人触冒，必婴暴疹……是以春伤于风，夏必飧泄；夏伤于暑，秋必病疟；秋伤于湿，冬必咳嗽；冬伤于寒，春必温病。”《金匮要略·果实菜谷禁忌并治》有言：“夏月大醉汗流，不得冷水洗着身，及使扇，即成病。”指出养生应当顺应自然寒暑气温变化，如果行违背天气物候规律之事便易成病。《金匮要略·禽兽虫鱼禁忌并治》谓曰：“春不食肝，夏不食心，秋不食肺，东不食肾，四季不食脾……六甲日，勿食鳞甲之物。”《金匮要略·果实菜谷禁忌并治》亦言：“五月勿食韭，令人乏气力。五月五日勿食一切生菜，发百病。”提出养生应注意四时及一日饮食宜忌。此外，仲景还强调服药要顺应天时阴阳盛衰，如白虎加人参汤的服法为“此方立夏后，立秋前乃可服，立秋后不可服。正月、二月、三月尚凛冷，亦不可与服之”，仲景为此特举一反例，为“与之则呕利腹痛”。

调神爱心养生：《伤寒杂病论》序中讲到“但竞逐荣势，企踵权豪，孜孜汲汲，惟名利是务。崇饰其末，忽弃其本，华其外而悴其内……举世昏迷，莫能觉悟，不惜其命，若是轻生，彼何荣势之足云哉！而进不能爱人知人，退不能爱身知己。”仲景对那些轻视生命、不爱惜身体，只是一味追名逐利的人是持批评态度的，认为他们被物欲所充斥，追逐名利时舍本逐末，虽外表华丽，但内心憔悴，既不能关心爱护他人，更不能爱惜珍重自己，如此养生必然是毫无寸功的。所以，仲景主张养生要调神爱心，尽可能地去除私欲，排空欲望，恬淡清净，收视返听，精神内收，博爱他人，珍爱自己，保持心灵的善良与宁静，如此不仅自己养生有得，而且有利于消除社会浮躁功利的不良风气，营造闲适清净的养生氛围。

妇人养生；仲景对妇人病研究颇深，不仅在《金匮要略》中设立专篇详细论述，同时对妇人的饮食也做了详述，为妇人养生奠定了理论基础。《金匮要略·禽兽虫鱼禁忌并治》谓曰“妊妇食姜，令子余指”就是妇人饮食的禁忌。《金匮要略·妇人产后病脉证治》云：“新产血虚，多出汗，喜中风，故令病痉；亡血复汗，寒多，故令郁冒；亡津液，胃燥，故大便难。”《金匮要略·妇人杂病脉证并治》曰：“妇人之病，因虚稍入结气，为诸经水断绝，至有历年，血寒积结胞门，寒伤经络。”据此可知，仲景认为产妇新产之后阴血耗伤严重，致气血亏虚，从而易引发多种疾病。此外，思及妇人有经、带、胎、产等特异性生理过程，故妇人之病多因“虚”“积冷”“结气”所致，而瘀血癥结，内伤饮食等亦是妇人病不可忽视的病因。所以，妇人养生当避免正气虚损，避免产生积冷，避免出现结气，避免内生瘀血，同时注意饮食宜忌，细细调护保养。

治未病养生：仲景将治未病思想应用于养生中，提出治未病的养生方法，强调在日常生活中应注重保养自己的身体，使正气充足旺盛，则治病邪气就难以袭人致病，与《内经》“正气存内，邪不可干”的思想相合。此外，如果正气一时不足，疾病偶发，不可视而不见，必须及时着手处理，或自己休整，或求医诊治，同时还要特别注意不能使已发的疾病再度发展抑或别传，当疾病痊愈后便要更加仔细调养，避免复发。正如《金匮要略·藏府经络先后病脉证》云："适中经络，未流传府藏，即医治之，四肢才觉重滞，即导引、吐纳、针灸、膏摩，勿令九窍闭塞。"

（五）仲景圣祠文化

仲景圣祠文化萌芽于明朝，兴起于清朝，昌盛于近现代，是仲景文化中重要的组成部分，极具历史人文价值和社会经济价值。本节从圣祠历史沿革、圣祠风物撷英和仲景诞辰祭拜三个方面展现仲景圣祠文化。

第一，圣祠历史沿革。

据考证，明朝时最开始在民间祭祀仲景，至嘉靖年间官方已正式祭祀仲景，但此时仲景并无专祠，仅为配享附祭。清朝顺治十五年，张仲景墓与医圣祠同建，此后历代不断重修扩建，至今已是气势恢宏，雄伟壮观。

其一，明代。

明《汉长沙太守医圣张仲景灵应碑》载："南阳城东仁济桥西有圣祖庙，十大名医中塑有仲景先生像。"

其二，清代。

顺治十五年，冯应鳌、张三异等修复仲景墓，题曰"汉长沙太守医圣张仲景之墓"，并在墓后修祠堂。

康熙二十七年，周景福等捐入祠地六顷七十余亩用以修葺祠庙。

乾隆三十五年，方道鳌、曹祯祥等三十七人捐银二百四十一两三钱作为祠地赎买之用。

嘉庆十五年，张森律、张燊律等集资耗银七百二十六两重修祠宇。

道光九年，皇甫良、王德涟等成立"医林会馆"，并对医圣祠祠地进行系统性的管理修整。

光绪九年，"医林会馆"首事曹鸿恩、陆逢春等募款赎地，并重修扩建医圣祠。

其三，近现代。

1934年，一道人独家完成对仲景大殿和西廊的募修。此后于1940年，朱玖莹再次倡修。

中华人民共和国成立后，医圣祠收归国有，其后进行了几次重修。其中1981年时，南阳市人民政府在国家卫生部的提议和财政支持下修葺了医圣祠，并成立张仲景医史文献馆，此后在1984年又建立张仲景博物馆，二者皆依托医圣祠且同署理事。医圣祠在1988年时又被列为“全国重点文物保护单位”。

第二，圣祠风物撷英。

历经几百年沧桑，南阳医圣祠如今已发展成为气势恢宏、古色古香、中医药文化氛围浓厚的人文景观。

医圣祠坐北朝南，占地面积为12030平方米，其中房屋建筑物面积6669平方米，包含各式房屋136间。立于10级汉白玉台阶之上的一对汉代风格子母阙象征着威严，阙身下镶嵌一对振翅的朱雀寓意吉祥。朱漆大门上饰以青铜“辅首衔环”，正门上方“医圣祠”三个大字为郭沫若先生所提，更显肃穆庄严。医圣林是第一进院，亦是前祠之所，环境清幽，仲景铜像矗立正中，岐伯、医何、扁鹊、华佗、王叔和、葛洪、孙思邈、成无己、皇甫谧和李时珍等十大名医像立于四周绿树丛荫中。东长廊里镶《张仲景组画》，是仲景光辉人生的缩影，西长廊上刻《历代名医画像》，为上自伏羲、下至明清的名医石刻画像，共计117幅。此外，长廊中还有历代名医的评参题咏。医圣林后便是山门，穿过山门就是后祠，汉代风格的拜殿和墓亭浑然一体，营造了古雅庄严的氛围。仲景墓呈俯斗形，上顶莲花台昭示仲景高洁品格，四角分刻石质羊头寓意吉祥如意。祠庙末是大殿，内陈《伤寒杂病论》的诸多版本和医界同仁捐赠的文献资料，东西偏殿分别是仁术馆、广济馆、行方斋、智圆斋等，春台亭位于东偏殿的东南角，秋风阁立于西偏殿的西南角。此外，医圣井、荷花池和东西碑廊等亦是圣祠文化的传播窗口。

第三，仲景诞辰祭拜。

坐落于河南南阳市区东关温凉河畔仁济桥侧的医圣祠，是东汉杰出医学家张仲景的墓祠纪念地，更是中医祖庭，是国人心中的医学圣地。每值仲景诞辰之日（农历正月十八），医圣祠就显得格外热闹，祭拜活动热火朝天，朝圣寻根者络绎不绝，不仅有中医药界人士前来祭祀敬拜，群众百姓亦响应集会焚香祝祷。仲景诞辰的相关纪念活动最早可追溯至明清时，此后代代祭拜，百世不易，如今早已沿袭化成南阳民间的重大节日。仲景诞辰祭拜活动极具历史人文价值、民间艺术价值和民俗传承价值，对仲景文化的传扬影响深远。

第二节　仲景文化的发展

仲景文化诞生于汉代多元化的文化氛围中，在其形成传播发展时与当时的官制文化、象数文化、儒家文化、道家文化和南阳区域文化等发生碰撞，产生交流，受其影响颇深。此外，仲景文化以其独特的魅力、深邃的学术思想和崇高的精神追求深深吸引着后人，后世历代皆传扬仲景文化，使仲景文化的内涵外延不断延伸扩充。

一、仲景时代的文化氛围

仲景生活于东汉末年，虽值政治黑暗、兵荒马乱之时，但却也是思想交争、文化冲击的年代。当时盛行的文化主要有官制文化、象数文化、儒家文化、道家文化和南阳区域文化等，在社会上形成并营造了浓郁的文化氛围。

（一）官制文化

制度本身就是一种文化或文化现象，同时它又直接影响甚至决定着文化各方面的发展。[1] 汉代官制文化是汉代文化的一大组成部分，同时也极大影响了其他文化的诞生发展。官制文化最早可追溯至夏朝，至商周时期发展迅速，官制体系已初具规模。秦王嬴政统一天下后，不仅在朝廷中改世袭制为任命制，而且采用李斯的建议在全国改分封制成郡县制，故此君主专制与中央集权大大加强。汉承秦制，官制文化虽在汉初“无为而治”时期发展较缓慢，但是在汉武帝、光武帝等朝代则不断被发扬，相权渐被削弱，皇权逐步加强，等级日益森严。先秦、两汉时期随着社会发展、民族融合，中国古代官制体系逐步成熟完善，并随着整个国家的统一局面而

[1]　袁士京、房列曙、周晓光：《中国文化史》，安徽大学出版社，1998年。

趋于稳定集中。[1]

（二）象数文化

象数思维作为中国传统文化中极其重要的思维方式，是阴阳学说、五行学说等诸多学说得以形成的思维源点。[2] 以象数思维为核心内容的象数文化亦是中国传统文化的重要组成部分，在思维方法上启示了后世诸多文化。“象”与“数”的相关记载描述最早可见于《左传·僖公十五年》，其文有云：“龟，象也；筮，数也。物生而后有象，象而后有滋，滋而后有数。”明确指出了“象”与“数”各自不同的来源，“象”发于“龟”，即用龟甲占卜时，显于经火烧后的龟甲上的裂纹之形；“数”起于“筮”，即占筮揲蓍和数字记录。河图洛书便是象数的直观表现，河洛文化更是象数文化的衍生。河图洛书等又与干支、八卦等相结合则进一步完善了象数系统，为《易经》的撰著奠定了坚实的理论基础。后来，象数广泛应用于诸多方面，如纪年、月、日，配方位、阴阳、五行等，象数文化也随之不断发展丰富。发现于安徽阜阳县双古堆西汉古墓中的太乙九宫占盘便是汉代象数文化的鲜明体现。

（三）儒家文化

“仁”和“孝”是儒家文化的鲜明特色，是儒家文化的核心组成部分。“中庸”不仅是儒家思想的重要观念，更是儒家文化的重要组成部分。

第一，儒家仁孝文化。

仁是儒家最高的道德原则和道德境界，不仅是儒家思想的核心观念，更是儒家文化的主要内容。《礼记·中庸》云“仁者，人也”，直接指出人之所以为人的本质是仁。《孟子·尽心下》谓：“仁也者，人也。合而言之，道也。”即是说人道是仁与人的总和，这便是“以人为本”思想的理论雏形。《荀子·子道篇》有言：“颜渊入，子曰：‘回！知者若何？仁者若何？’颜渊对曰：‘知者自知，仁者自爱。’子曰：‘可谓明君子矣。’”从孔子与颜渊的问答中可以看出“仁者”需要“自爱”，一个人首先应该学会爱自己，

---

[1] 孙相如、何清湖、陈小平、严暄暄：《先秦两汉时期“官制文化”的渊源及其对藏象理论形成所带来的影响》[J].《中华中医药杂志》2016年第5期。

[2] 孙相如、何清湖、陈小平、严暄暄：《先秦、两汉时期象数思维的文化渊源及其对藏象理论的影响》[J].《中医杂志》2016年第5期。

珍惜自己的身体，承担起自己对生命的责任。退一步来讲，若一个人连自己都不爱惜，又怎能要求他关爱他人呢？《论语·颜渊》云："樊迟问仁。子曰：'爱人。'"《论语·学而》谓："弟子入则孝，出则悌，谨而信，泛爱众而亲仁。"《孟子·梁惠王上》有言："老吾老，以及人之老；幼吾幼，以及人之幼。"这些俱是教导人们要学会爱他人，博爱无私，尽自己最大能力去兼善天下。

孝是儒家最基本的道德标准，不仅是儒家思想的重要理念，更是儒家文化的主要内容。《孝经·开宗明义章》云："子曰：'夫孝德之本也，教之所由生也。'"指出孝是一切德行的根本，也是教化产生的本源。《论语·为政》谓："生事之以礼。"告诫人们要发自内心地孝敬父母长辈，常怀感恩之心。《孟子·离娄上》谓："事亲，事之本也。孰不为守？守身，守之本也。"说明"事亲"一定要"守身"，"守身"即爱惜自己的身体，亦如《孝经·开宗明义章》所说的"身体发肤，受之父母，不敢毁伤，孝之始也"。《礼记·曲礼下》有言："君有疾饮药，臣先尝之；亲有疾饮药，子先尝之。"《孝经·开宗明义章》曰："夫孝，始于事亲，中于事君，终于立身。"所以，儒家的"孝"是君、亲、己三位一体的，是"事亲""事君"和"守身""立身"的有机统一。

第二，儒家中庸文化。

《论语·庸也》云："中庸之为德也，其至矣乎。"由此可见，儒家对"中庸"推崇备至，并将其作为很高的道德标准。《尚书·虞书·大禹谟》曰："人心惟危，道心惟微，惟精惟一，允执厥中。"《尚书·洪范》谓："无偏无颇，无偏无党，王道荡荡。"《尚书·周书·吕刑》亦有言"士制百姓于刑之中，以教祗德"，"非佞折狱，惟良折狱，罔非在中"。所以，儒家文化致力于对"中"的执着追求。儒家将"中"提升至原则层面，把"中"作为衡量一切的标准，要求做人做事要懂得分寸，不"偏"，不"倚"，无"过"，无"不及"。

（四）道家文化

道家思想深邃，是道家思想文化的核心组成部分，同时也指导影响道家养生文化的形成。

第一，道家思想文化。

《道德经》第二十五章云："人法地，地法天，天法道，道法自然。"

第五十一章谓："道之尊，德之贵，夫莫之命而常自然。"由此可见，道家文化深受自然影响，道家思想立足于自然，并以自然为载体推论世间万事万物发生、发展和变化的规律。道家认为自然规律是所有规律的基础，同时也是宇宙间最高最完美的规律。人、地、天、道均源出于自然，也就必然要与自然规律相一致，效法自然则生，违逆自然则死。此外，《道德经》第二十三章曰："希言自然，飘风不终朝，骤雨不终日，孰为此者？天地。天地尚不能久，而况于人乎？"这段话又指出了自然并非是一成不变的，而是在生灭转化之中的恒动。万事万物皆因遵循规律而存在，而当其所遵循的规律是自身最首要、最核心、最本源的时，事物就会以最完美的状态而存在，正如《道德经》第三十九章所说的："天得一以清，地得一以宁，神得一以灵，谷得一以盈，万物得一以生，侯王得一以为天下正。"这里的"一"便是事物最首要、最核心、最本源的规律。

第二，道家养生文化。

受道家"法自然"思想的影响，道家养生文化也极其重视自然在养生中发挥的巨大积极作用。道家养生追求与自然相合，人类所有的生命活动都必须顺应自然的规律，既要因天气物候的变化而主动地做出相应的改变与之相适应，更要时时提高警惕去规避外在一切有可能致病的邪气。《道德经》第十二章曰："五色令人目盲，五音令人耳聋，五味令人口爽。驰骋田猎，令人心发狂；难得之货，令人行妨。是以圣人为腹不为目，故去彼取此。"指的是五色、五音、五味、驰骋田猎与难得之货等原本很美好的事物如果被人过度关注就变成了害人的东西，揭示了清心寡欲对养生的重要性。事物本身无好坏之别，只不过赋予了人的感情色彩后也就有了美丑之分，所以清心寡欲，不沉溺于物质享受，恬淡虚无，追求内心的满足，此方为圣人之所作为。《道德经》第四十六章谓："罪莫大于可欲，祸莫大于不知足，咎莫大于欲得。"告诫人们要合理控制自己的欲望，知足常乐，方能无祸无咎，才可以养生，反之则不能养生成功，如《道德经》第五十三章所举之例子："朝甚除，田甚芜，仓甚虚，服文采，带利剑，厌饮食，资货有余，是谓盗竽。非道哉！"

（五）南阳区域文化

南阳名医辈出，中医药资源丰富，文化底蕴深厚，是我国中医药文化的重要发祥地。

南阳医文化。唐代《名医录》有云："张仲景，南阳人，名机，仲景乃其字也，举孝廉，官居长沙太守，始受术于同郡张伯祖，时人言，识用精微过其师。"南阳《人物志》亦有所载："张机，又得杨励公之传，精于治疗。"《太平御览》谓："卫汛好医术，少师仲景，有才识。"《张仲景方论序》云："杜度，仲景弟子。"南阳医文化古已有之，历代名医交替迭出，师传授受，医道延绵。

南阳药文化。南阳东傍桐柏山，西接秦岭，北依伏牛山，南邻汉水，中药资源丰富，以"药都""天然药库"之美誉闻名天下。根据相关统计记载，南阳盛产的中药材种类高达2340余种。此外，我国第一部药物学专著《神农本草经》所记载的365种中药中有287种药材便出自南阳。南阳深厚的药文化为仲景医药文化打下坚实的基础。

南阳水文化。正如农谚"春前有雨花开早，秋后无霜叶落迟"所言，南阳气候温和，降雨适宜，雨水丰沛。此外，地上不仅河流密布，而且坐拥数万眼山泉，使得南阳拥有丰富的水资源。历代南阳太守均重水利，至今已累计修建了许多水利工程，如邓州市马仁坡水库等。得天独厚的水资源优势和"召父杜母"等美传形成了南阳独特的水文化，影响了仲景医药文化。

南阳酒文化。南阳酒文化历史悠久，底蕴深厚。南阳市镇平县宋小庄遗址附近出土的两件秦汉铜钫使得南阳以谷物酿造黄酒的历史追溯到汉代以前，而塬上寺遗址出土的精制灼黑陶杯更是将南阳以谷物酿酒的历史向前推至距今约五千年的新石器时代。南阳酒文化在汉代曾盛极一时，从南阳汉画馆中收藏的汉画，如《投壶饮酒图》中便可窥得那令人神往、多姿多彩的酒文化生活。

二、仲景文化的缘起诞生

仲景文化扎根于中国传统文化，而中国传统文化在五千多年的历史岁月中诞生衍化了各种各样不计其数的优秀文化，仲景文化在其传播发展过程中必然会与其他不同的文化相碰撞交流，迸发出文明的火花。本节以官制文化、象数文化、儒家文化、道家文化和南阳区域文化为例试述其他文化对仲景文化产生的影响。

（一）官制文化对仲景文化的熏陶

《名医录》中载："南阳人，名机，仲景乃其字也，举孝廉，官至长沙太守。"《历代名医蒙求·仲景良医》云："名医大传，张机，字仲景，南阳人，受术于同郡张伯祖。善于理疗，尤精经方。举以孝廉，官至长沙太守。"《医林列传上·张机》："张机，字仲景，南阳人也，受业于同郡张伯祖，善于治疗，尤精经方。举孝廉，官至长沙太守。"据此可知，仲景受官制文化影响，因德行出众被举为孝廉，出任长沙太守，后有感于社会黑暗，政治腐败而弃官专心事医。

汉时官制文化已对医学产生了影响，如董仲舒在《春秋繁露·通国身》中云："治身者以积精为宝，治国者以积贤为道……形体无所苦，然后身可得而安也。百官各得其所，然后国可得而守也。"可以看出董氏将养生之道与治国之法合而论述，说明董氏开始有意识地用官制理念来解释一些医学道理，而这种行为在当时是很普遍的。仲景也受官制文化的影响，但却不拘于《黄帝内经》所提出的君、臣、佐、使及其法度，而是灵活运用。仲景方药配伍时极重主次，主药、辅治药、兼治药、佐使药条理分明，丝毫不乱，如桂枝汤中以桂枝为主药，麻黄汤中用桂枝辅助发汗，麻黄汤中杏仁兼治咳喘，十枣汤中大枣佐制主药毒性等等。

（二）象数文化对仲景文化的陶冶

象数文化对仲景文化的影响是极为深远的，不仅有助于仲景对自然规律的认识，而且对仲景临床诊疗疾病极具指导意义。

"是故冬至之后，一阳爻升，一阴爻降也。夏至之后，一阳气下，一阴气上也。斯则冬夏二至，阴阳合也；春秋二分，阴阳离也。阴阳交易，人变病焉"，语出《伤寒论·伤寒例》。仲景运用"象"思维来思考自然物候变化的内在动因，以"阴爻""阳爻"比之于"阴气""阳气"，进而深刻揭示了一年之中自然界的阴阳消长变化规律，并推论及人，人与自然应当相合，若阴阳"交易"而不和则必会"变病"而疾患横生。

《周易·系辞上传》有言："天一，地二，天三，地四，天五，地六，天七，地八，天九，地十。"指出了奇数一、三、五、七、九属天，为阳数；偶数二、四、六、八、十属地，为阴数。这种"数"思维影响了仲景对疾病的诊断与预后，如《伤寒论·辨太阳病脉证并治》有云："病有发热恶寒者，发于阳也；无热恶寒者，发于阴也。发于阳，七日愈，发于阴，六日愈，以阳数七，阴数六故也。风家，表解而不了了者，十二日愈。”仲景辨证纲分阴阳，计日以示预后，将疾病的诊断预后言简意赅地论述清楚。

（三）儒家文化对仲景文化的熏染

儒家文化对仲景文化的影响体现在多个方面，但归根结底，始终贯穿其中的不外乎“仁孝”与“中庸”，本节便以儒家文化之“仁孝”和“中庸”为切入点，分别展开论述。

第一，儒家文化之“仁孝”对仲景文化的熏染。

儒家仁孝文化直接影响了张仲景对当时社会风气的褒贬以及仲景从事医疗活动时的心态，更促进了仲景医德医风的养成，为后世留下宝贵的仲景医德文化。张仲景在《伤寒杂病论》自序中言道：“上以疗君亲之疾，下以救贫贱之厄，中以保身长全，以养其生。赍百年之寿命，持至贵之重器，委付凡医，恣其所措。”仲景习医的目的是为了君、亲、己的生命健康，同时在治病救人时无论贫富贵贱、亲疏远近均一视同仁。此外，仲景对当世轻贱自己生命、不珍惜治病机会的大众与轻视患者性命、医术不精的凡医是持批评态度的，体现了仲景以人为本的思想，并借此告诫百姓应当重视宝贵的生命，细心地去保护，告诫医生要敬重生命，精进医术。

第二，儒家文化之“中庸”对仲景文化的熏染。

儒家中庸文化直接影响了张仲景的医学观、生命观、疾病观和治疗观的形成，更促进了仲景学术思想之“和”的产生，为后世留下珍贵的仲景医理文化。张仲景创造性地发挥了儒家“中庸”思想，形成了自己“和”的学术思想。“和”是张仲景对人体正常状态的表达，如《金匮要略·藏府经络先后病脉证》有云：“若五藏元真通畅，人即安和。”疾病发生乃至致人死亡的原因是“失和”，如《伤寒论·辨太阳病脉证并治》曰：“病人脏无他病，时发热，自汗出而不愈者，此卫气不和也。”恢复人自身之“和”是治疗的目的，“和法”亦是一种治法，如《伤寒论·辨少阳病脉证并治》有言：“伤寒，脉弦细，头痛，发热者，属少阳。不可发汗，发汗则谵语、烦躁，此属胃不和也，和之则愈。”此外，仲景还认为人体能够“自和”，即人体有“自愈”的能力，如《伤寒论·辨太阳病脉证并治》谓曰：“凡病若发汗、若吐、若下、若亡血、亡津液，阴阳自和者，必自愈。”

（四）道家文化对仲景文化的影响

道家文化对仲景文化的影响体现在诸多方面，然道家文化博大精深，本节仅以道家思想文化与道家养生文化两个方面为例，分别展开论述。

第一，道家思想文化对仲景文化的影响。

道家思想文化为仲景提供了一种认识世界的独特视角，给予仲景一种思考问题的全新思维，对仲景的致病发病观和疾病传变观等产生深远影响，为仲景医文化打下坚实的思想基础。仲景极其重视人与自然的和谐相处，认为人类依赖自然，既因自然而生长存活，亦由自然而生命受损，正如《金匮要略·藏府经络先后病脉证》有言："夫人禀五常，因风气而生长。风气虽能生万物，亦能害万物，如水能浮舟，亦能覆舟。"仲景研究疾病发展转归时总是首先致力于找寻其核心本源规律，故撰写《伤寒杂病论》时，仲景特意将表示六经提纲证的六句话分别置于各经卷之首。如《伤寒论·辨太阳病脉证并治》首条即云："太阳之为病，脉浮，头项强痛而恶寒。"此即为太阳病提纲句，揭示了太阳经的病变核心规律。其后，仲景深刻认识到疾病是不断发展变化的，故又逐步解析其后续演变过程，最后形成对疾病系统全面的认识。仲景认为六经病的传变转化不仅局限于本经之中，亦可旁及他经或数经。此外，不同的病症之间存在相互转化的情况，而相同的病症因其产生于不同的经或处于不同的病理阶段则表示的病理意义故不相同。如病从太阳本证的桂枝汤证而发，因失治或误治而到项背强几几的桂枝加葛根汤证，后又误下至表未解而微喘的桂枝加厚朴杏子汤证，若再发汗则成阳虚漏汗不止的桂枝加附子汤证，此为太阳经的一种本经传变。

第二，道家养生文化对仲景文化的影响。

道家养生文化为仲景养生提供了诸多可参考借鉴的经验，深刻影响了仲景顺天养生、辟邪养生和调神养生等养生观念的形成，极大地丰富了仲景养生文化。医仲景极其重视人与自然的和谐相处，故仲景在养生过程中非常注意自然规律对养生的影响，主张顺应天时物候而生活，避免邪气侵袭。如《金匮要略·血痹虚劳病脉证并治》曰："劳之为病，其脉浮大，手足烦，春夏剧，秋冬差，阴寒精自出，酸削不能行。"《金匮要略·果实菜谷禁忌并治》云："夏月大醉汗流，不得冷水洗着身，及使扇，即成病。"《金匮要略·藏府经络先后病脉证》云："客气邪风，中人多死。若人能养慎，莫令邪风干忤经络。"仲景主张调神养生，重视调摄精神活动，强调情志淡泊，思想清净，不耽于私欲。《伤寒杂病论》自序中言道："竞逐荣势，企踵权豪，孜孜汲汲，惟名利是务。"对于这种追名逐利的浮躁社会风气，仲景自然是嗤之以鼻，并大加批评的，因为这实在是与养生之道背道而驰的，充斥名利权势的心何谈清虚？盛行追似逐欲的社会氛围何谈长久的养生之路？所以，欲得养生成功，其心必要虚无恬淡。

（五）南阳区域文化对仲景文化的濡染

南阳区域文化对仲景文化的影响体现在许多方面，本节主要从医文化、药文化、水文化和酒文化五个方面分别展开论述。

第一，南阳医文化对仲景文化的濡染。

仲景时代南阳医文化已蔚然成风，张仲景受其影响弃文学医，由自家伯父张伯祖引入医门，得其悉心教导尽获其所学，后又求医于杨励公，博学善思，医术愈发精进。此外，仲景还不远万里造访同济药堂，向名医王神仙学习搭背疮的治疗经验，为治疗疑难杂症不辞辛劳去茅山求取老道的“五神方”。仲景不断地拜师学习，积极认真地治病救人，后来医术越来越高，名望也越来越大。卫汛、杜度欲拜仲景为师，仲景欣然应允，并将自己的经验尽数告之，卫汛、杜度虚心受教，后亦成为名医大家，造福一方百姓。

第二，南阳药文化对仲景文化的濡染。

南阳《人物志·古琴记》中有关于仲景采药于桐柏山的文字记载，谓：“一日，入桐柏山采药，遇一人求诊，仲景曰：‘子之腕有兽脉，何也？’其人实告：‘吾乃峄山老猿也。’仲景以囊中丸药与之，一服即愈。明日肩一巨木至，曰：此万年桐也，聊以相报。仲景乃斫为二琴，一曰古猿，一曰万年。”此便可以佐证仲景治病救人所采用的药物与南阳深厚的药文化有密切的关系。

第三，南阳水文化对仲景文化的濡染。

仲景煎药对水质十分重视，是得南阳水文化熏染之故。仲景用水有潦水、泉水、井花水、甘澜水、麻沸汤、清浆水之别，种种不同，各有其用。除水湿消肿满则甘澜水首选，如茯苓桂枝甘草大枣汤；除湿热退黄疸则潦水效佳，如麻黄连翘赤小豆汤；井花水清热为宜，如风引汤；泉水利尿见长，如百合知母汤；调中开胃用清浆水，如枳实栀子豉汤；仅需泡服者用麻沸汤，如大黄黄连泻心汤。

第四，南阳酒文化对仲景文化的濡染。

得益于南阳酒文化的丰富多彩，仲景用酒也多种多样，或以酒送服，或以酒浸药，或以酒洗药等。此外，仲景还因方制宜，如当归四逆加吴茱萸生姜汤，用酒水同煎则温经活血止痛之功更强；麻黄醇酒汤，以清酒煮药则助麻黄通阳发汗和营卫之力；下瘀血汤，将红蓝花酒和药而煎则加强活血化瘀之效；芪芍桂酒汤，佐苦酒与水共煮则泄营中郁热之用更专。

三、仲景文化的后世发扬

仲景文化自其诞生以后便深受世人所推崇，并在后世历代的有志之士的继承弘扬中发扬光大。本节分别从晋唐时期、宋金元时期、明清时期和近现代四个历史阶段展现仲景文化在后世中的发扬。

（一）晋唐时期，仲景医德后世弘

以仲景济世与救人的人道精神为内核的仲景医德文化是仲景文化的主要组成部分，在其传播发展过程中潜移默化地影响了后世医家医德医风的形成，同时，以葛洪、孙思邈为代表的大医们不仅在日常的行医中时时刻刻践行着济世救人的行为准则，而且将医德医风不断细化并落实于医疗活动的方方面面，大大丰富发展了仲景医德文化。

第一，葛洪。

晋时方书医籍中所载药物多为珍贵之品，民间并不常有，诸如针刺等专业性较强的医疗技术也只有少数人能够正确操作，大部分人不易修习掌握。此种情况在葛氏的《肘后备急方》中便有记载，其文言到："周甘唐阮诸家，各作备急，既不能穷诸病状，兼多珍贵之药，岂贫家野居所能立办。又使人用针，自非究习医方，素识明堂流注者，则身中荣卫尚不知其所在，安能用针以治之哉。是使凫鹰挚击，牛羊搏噬，无以异也。虽有其方，犹不免残害之疾。"葛氏有感于仲景"伤横夭之莫救"的精神，决定要改变当时这种医疗乱象，遂搜集整理简、便、廉、验的方药和疗法，并公之于众，惠及百姓，亦如《肘后备急方》曰："余今采其要约以为《肘后救卒》三卷，率多易得之药，其不获已须买之者，亦皆贱价，草石所在皆有兼之以灸，灸但言其分寸，不名孔穴，凡人览之，可了其所用，或不出乎垣篱之内，顾眄可具。"

第二，孙思邈。

孙氏谨承仲景尊生爱人的精神，认为"人命至重，有贵千金"，遂"以为《备急千金要方》一部，凡三十卷。虽不能究尽病源，但使留意于斯者，亦思过半矣”，同时又言明“一方济之，德逾于此，故以为名也”，道出书名的命名缘由。《备急千金要方》有云：“必须博极医源，精勤不倦，不得道听途说，而言医道已了，深自误哉。”此为大医之“精”，是孙氏对医者的谆谆告诫，与仲景“勤求古训，博采众方”之行为是一脉相承的。《备急千金要方》亦曰：“若有疾厄来求救者，不得问其贵贱贫富，长幼妍媸，怨亲善友，华夷愚智，普同一等，皆如至亲之想。其有患疮痍下痢，臭秽不可瞻视，人所恶见者，但发惭愧、凄怜、忧恤之意，不得起一念蒂芥之心，是吾之志也。”此为大医之“诚”，是对仲景医德的发挥弘扬，为后世树立了医德之典范。

（二）宋金元时期，圣化仲景之肇端

张仲景是东汉著名的医学家，被后世尊称为“医圣”，仲景“医圣”的美誉是历史的必然选择，是宋以后历代医界后学不断推崇而层累造就的，仲景医圣文化亦随之产生并不断发展。

张仲景的生平于正史中并不多见，史料匮乏，宋以前更无仲景传记。仲景《伤寒杂病论》虽得王叔和整理，但在晋唐时也只是作为方书流传，又谈何圣化？至宋时，《伤寒杂病论》得到官方认可关注，自上而下掀起对仲景医学理论的学潮，不仅政府出面校订刊行仲景之书，而且医家深入研究探求仲景之学。《伤寒论辩证广注》引宋王叔和之语，谓：“论伤寒而不读仲景书，犹为儒不知本有孔子六经也。”南宋杨士瀛亦有感慨云：“伤寒格法，张长沙开其源，朱奉议导其流，前哲后贤，发明秘法，吾儒之孔孟矣。”由此可见，宋时以医比儒，将医界之仲景与儒门之孔子相提。金代成无已在《伤寒明理论》中言到：“惟张仲景方一部，最为众方之祖。是以仲景本伊尹之法，伊尹本神农之经，医帙之中，特为枢要，参今法古，不越毫末，实乃大圣之所作也。”视仲景为大圣。此外，刘完素和王好古更尊称仲景为“亚圣”。故在宋金元时期，仲景的地位大大提高，其所撰著的《伤寒杂病论》也备受推崇，人们逐渐开始以医比儒，尊称仲景为圣，此时期便是圣化仲景的肇始阶段。

张仲景的尊崇和圣化运动始于12世纪，至13世纪中叶之前，他的尊崇地位已初步形成，此后，这一运动似暂时沉寂，直到16世纪中叶，才又兴起新一轮的推崇热潮，至清中叶乾隆年间不仅获得了比较固定的“医圣”

或“亚圣”名号，而且其医界定于一尊的地位已无可撼动。[1]

（三）明清时期，百家争鸣学术彰

明清时期是对仲景学术思想传承弘扬的大发展时期。在这一时期中涌现出一批批著名的医家，对于《伤寒杂病论》，他们有注释析义者，亦有发挥立说者，此外，还有人收集整理临床上使用经方的案例并编成医案，从而不断丰富了仲景学术思想，使仲景医理文化、医方文化、医案文化等都得以充分发展。

（四）近现代，蓬勃发展新气象

近现代是仲景文化蓬勃发展的新时代。在这一时期，仲景文化走进了中医院校和医院药企等，仲景文化的形式越来越多样化，内容也越来越丰富。

第一，仲景文化在中医药院校中的发展。

仲景文化是中医药文化的杰出代表，对中医药院校的发展产生深远影响，各中医药院校在办学治校过程中均或多或少依托仲景文化营造校园文化氛围，打造学校文化品牌，在此过程中，仲景文化亦得以丰富发展。在以文化人、以文育人的过程中，仲景文化发挥了重要的作用。本节主要以河南中医药大学为例，说明仲景文化在中医药院校中的传承与发展。

作为全国中医药文化宣传教育基地，河南中医药大学自建校以来不仅重视仲景学术思想的传承与弘扬，而且对仲景文化的校园建设亦极其重视，为仲景文化的传承创新做出了突出的贡献。本节主要从仲景文化广场、仲景馆和仲景学术文化节三个侧面展示河南中医药大学对仲景文化的弘扬和发展。

仲景文化广场。河南中医药大学为营造浓郁的仲景文化氛围，建造的仲景文化广场已成为学校传承仲景文化的重要场所。广场上伫立着一尊花岗岩质的医圣张仲景像，高5.85米，下方台阶高63厘米，塑像庄严肃穆，令瞻仰者心生无限感慨。仲景像后还立起一面浮雕墙，正面浮雕是仲景立志从医、勤勉学医、坐堂行医、著书传医等生平的真实写照，背面是碑刻的《伤寒杂病论》序，全文按照著名汉隶大师李强的书法作品以1:1比例雕

---

[1]　余新忠：《医圣的层累造成（1065—1949年）——“仲景”与现代中医知识建构系列研究之一》[J].《历史教学》（下半月刊）2014年第7期。

刻而成。

仲景馆。作为首批获批的全国中西部基础能力工程建设高校，河南中医药大学在图书信息大楼建设设计之初，就考虑建设河南中医药博物馆，包括医史馆、校史馆、仲景馆、中药馆，全面展示中原中医药文化的辉煌历史和成就。其中，仲景馆将医圣张仲景的杰出成就以视频、音频、图文并茂的形式进行全面展示，让每一位参观者都可以领略仲景文化的风采，感受以仲景文化为代表的中原中医药文化的博大精深和源远流长。仲景馆内亦设有仲景的塑像，还有小篆体的《伤寒杂病论》序，塑像旁象征威仪的汉阙让人仿佛一瞬间置身汉朝，回到仲景生活的年代。馆内分别展示了仲景学术的承源开流，如仲景医理之源和仲景学术之流等，还有仲景学术的内涵外延，如六经的形成等。馆内对仲景故里南阳的地形也做了图示解说，简化版的医圣祠与仲景拜师、医圣行医的幻影成像更是仲景馆的特色内容。此外便是学校为仲景学术与文化所做的努力和成果的精彩展示。

仲景学术文化节、大学生仲景文化节。为传承中医医学精粹、弘扬仲景学术思想，河南中医药大学自2010年起开始举办仲景学术文化节和大学生仲景文化节，每年一次，交替进行。每届活动都吸引无数师生积极参与，举办学术讲座已达百余场，相继开展“院士论坛”“专家讲座”，以及“感悟仲景·相约圣贤”朗读比赛、“习国学经典，传中华文化”、“品读中医经典、“中医经典达人”挑战赛等多项活动，极富知识性和娱乐性，使得学校对中医经典的学习经久不衰，仲景文化氛围愈加浓厚。活动的举办，助推了仲景学术研究的深入和发展，提升了广大教师的科研水平和大学生的综合素质能力。

第二，仲景文化在医院药企中的发展。

仲景文化走进医院药企，不仅助推了医院药企的发展，亦随着医院药企的发展而得到持续发展。

其一，仲景文化在中医院的发展。

仲景医药文化与医德文化等通过医院得到了很好的传承，又在医院的建设中不断发展。本节以河南中医药大学第一、二、三附属医院为例介绍仲景文化在医院的发展。

河南中医药大学第一、二、三附属医院长期以来非常注重仲景文化的传承与发展，并为之做了不懈努力，正如三所医院的院训“厚德精业，继承创新”、“承古纳今，厚德为民”、“厚德和谐、精术敬业、承古拓新”，皆闪耀着仲景学术思想的光芒。一附院在医德医风建设方面，经常召开医德医风专题教育讲座，不仅要求医务工作者学习，还要进行考核与激励，在广大患者中赢得了良好的口碑。二附院与郑州欧罗巴艺术公司、洛阳古建筑研究所共同设计制作了《辉煌国医》汉白玉浮雕组图四幅，并置于新病房楼一楼大厅，其中《张仲景诊脉图》生动形象地展现了仲景诊脉时的情形，引人无限遐想。此外，又在2号病房楼对面建设了“中华历代名医壁”，选择神农、黄帝、张仲景等著名中医药名医大家列于其上，激励医务工作者“承古纳今，厚德为民”。三附院在图书馆西面放置了一尊医圣仲景像，时刻提醒着往来的中医药后人不忘仲景先师，既要传承仲景学术，亦要弘扬仲景文化。

其二，仲景文化在医药企业的发展。

以仲景宛西制药股份有限公司为代表的河南医药企业，在发展建设中注重打造“仲景”品牌，塑造企业核心文化，传承发扬仲景文化。本节以仲景宛西制药股份有限公司为例介绍仲景文化在企业中的发展。

仲景宛西制药股份有限公司立足于服务人民健康需求，紧密联系企业建设发展实际，顺应时代发展需求，提出了“三三”理念，即“三个突出”——突出继承弘扬张仲景中医药文化，突出八百里伏牛山中药材资源优势，突出中药现代化制造中药；“三个创造”——为员工创造机遇，为社会创造财富，为人类创造健康；“三个放心”——让老中医放心，让老百姓放心，让老祖宗放心”。这种“以人为本”“兼善天下”的企业文化既是对仲景文化的继承，更是仲景文化在新时代的发展。公司依托南阳中医药文化资源成立了张仲景养生院，推动了仲景养生文化的发展。公司还在南阳总部建造了“仲景之光”紫铜浮雕墙、仲景百草园、仲景文化广场、中华医圣苑、仲景文化展馆等特色鲜明的景点，以传播仲景文化。此外，中华医圣苑、医圣山和企业文化图片展、影视作品集等亦是传扬仲景文化的窗口。公司积极搭建仲景学术文化交流平台，先后主办承办了仲景学术思想座谈会、经方临床应用研讨会、张仲景医药科技文化节、仲景健康大讲堂、张仲景经方医学沙龙等。

第三，仲景文化在其他方面的发展。

仲景文化在社会中发展迅猛，形式多样，品类繁盛，或为书籍刊物，或为影视景观，或为讲座论坛，或为节庆活动等等，蔚为壮观，丰富了人们的精神生活。本节以张仲景医史文献馆与张仲景博物馆、张仲景医药文化节与中国南阳张仲景医药科技文化节和仲景书院三个侧面来说明仲景文化在社会中的发展。

张仲景医史文献馆与张仲景博物馆。张仲景医史文献馆与张仲景博物馆均依托医圣祠而成立，始终坚持传承弘扬仲景学术思想文化。南阳市人民政府于1981年在卫生部的提议和财政支持下修葺了医圣祠，并成立张仲景医史文献馆，此后在1984年又建立张仲景博物馆，并与张仲景医史文献馆同署。张仲景博物馆内展出文物达125件（套），还有275幅的名家书画题词和40幅的碑拓，另有文献书刊总计万余册。其中，长沙太守医圣张仲景墓碑是展出文物中极具史料价值的藏品，其上的阴文“汉长沙太守医圣张仲景墓”是仲景“官守长沙”的力证。此外，米伯让先生赠送的白云阁藏本木刻版《伤寒杂病论》更是善版、珍版、绝版，对仲景学术思想的研究影响巨大。馆内的照壁是参观游览者必看的一大景点，照壁由一整块石料雕刻而成，长宽皆为3.5米，正面刻写黄竹斋先生所撰的《医圣张仲景传》，两侧是任应秋先生题写的对联“阴阳有三，辩病还须辩证；医相无二，活国在于活人”，后面则刻仲景的《伤寒杂病论序》，仲景之风采尽显于斯。

张仲景医药文化节与中国南阳张仲景医药科技文化节。张仲景医药文化节由河南南阳市联合有关部门始办于2002年，先后邀请了诸多著名的中医药科技界专家及教授参与，开展讲座、研讨等活动，发扬了仲景文化，营造了浓郁的中医药文化氛围。从2008起，张仲景医药文化节改由国家科技部、国家中医药管理局、河南省人民政府主办，南阳市人民政府承办，并正式更名为“中国南阳张仲景医药科技文化节”，此后文化节以“传承、创新、合作、发展”为主题搭建了张仲景经方应用专家论坛和中医药科技创新与产业化发展战略论坛等交流平台，还开展了中医药科技创新与产业化发展成果展览、中医药文化建设研讨、中药材标准化基地考察等诸多主题活动，使仲景文化向纵深发展。

仲景书院。仲景书院是由北京市中医管理局、河南省中医管理局和南阳市中医药事业发展工作委员会主导的社会力量参与的中医药教育培训机构。书院建设为一院二址，依托北京市首都医科大学中医药学院教育培训中心与南阳市医圣祠分别建立，设立仲景学术传承基地，并开设专科专病门诊，致力于培养“仲景国医传人”，搭建中医药传承创新学术交流平台。此外，学院在全国范围内聘请或遴选仲景国医大师、仲景国医导师、仲景国医讲师以建立90名“仲景国医三师”专家智库，打造国内外经方教育、临床学者会聚之地。学院还将设立学者交流中心、经典译述中心，开设中医祖师纪念馆（博物馆），打造成世界级中医朝圣拜祖的场所，更深更广地传承弘扬仲景文化。

第三节　仲景文化的时代价值

仲景文化是中国传统文化的杰出代表，是中医药文化的瑰宝，更是助力中医药事业振兴发展的中流砥柱，其医学与人文价值、历史与社会价值和经济与民生价值等价值性文化特征在当今社会愈发突出，并在以文育人、以文化人和助推健康中原、健康中国建设以及坚定文化自信、助推中华民族伟大复兴等方面发挥着十分重要的文化作用和价值。

一、以文育人，以文化人

文化的本质在于以文育人、以文化人，通过润物无声的熏染和教化，示人以至真、至善、至美，引人走向道德和理性，使人在德智体美劳等各个方面得到全面发展，实现立德树人的目标追求。正如《周易·贲卦·彖传》中所讲的：“刚柔交错，天文也；文明以止，人文也。观乎天文，以察时变；观乎人文，以化成天下。”

仲景文化自其诞生之日起便发挥着十分重要的作用，在其传播发扬过程中充分体现了以文育人、以文化人的育人价值。在新时代，仲景文化的精神追求愈发可贵，其育人的作用和价值更加凸显。济世与救人的人道精神、勤求与博采的治学精神和实践与创新的科学精神是仲景医圣精神的实质，更是仲景文化深层次的精神追求。

以人为本是仲景生命观和医学观的指导思想，是济世与救人的人道精神的核心内容，仲景看待自然变化规律、看待生命生亡夭寿、看待疾病发生发展等皆是从人的角度出发，立足于人，并将一切与人紧密联系，尊生贵人，爱人惜人。在当今医患关系较难处理的情况下，仲景所倡导的以人为本的人文精神无疑是医患关系最有效的润滑剂。医务工作者时刻秉持以人为本的服务宗旨，淡泊名利物欲，尊重关爱病人，在日常工作的点点滴滴中发自内心地为患者考量，想患者之所想，急患者之所急，医患之间建立良性的沟通交流，让每一次的矛盾冲突在未起之时都能消弭于无形，则医患关系自然和谐良好。

仲景勤求与博采的治学精神和实践与创新的科学精神为后世医家树立了良医的典范，教化后学治学当严谨、医术当精进。仲景博览当世医方之书，临床实践去粗取精，潜研精思推尘出新，著成《伤寒杂病论》，济世救人造福百姓。后世医家得医圣精神教化，亦深入研究仲景学术思想，紧密结合时代病情，创造性地运用发挥仲景医理与经方，形式多样，或注解发扬，或撰书立说，或整理医案，使得中医理论体系被不断丰富发展，如后世卫气营血辨证和三焦辨证等辨证方法皆是对仲景辨证论治思想的发展，三黄石膏汤、六乙顺气汤和羌活冲和汤等亦是对仲景经方的创新。此外，对仲景学术思想的现代研究正如火如荼地开展，院校、研究所、医院和药企等多方合作努力，培养了一批又一批严谨好学、医术精湛、医德医风良好的中医药人才，并使得恰当处理仁术与经济的关系成为可能，促进了中医药事业的振兴发展。

高等中医药院校担负着人才培养、科学研究、服务社会、文化传承创新、中医药国际化等重要的职责和使命，其中，立德树人是其根本任务。在人才培养的过程中，只有大力传承弘扬中医药文化、特别是仲景学术思想和文化思想，才能凸显文化育人的功效，才能为服务地方经济社会发展提供强有力的人才支持和智力支撑。

二、助推健康中国战略和健康中原建设

2016年10月25日，中共中央、国务院印发了《“健康中国2030”规划纲要》，明确了健康中国战略的指导思想和发展方向，提出了一系列振兴发展中医药事业、服务健康中国建设的战略任务和重大举措，并作为今后15年推进健康中国战略的行动纲领。其后，2017年1月18日，中共河南省委、河南省人民政府印发了《“健康中原2030”规划纲要》，构建了未来15年推

进健康中原建设的宏伟蓝图，既是全省广大医学教育、医务人员的行动指南，也是制定公共健康政策、引导社会力量发展健康服务业的重要依据。党的十九大报告明确提出："人民健康是民族昌盛和国家富强的重要标志。深化医药卫生体制改革，全面建立中国特色基本医疗卫生制度、医疗保障制度和优质高效的医疗卫生服务体系，健全现代医院管理制度。坚持预防为主，深入开展爱国卫生运动，倡导健康文明生活方式，预防控制重大疾病。坚持中西医并重，传承发展中医药事业。"[1] 这些，都为中医药事业振兴发展提出了新的目标、新的任务、新的时代要求。

在中华文化五千余年的发生发展历史过程中，每值战乱连绵不休、瘟疫横行肆虐、百姓夭亡号泣的紧要关头，我们的先辈总是毅然决然地冲在治病救人的最前线，尽最大的努力同疫疠病魔斗争，保证中华民族自身生命的高度完整。在新的历史时期，中医药事业将继续为中华儿女身体健康保驾护航，振兴发展中医药事业，对助推健康中原建设和健康中国战略更具有重大作用和时代价值。

仲景圣祠文化彰显了后人对张仲景的尊崇，更寄寓了百姓对健康的强烈诉求以及求得身体康健的美好心愿。仲景在《伤寒杂病论》中提出许多防病养身的方法，为世人指明了健康长寿之道，仲景治未病理论与养生文化为中国健康事业做出了突出贡献，助推了健康中原建设和健康中国战略。

仲景学术思想深邃精妙，其理法方药的学术理论和辨证论治的诊疗体系对后世影响深远，至今在临床上依然广受推崇。《伤寒杂病论》的医理深奥，治法完备，极具临床指导意义，如现今内科大夫治病时多在驱邪同时兼顾患者胃气，与仲景"保胃气"的治法一脉相承。此外，仲景对妇人病、水气病和虚劳病等的论述为今天妇科病、肾病和虚损性疾病等的治疗提供了思路和方法。仲景经方在临床上使用广泛，不仅有处方开药，如褚玉霞教授曾用竹叶石膏汤加减治疗在妊娠期间出现烦闷不安、郁郁不乐、烦躁失眠等症状的孕妇，李萍教授曾运用桂枝汤加当归饮子加减治疗银屑病，毛德西教授曾应用葛根汤加减治疗辨证为外感风寒表实兼证的外感病等，疗效均十分显著。还有根据经方而研制的中成药，如吉林一正药业集

[1] 习近平：中国共产党第十九次全国代表大会上的报告[N]. 人民日报2017年10月28日。

团有限公司生产的麻杏止咳片、南京同仁堂药业有限公司生产的麻仁丸、河南省仲景宛西制药股份有限公司生产的附子理中丸、药都制药集团股份有限公司生产的麻仁润脾、恒诚制药生产的大黄蛰虫丸和四川逢春制药有限公司生产的小柴胡颗粒等，深受广大患者喜爱。仲景辨证论治的诊疗模式是中医治病的特色，如中医诊治重症急性呼吸综合征时，并不致力于杀灭SARS病毒，而是着眼于病人当时的症状，四诊合参，辨明当下所属的证型，选用恰当的治则治法，而后处方开药。当病情发生变化时，需要重新辨证，如气营两燔症，痰热阻肺症等等，再随症而治，即方从法出，法随症立。

总之，中医药事业的辉煌历史和博大精深的学术文化以及济世救民的仁爱情怀，在助推健康中原建设、健康中国战略中，必将进一步发挥其独特的作用，闪耀出更加绚丽的时代光芒。

三、坚定文化自信，助推中华民族伟大复兴

文化自信是一个国家、一个民族、一个政党对自身的历史发展和自身文化价值的充分肯定，是对自身文化禀赋和文化生命力的坚定信念以及对自身文化精神和文化追求的躬行实践。

习近平总书记在庆祝中国共产党成立95周年大会上提出："坚持不忘初心、继续前进，就要坚持中国特色社会主义道路自信、理论自信、制度自信、文化自信，坚持党的基本路线不动摇，不断把中国特色社会主义伟大事业推向前进。""全党要坚定道路自信、理论自信、制度自信、文化自信。"[1]"四个自信"是中国共产党在新时代提出的重要理论，而文化自信的提出，充分显示了党和国家对文化事业的高度重视。习近平总书记在党的十九大报告中强调："文化是一个国家、一个民族的灵魂。文化兴国运兴，文化强民族强。没有高度的文化自信，没有文化的繁荣兴盛，就没有中华民族伟大复兴。"[2] 树立高度的文化自信，推动文化的繁荣兴盛，对实现中华民族伟大复兴意义重大、影响深远。所以，文化自信的提出是时代所需、人民所需，是党在新时代做出的重大战略部署，是每一位致力于实现中华

---

[1] 习近平：在庆祝中国共产党成立95周年大会上的讲话[N].人民日报2016年7月2日。

[2] 习近平：中国共产党第十九次全国代表大会上的报告[N].人民日报2016年7月2日。

民族伟大复兴而努力拼搏奋斗的中国人所应树立并坚守不移的。

中华文化源远流长，是世界上自古及今唯一没有断流的文化。中华文化的自信不需要通过“攀比”获得，而应从我们自身取得，从古老深邃的文化根脉取得。中华文化的“根”正是传统文化，只有根壮才能叶茂。[1]“文化自信，是更基础、更广泛、更深厚的自信。在5000多年文明发展中孕育的中华优秀传统文化，在党和人民伟大斗争中孕育的革命文化和社会主义先进文化，积淀着中华民族最深层的精神追求，代表着中华民族独特的精神标识”[2]，这是习近平总书记在庆祝中国共产党成立95周年大会上强调指出的。故此，中华文化是文化自信的底气所在，对中华优秀传统文化、中国革命文化和社会主义先进文化的全面自信是文化自信的重要内容。中医药文化是极具中国人文特色的东方医学文化，是中国传统文化的重要组成部分，所以，振兴发展中医药文化，对坚定“四个自信”意义重大。

仲景文化是中医药文化自信的重要源头之一和重要保障，其博大精深的学术体系和思想理论是中医药文化自信主要的学理根源，其济世与救人的人道精神、勤求与博采的治学精神和实践与创新的科学精神等医圣精神实质是中医药文化自信关键的价值根源，其辨证论治的诊疗理念和弦歌不辍的传承弘扬是中医药文化自信重要的实践根源。在新的时代背景下，仲景文化作为中医药文化的杰出代表，对树立中国传统文化自信、坚守中国文化自信，推进中国特色社会主义伟大事业，实现中华民族伟大复兴意义非凡，发挥着不可替代的积极作用。

---

[1]　刘博：《为有源头活水来——文化自信的历史与现代化》[J].《濮阳职业技术学院学报》2018年第5期。

[2]　习近平：在庆祝中国共产党成立95周年大会上的讲话[N].人民日报2016年7月2日。

第八章　仲景文化品牌打造

第一节　打造仲景文化品牌的战略意义

《河南省中医药发展战略规划（2016—2030年）》明确提出："把张仲景作为我省中医药最高的旗帜、最响亮的品牌、最大的无形资产继承好、发掘好、弘扬好。"为实现2030年全面建成中医药强省这一战略目标，应充分发挥我省中医药人才、资源、产业等优势，打造仲景品牌，创新驱动发展，助力中原更加出彩。

一、有利于弘扬仲景学术思想，创新中医药文化价值

张仲景，东汉末年伟大的医学家，其所特有的实践探索精神和厚重的医风医德，为我们树立了一座不朽的医学丰碑。将仲景精神传承发扬下去是我们后人的重要职责和使命，要想将其精神更好地传承与发扬，就必须通过一定的方式来传播，打造仲景文化品牌是最好的传播方式。

张仲景所著的《伤寒杂病论》作为中医临床的经典，被历代医家推崇备至，是后世学习中医学的必读经典，其医学价值内涵和文化价值魅力尤为耀眼。

传承弘扬中医药文化，打造仲景文化品牌，研究仲景医药理论与临证规律、学术思想与人文传承、价值理念与经济物化表现，从而发掘仲景文化的价值内涵和社会贡献，以及对创新中医药文化价值的重要推动作用，同时，有利于继承和创新发展仲景的医学辨证思维和特色诊疗技术，发挥中医药简便廉验的特色优势，为人民群众健康服务。通过发展中医药预防保健服务，拓展中医药服务领域，让中医药特色惠及更多的群众，满足人

民群众健康和文化需求，创造中医药文化新价值[1]。

二、有利于传承医圣精神，振兴发展中医药事业

张仲景生活在战乱纷飞、伤寒肆虐的年代，他面对宗族几乎全死于伤寒的悲惨之象，悲痛万分，发奋与伤寒做斗争，以高度的历史责任感和仁爱之德拯救了成千上万的伤寒病患者，又根据临床经验撰写了《伤寒杂病论》一书，为人类健康和医学发展做出了巨大贡献。

张仲景的一生和他的著作《伤寒杂病论》，展示了灿烂的仲景文化和伟大的医圣精神，集中反映了张仲景的治医思想，伸张了朴素的人道主义精神，抨击了敷衍塞责、潦草从事的医疗作风，强调了刻苦钻研的治学精神。对医学和医学教育的发展起到了积极的推动作用，也持续教育着后世医者在正确的道路上不断前进。这种精神也一直启迪着后世的医者，不忘初心，真正地做到为天地立心、为生民立命，为往圣继绝学、为万世开太平。

所以，打造仲景文化品牌，就要深入学习张仲景学术思想，大力弘扬仲景文化，继承医圣精神，振兴发展中医药事业，让医圣精神永放光芒。

三、有利于挖掘和弘扬仲景养生保健学术思想

在现代社会，事业、职业、岗位激烈竞争，繁忙的工作和日新月异的声光信息给人们的身心带来了无形压力，加重了精神负担，也造成了多种慢性病和职业病，对人体带诸多侵害，尽管人们正在转变膏粱厚味、油腻甜美的饮食习惯，但生活方式还是在很大程度上影响着人体健康。

随着中国经济社会的快速发展和生活水平的显著提升，人们的健康养生的需求也与日俱增，但目前中国的健康养生保健市场的形态各异，发展还不够健全和完善，甚至一些问题时有发生，关于养生的书籍也层出不穷，种类繁多，良莠不齐。

张仲景的《伤寒杂病论》蕴含着丰富的治未病思想和养生理论，打造仲景文化品牌，就是要充分挖掘、整理、汇总、提升仲景学术著作中的养

[1] 司富春、宋雪杰、高燕：《加强仲景医药文化建设 打造仲景国际医药品牌》[J].《中医研究》2013年第9期。

生保健思想，深入系统研究仲景养生方药，以满足不同人群的健康保健养生需求，增强中医药医疗服务和中医药在民众中的影响力[1]。

四、有利于促进我省经济社会发展

中医药事业是关系国计民生的战略性资源，保护和发展中医药，对于深化医药卫生体制改革、提高人民健康水平，对于发展战略性新兴产业、增加农民收入、促进生态文明建设，都具有十分重要的意义。所以，大力弘扬仲景文化对于我省经济社会发展具有重要影响。

河南盛产多种道地药材，具有天然的人文优势和资源优势。加强中医药文化的传承创新和自然资源的开发利用，可衍生出教育、旅游、养生等多种中医药文化产业链，丰富地方产业形态，促进地区经济社会发展，助力中原更加出彩。

所以，加强中医药文化资源开发利用，把中医药资源优势转化为经济优势，将会为河南建设中医药强省注入强劲动力。例如，依托中医药文化优势和丰富的中医药资源优势，我省迅速崛起了一批中药龙头企业，涌现出宛西制药、福森药业等多家中药加工企业，年产值越来越高，为我省经济发展做出了重大贡献[2]。

河南中医药产业有着坚实的基础，特别是有医圣张仲景这个世界唯一、河南独有、不可复制的品牌。以打造仲景文化品牌的方式，充分利用河南中医药产业的人文和资源优势，把中医药产业纳入河南经济社会发展的总体规划，通过一批实实在在的项目建设和举措，推动河南中医药产业大发展，使河南处处弥漫着仲景文化气息，让世人通过仲景文化了解河南，通过仲景文化发展河南，在彰显仲景文化魅力的同时加快推进经济社会全面发展。

---

[1] 司富春、宋雪杰、高燕：《加强仲景医药文化建设 打造仲景国际医药品牌》[J].《中医研究》2013年第9期。

[2] 司富春、宋雪杰、高燕：《加强仲景医药文化建设 打造仲景国际医药品牌》[J].《中医研究》2013年第9期。

五、有利于促进中医药人才培养和中医药国际化

通过打造仲景文化品牌，振兴发展中医药文化事业，能够以品牌效应不断增强中医药在国际的影响力和在世界各国的渗透力。打造仲景文化品牌，对于高等中医药院校打造仲景特色精品课程、吸引更多海外中医人才、促进中医药教育国际化具有重要作用[1]。

随着仲景文化的深入发展，必将形成多样化的中医药研究体系，不同的体系形成多种学习模式，学生可以从多个角度、多个途径学习中医药基础知识。此外，在仲景文化研究中，可以带动药学、经典研究等多个学科的发展，从而可以丰富医学类高校开发课程种类，启迪大学生思维，开阔视野。

中医药作为“一带一路”人文交流的重要内容，日益得到“一带一路”沿线国家民众的认同。进一步加快中医药国际化的进程，仲景文化品牌对于推动中医药“走出去”具有行稳致远的重要保障，也为加强人文交流、传播中华文明、增进文化认同以及打造健康丝绸之路、合作共建人类健康命运共同体等提供了理论指导和实践支持。

第二节　打造仲景文化品牌的目标举措

加强仲景医药文化建设，打造仲景医药品牌，实施仲景医药创新工程，对于增强传统中医药文化影响力、创新中医药文化价值、加速中医药事业的发展和河南中医药强省建设以及促进地方经济社会发展具有重要意义。

[1]　司富春、宋雪杰、高燕：《加强仲景医药文化建设 打造仲景国际医药品牌》[J].《中医研究》2013年第9期。

一、加大政策资金支持力度，深入挖掘“仲景文化”

（一）挖掘仲景医药文化，了解现行中医药相关政策

2010年《国家中长期教育改革和发展规划纲要（2010—2020年）》中明确提出，要建立健全政府主导、行业指导、企业参与的办学机制，制定促进校企合作办学法规，推进校企合作制度化，河南中医药大学与仲景宛西制药集团的联合办学正是在此政策的指导下开始筹划落实的。

国务院发布的《中医药发展战略规划纲要（2016—2030年）》对中医药的保障措施中明确提出：“加大中医药政策扶持力度。落实政府对中医药事业的投入政策。地方各级政府要在土地利用总体规划和城乡规划中统筹考虑中医药发展需要，扩大中医医疗、养生保健、中医药健康养老服务等用地供给。”纲要指出，到2020年中药产业将成为国民经济重要支柱之一。2016年10月25日，中共中央、国务院印发了《“健康中国2030”规划纲要》，该纲要为中医药单设一章，要求充分发挥中医药独特优势，提高中医药服务能力，发展中医养生保健治未病服务，健全覆盖城乡的中医医疗保健服务体系，推进中医药继承创新，全面系统继承历代各家学术理论、流派及学说，不断弘扬当代名老中医药专家学术思想和临床诊疗经验。

随着《中华人民共和国中医药法》《中医药发展战略规划纲要（2016—2030年）》《“健康中国2030”规划纲要》等法律和政策的出台，我省也相继出台了《河南省中医药发展战略规划（2016—2030年）》《“健康中原2030”规划纲要》，在省十次党代会上，提出了“决胜全面小康，让中原更出彩”的宏伟战略目标，对中医药事业发展提出了新的要求，河南中医药事业发展面临着前所未有的机遇和挑战。建议上级部门围绕中医药强省战略，积极探索创新，构建发展特区，在基层行医资格、高层次中医药人才的培养和引进、中医药智力因素纳入诊疗收费、中药制剂的研发使用、医保政策等方面，出台一系列促进中医药事业发展的具体措施和政策，特别是在仲景文化理论研究的项目立项和平台打造等方面给予政策、经费支持和倾斜，共同营造推动中医药发展的良好环境。

（二）建立仲景文化培育基地和培育机制

以河南中医药大学“全国中医药文化宣传教育基地”为依托，整合河南太龙药业股份有限公司、亳州市张仲景中药饮片有限责任公司、张仲景

中药材发展有限责任公司等全省资源，结合我省实际，进一步探索制定仲景文化培育机制，加大政策支持力度。同时，要在仲景文化基地建设上集中发力，通过建设仲景文化基地，在全社会大力宣传普及中医药知识，进一步发挥中医药文化在坚定“四个自信”中的重要作用。

二、以振兴发展中医药事业为契机，打造“仲景品牌”

按照党和国家对振兴发展中医药事业的各项重大决策部署，按照《河南省中医药发展战略规划（2016—2030年）》要求，我们要把张仲景作为我省中医药最高的旗帜、最响亮的品牌、最大的无形资产继承好、发掘好、弘扬好。为落实好规划，就要以振兴发展中医药事业为契机，进一步整合资源优势，努力打造仲景品牌。

河南中医药大学作为河南唯一的中医药高等学府，一直以来高度重视仲景学术思想和仲景文化的理论研究和实践探索，在打造仲景品牌方面走出了一条独具特色的发展道路。2017年3月，河南中医药大学成立了“河南省仲景学术研究中心”。该中心依托河南中医药大学、宛西制药、太龙药业、南阳市政府等进行资源整合，通过校地合作、校企合作，自筹资金，在全球范围招聘仲景研究及临床名流大家，形成仲景研究及品牌合力，传承仲景学术、弘扬仲景文化、注重中医药创新，服务中原人民，服务河南经济社会发展，打造河南对外交流的特色品牌，助推中医药强省战略。中心下设仲景医药研究院、仲景学院、仲景养生发展中心、仲景制药厂、仲景医院、仲景医药杂志、仲景博物院等，是一个以仲景文化为核心的传承创新体系。同时，该校联合9所中医药兄弟院校及5家省内外知名药企，成立了中华中医药学会仲景学术传承与创新联盟，为传承与弘扬仲景学术提供了交流与合作的平台。

第一，仲景医药研究院。将河南中医药大学仲景研究所、仲景宛西制药、南阳张仲景学术研究会整合组建仲景医药研究院。仲景医药研究院依托现有的校级研究所，探索从科研向教学、产业、临床发展的多种机制，促进仲景医药的医、教、研、企的协调发展，相互促进。

第二，仲景学院。2017年，在河南中医药大学“仲景学术传承班”的基础上，整合原仲景国医大学办学资源，依托该校基础医学院，成立了仲景学院，通过“精英化教育”为社会培养高层次的中医药人才。仲景学院聘请国内外中医药行业、教育行业的高水平知名专家负责管理仲景学院的运行和教学。学院的办学经费由河南中医药大学和宛西制药集团共同筹措和协商使用，双方通过校企合作办学，教生资源、教学模式和药企市场机制有效融合，充分发掘、利用“仲景”这一得天独厚的文化、学术资源，把“仲景”品牌做大、做响、做亮，从而实现校企合作共赢并服务经济社会发展的目标。仲景学院实行的是精英教育，突出仲景特色，注重中医药传承与创新，培养具有坚定中医职业信仰、系统中医思维方式、掌握中医药传统技能、适应社会多元化需要的高素质中医药人才，为中医药事业振兴发展和社会医疗服务提供高质量的保障。

第三，仲景养生发展中心。以仲景宛西制药为产业发展龙头，以已经建设的宛西制药北极村养生基地、伏牛山养生基地和海南三亚养生基地三个养生院为发展基地，在政府主导下，汇聚全省相关中医药养生实体，对全省养生发展进行统一规划、科学布局。以灵活的机制吸引、汇聚国内外大家、名师在仲景养生发展中心任职、工作，弘扬仲景养生特色，传承仲景养生文化。

其一，黑龙江省漠河北极村仲景养生院。漠河北极村仲景养生院是仲景宛西制药股份有限公司投资兴建的集养老、养生、医疗、保健及休闲于一体的，多元化、全方位的大型综合养生体系。养生院继承医圣张仲景崇仁、厚德、恒志、精术的医学精神，设计采用汉代建筑风格，将阴阳五行的思想融入其中，整体建筑气势恢宏，与周边自然环境相融合，浑然天成，充分体现天人合一的养生哲学。同时，在功能设计上，将食疗、体疗、医疗、药疗完美地结合在一起，力争打造一个健康、养老、养生圣地。养生院项目总用地8公顷，一期建筑面积20000多平方米，由养生院A、B、C三栋建筑组成，分别为养生区、商务区、医疗区，床位200余张。漠河项目一期投资1.5亿元，目前已经营业。

其二，河南伏牛山仲景养生院。河南伏牛山仲景养生院地处八百里伏牛山腹地的中原第一峰——鸡角尖山下，位于南阳市西峡县太平镇境内。境内群山叠翠、山川秀美、林海苍莽，四季景色异彩纷呈。春天万木峥嵘，百花竞开；夏日绿荫荡漾，流泉飞瀑；金秋满山红遍，飞叶流丹；寒冬银装素裹，玉树琼花。素有“生物基因库”和“天然中药库”之称和“休闲胜地、度假天堂”的美誉。已完成一期工程的河南伏牛山仲景养生院占地

150亩，设计规划养老床位500张，是集医疗、养生、保健、旅居、度假休闲于一体的多元化养生保健平台。河南伏牛山仲景养生院以养老公寓为依托，以老界岭旅游景区为载体，充分发挥养老院的地域资源优势，打造环境优雅、品味高尚的现代化新型医养结合养老院，对实现全面建成小康社会宏伟目标具有十分重要的意义。同时利用自身在药品、医疗、保健方面的优势，打造集养老居住、康复保健、养生度假为一体的综合性养老中心，满足城镇功能的需求，逐步营造养生式、保健式、园林式、度假式的现代化新型养老模式。

其三，海南仲景养生院。海南仲景养生院包括医院和养生院两个部分，功能设定为医疗、养生、休闲、度假、康复等。项目规划用地规模150—200亩，建筑面积18万平方米，医院达到国家三级中医院标准，床位设计为500张，养生院床位1000张。项目总投资10亿元。

其四，仲景制药厂。依靠河南中医药大学人才和技术力量，通过校地合作和校企合作建立仲景制药厂，将张仲景的经方制成满足市场需求的中成药及制剂，以仲景学术为依托研究新的中成药及中药制剂，围绕特色豫药，为市场提供质优的中药饮片。河南仲景宛西制药集团先后建立了六味地黄丸等六大中药材基地，并全部通过GAP认证，建设了目前国内最大、最先进的中药浓缩丸全自动生产基地，主要生产以“仲景”牌为代表的100多种中成药产品，并设立了国家张仲景经方药重点研究室、河南省唯一的中药现代化工程技术研究中心和河南省同行业首家博士后科研工作站，现拥有各类国家发明专利30多项，研发国家级新药10个。

其五，仲景医院。以南阳市中医院（已被仲景宛西制药控股）为主，依托河南中医药大学和仲景宛西制药股份有限公司，组建“河南中医药大学南阳仲景医院”。医院将充分利用国医大师、中医名师和名老中医资源，充分发挥河南中医药大学的医疗、教学、科研及人才优势和仲景宛西制药股份有限公司的资金、生产优势，通过基础建设、硬件升级、人才培养、科技协作、教研相长、产研联合，实现校企全方位合作。

其六，《仲景医药》杂志。为了促进对仲景学术思想的深入研究，扩大仲景方（经方）的应用，充分展现《伤寒论》《金匮要略》的现代研究成果，依托河南中医药大学，聘任有国际影响力的领军人物，创办《仲景医药》杂志。杂志以创建国际性仲景学术研究的平台为目标，促进张仲景学术思想及其方药应用研究不断深入，促进仲景学术发扬光大。

其七，仲景博物院。整合南阳“医圣祠”和河南中医药大学相关资源，在现有南阳“医圣祠”和河南中医药大学“河南中医药博物馆”的基础上组建河南仲景博物院。博物院将聘请全国仲景研究知名专家、学者担任负责人，将博物院建设与仲景文化研究、特色景区建设有机结合起来，将其建成为全国仲景文化研究和学术交流基地，成为河南省国内外交流的一张名片。

第三，大力发展仲景文化产业，建立仲景文化产业基地。强力扶持健康产业、生态产业和旅游产业发展，在国内外广泛、深入、持久宣传仲景文化，让仲景文化旅游成为具有国际影响的服务产业。为此，要以中医药信息网站、中医药综合数据库和珍贵古籍名录、中药资源信息数据库等网络建设为基础，搭建中原中医药国际化信息平台，方便各个国家的民众了解、参与到仲景文化的宣传普及之中。此外，对中原中医药文化遗迹进行修整，规范和优化豫药种植基地，让河南中医药形象丰富起来。

第四，持续开展仲景科技文化节、仲景艺术节等活动。加大政策、资金支持力度，加速我省中药材产业的种植、开发与研究，构建起中医药诊疗、科研、教学、种植、加工、营销为一体的特色产业集群，打造国际医药特色产业、优势产业。丰富中医药图书音像影视创制，包括中医药图书、期刊、音像制品，以及中医药题材的艺术创作（电视剧、电视栏目、电影、书画等）。推动中医药应用软件开发，鼓励中医药相关的创意设计，包括中医药广告设计、书刊设计、包装设计、展览设计等。加强中医药文化交流与培训，进一步扩大养生园区建设等，以此带动产业，增色产业，彰显文化软实力。大力扶持扩大中医药文化传播事业，对中医药的教育、科研、影视、出版等给予政策支持。

第三节　打造仲景文化品牌的困惑

中央、省委一系列扶持支持中医药事业振兴发展的政策、法规的出台，河南2030年要全面建成中医药强省目标都为河南中医药事业振兴发展、打造仲景文化品牌带来了难得的历史机遇。但受各种因素的制约，仲景文化品牌的打造仍面临着不小的困惑和挑战。如仲景文化品牌仍然存在产业结构不尽合理、产业化人才匮乏、企业技术创新投入不足、知识产权保护力度不够、产学研体系发育不全和产业化开发散、小、乱等问题。这些，都是制约和影响仲景文化品牌打造的瓶颈和问题。

一、中医医疗

近年来，中医药教育和科研工作者受到重临床、重实验研究等导向的影响，对中医本体尤其是历代中医药文献研究的重视程度不断降低，导致我省中医药教育和科研机构的研究方向多偏重于实验研究和临床研究，而疏忽对河南传统中医资源如河南历代医家学术著作、诊疗经验的整理和挖掘研究，部分从事相关研究的人员也因高级别科研立项和成果获奖难度较大、科研经费短缺等因素，致使研究成果层次低、影响力小、数量有限。而对于散落于省内多地的中医药非物质文化遗产，也因非遗项目规模和经济效益有限、保护周期长等因素，未能引起当地政府的足够重视，而导致非遗项目面临传承困难甚至失传的困境。

二、中药资源与开发

当前，中药资源破坏比较严重，生态环境建设和保护刻不容缓。近年来，由于世界各国对天然植物药的需求日益增加（每年呈两位数增长，预计未来10年的需求量将翻3番），以及缺乏科学规划布局引导中药材生产发展等原因，我省中药产业无序自发生产与盲目发展现象突出，导致中药资源破坏严重，生态环境日益恶化，特别是野生中药资源保护抚育的基础研究薄弱，中药材野生变家种问题多未研究解决，野生资源量锐减，而且还有不少野生中药材尚未按有关规定立项研究上升为国家标准，严重制约了我省中药产业的持续发展。

中药材生产与基地建设零星分散，缺乏产业化协调机制与有效管理。目前，我省中药材种植与生产基地建设中，存在多头管理、各行其是、分散经营等问题，缺乏有效的政策引导和统一管理，以致形成小公司（合作社）林立、各自为战的局面，质量隐患和违法经营现象时有发生。药材种苗不纯，种植行为难以规范，市场秩序混乱，存在经营非地产药材、无证制售中药饮片、甚至用药品顶货款等违规行为。市场和企业之间的联结也比较松散，还未完全形成利益共享、风险共担的产业化经营协调机制。即使推行中药材规范化种植生产，在“政府 + 公司 + 协会 + 农户（大户为主或大户带散户）+ 科研院所”的中药材“GAP”生产模式中，由于我省农村经济水平的限制和发展不平衡，对中药材规范化种植与“GAP”的要求还不能很好地长期坚持及认真落实，缺乏有力的产业化协调机制与有效管理。

中药材生产技术人才缺乏，科技含量较低，关键技术亟待解决。中药材生产与“GAP”基地建设是一项涉及中医药学、农学、生物学、生态学、环境科学与管理科学等多学科的系统工程，而我们的基地大都缺乏中药材生产专门人才，生产科技含量普遍较低，尤其是既有医药知识又有药材种植（养殖）技术的高层人才更为稀缺，致使有关中药材生物特性与生态环境适应性、药材生产产量与质量相关性等研究均较为薄弱，特别是中药资源保护与抚育、种质资源保护与良种选育、种子种苗检测与标准、药材优质高产等关键技术问题，亟待研究解决。

中药农业发展未能形成特色与优势。从生产形态上看，中药农业基本上还是以千家万户经营为主，培育中药材生产龙头企业与种植大户还不够，规范化、集约化程度较低，未能真正形成中药农业的特色与产业优势。落后的生产方式影响了中药农业的技术进步，中药材质量标准不少还停留在外观检测水平，药材质量还难以达到优质高产与稳定可控，中药材重金属含量、农药残留超标问题比较突出，这些都是影响中药现代化和中药产业发展的“瓶颈”。

三、中医药教育

60年来，院校教育已经成为培养中医药人才的主要渠道，形成了较为完整的教育体系，建立了一个博采众长、兼收并蓄的平台，使学生知识结构更合理，基础更扎实，将课程体系规范化、标准化，有利于大规模培养人才。但这种教育模式过于强调教学管理的规范化、专业设置的精细化、课程设置的统一化、教学模式的标准化，却造成了学生个性与灵性受到压抑，千人一面，同质化严重。此外，因沿袭或模仿西医学模式，而忽略了中医学自身的特殊性，“先基础、再临床”的阶段式教学突出了教师和教材的中心地位，学生的主要精力和时间用于靠死记硬背去消化前人在临证实践中总结归纳的经验，造成理论与临床的脱节，由感性认识到理性认识的转变非常困难，且因中医思维难以固化而致临床诊疗水平低下。对此，中国中医科学院荣誉研究员、首届国医大师陆广莘教授概括为“四化”，即“中医思维弱化、中医学术异化、中医技术退化、中医评价西化”。

中医经典课程弱化。《黄帝内经》《伤寒论》《金匮要略》《温病学》为四大中医经典课程，是中医药学理论体系的形成源泉，是中医药学思维方法形成的物质基础。随着中医药高等教育教学改革的不断深入，对经典课的重视程度出现了与中医药发展相违背的趋势，如经典课程合并开设、部分专业经典课程为限选课等，虽然近年来已将经典课程纳入必修课范畴，但由于课程调整等原因，经典课程学时不断被压缩。同时，高等中医药院校将《内经》并入到中医基础理论学科中，《伤寒论》《金匮要略》《温病学》则合并到中医临床基础学科中，经典课程的独立性不复存在，经典课程的地位日趋下降。

中国传统文化教育薄弱。中医药根植于中国传统文化之中，是中国传统文化的一种表现形式。明清及其之前，中医师终生接受的几乎都是中国传统文化教育，对诸如中国古代哲学思想、儒释道文化都有较深的认知，俗谓“不为良相便为良医”，由儒从医者、由官业医者数不胜数。而现在，中医院校教育普遍忽视文化传承，中国传统文化的严重“缺课”导致中医文化有所欠缺，对中医的传承非常不利。仅开设《医古文》《中医各家学说》等课程，对中医名家经验的传授偏少，导致学生中医文化底蕴不足，知识面不广。

实践教学环节薄弱。高等中医药教育由于多方面的原因，偏重于知识的传授和积累，忽视能力的培养，中医理论学习与临床实践脱节，造成学生知识结构单一，学术视野狭窄，缺乏良好的思维方式和创新能力。

教师队伍的质量与水平有待进一步提高。相当一部分专业师资自身并不具备足够的临床技能，甚至从未参与过临床实践，从而容易造成理论教学空泛浅薄，影响教学效果和人才培养质量。从目前我省中医药院校招生规模来看，中医药教育的教师资源严重不足，高学历、高水平教师更是匮乏。有的学科师资梯队断档，青黄不接；有的学科缺少在本领域内有较强影响力的学科带头人；还有的学科青年教师较多，虽学历较高，但缺乏临床实践经验，在课堂教学中无法充分展示中医药独特的临床案例，课堂教学乏味空洞，使学生对中医药事业缺乏信心，无法树立牢固的专业思想。

现有的教育机制体制致使后期临床教学质量无法保障。受管理体制的制约和医院市场化运作的影响，后期临床教学基地管理、建设松散，各基地医教协同育人积极性不高，致使后期临床教学环节质量监控无法有效组织实施。又因带教任务与医院考核、职称评定、奖金分配等方面严重脱节，导致临床教师对教学任务不够重视，学生在后期临床教学中不能得到教师的有效指导，实习内容仅限于抄写病历，成为带教老师的秘书，同时只能观看教师操作，很少有动手操作的机会。

由此可见，仲景文化品牌的打造是机遇与挑战并存的，面对机遇和挑战，我们需要以新理念、新思维和更大的气魄、更开阔的眼界、更有利的措施来推动打造仲景文化品牌。

第九章　仲景文化与河南中医药强省建设思路与对策

第一节　打造中医药文化体系

中医文化是中国优秀传统文化中的重要分支，蕴涵着丰富而深刻的人文内容与人文精神。近年来，党和国家高度重视发展中医药事业，促进民族医药发展。在《中医药发展战略规划纲要（2016—2030年）》中指出："将民族医药发展纳入民族地区和民族自治地方经济社会发展规划，加强民族医疗机构建设……加强民族医药传承保护、理论研究和文献的抢救与整理。推进民族医药标准建设，提高民族医药质量，加大开发推广力度，促进民族医药产业发展。"[1] 河南作为仲景文化的发源地，应利用好地域优势，将仲景文化资源优化整合，打造属于河南特色的中医药文化体系。

一、中医药文化体系的含义

文化体系是指文化各要素相互连接的整合系统，是某一特定团体为自己的生存而设计并经过历史的沿袭，逐渐形成的一种自律的、模式化的系统。在该系统中，人们的社会行为符合特定的文化习惯模式。

中医药文化是中国优秀传统文化的重要组成部分，是中医药事业的根基和灵魂。我省作为仲景文化的孕育地和发源地，应把打造中医药文化体系的重心放在仲景文化上，使仲景文化成为我省文化习惯模式中的一部分。

[1]　王虹：《中医文化融入医学院校育人体系的途径研究——以青海卫生职业技术学院为例》[M].《西部素质教育》2019年第1期。

二、建设中医药文化体系迫在眉睫

中医起源于我国传统自然科学《道德经》《书经》和《易经》等原创经典，中医药学也是继承和发展易学、道学等最为完整的传统文化。中医药面向的人群远远超过患者，覆盖范围也远远大于疾病，从业体量和创造的经济社会价值不可估量，既是打开中华文明宝库的钥匙，也是解析中国人思维模式的主要经典[1]。河南应从仲景文化入手，重视其建设、发展和创新，扩大其产业规模，打造独具河南特色的仲景文化名片。

作为中国古代科学的瑰宝，中医药是打开中华文明宝库的钥匙，中医药文化彰显了深沉的民族文化自信。但是，中医药发展到今天，其文化价值却急需进一步挖掘和推广。如中医药文化体系建设和文化产业发展计划尚未落地，对于中医药文化体系建设和产业发展缺乏整体思考和顶层设计。中医药文化产业还没有起步，中医药文化创意产业还需进一步加大力度。此外，中医药产业还受到诸多挑战，如日本在我国大面积种植和收购中药材，把我国的经方通过改变工艺申请为国际专利，继而行销全球。这些都发人深省、不容忽视。同时，在我国的“一带一路”建设中，中华传统文化推广方面只有孔子学院的汉字教学，缺少一张中医名片[2]。

三、打造中医药文化体系的思路与对策

（一）从政策、机构上振兴和发展仲景文化

河南要由省委宣传部给予指导协调，多部门合作参与调研，同时在省卫生健康委员会设立中医药文化管理部门，建立中医药文化创造性转化平台，形成孵化器，鼓励、扶持中医药科研机构和大专院校设立中医药文化研究中心，鼓励其深入研究和产业实践，鼓励、吸纳社会力量在此平台上进行创新。

鼓励和推进现有的中医药文化、仲景文化产业发展。从大力发展中草

[1] 凌寒:《中医药文化体系建设迫在眉睫——访全国政协委员、中国中医科学院西苑医院肿瘤科主任杨宇飞教授》[J].《中国当代医药》2018年第8期。

[2] 凌寒:《中医药文化体系建设迫在眉睫——访全国政协委员、中国中医科学院西苑医院肿瘤科主任杨宇飞教授》[J].《中国当代医药》2018年第8期。

184

药产业开始，发展特色绿色产业，将绿水青山建设与之相结合，用中草药或本草种植来改变地方环境，促进中草药从绿色产业经济向蓝色产业经济发展。一是金融行业要站在建设中医药强省的大局，高度关注加大中药材种植和中成药生产的规模化投资。二是支持并推广在我省大学校园、企业园、社区、公园及街道，大面积种植适合当地特点的中草药植物或本草植物，美化环境。

鼓励和孵育我省的仲景文化创意产业。中医药文化对中国的餐饮、民族服饰、健康产业、生活习惯养生都有重要理论支撑，是中医药文化创业产业源头，引进培养专业研究人员，建立仲景文化创意产业研究机构，为其提供学术支撑。

加强中医药文物古迹、文化典籍保护工作，加大对列入国家级非物质文化遗产名录项目的保护力度，促进中医药文物设施保护和非物质文化遗产传承，推动更多非药物中医诊疗技术列入省级和国家级非物质文化遗产目录。建立河南中医药非物质文化遗产研究机构，系统挖掘、整理我省中医药非物质文化遗产资源，编辑出版系列丛书，开展多种形式的宣传推介，助推我省中医药国际化进程。同时，充分利用好、发挥好河南现有的中医药文化资源的优势和作用，培养出传统中医中药高级研究人才[1]。

（二）着力打造综合性仲景文化体系

河南中医药文化底蕴深厚，要充分挖掘全省仲景文化资源，积极弘扬河南中医药优秀文化，打造仲景文化品牌，推动文化繁荣，促进文化兴民、惠民。进一步加强仲景文化保护和传承，实施中医药文化保护提升工程。加快完善中医药博物馆建设，促进仲景文化宣传教育基地建设发展，进一步发挥各级中医院弘扬仲景文化的阵地作用，充分展示河南仲景文化的底蕴与魅力。着力加强中医药文化宣传，组织开展河南省中医药人物和仲景传人评选等活动，传播河南省中医药行业正能量，讲好河南故事、特别是“中医药、仲景”故事，唱响全省中医药发展好声音，营造良好的社会氛围。大力实施中医药健康文化素养提升工程，打造中医药科普宣传教育品牌，创作精品科普作品，开展形式多样的仲景文化宣传系列活动，不断提

[1]　凌寒：《中医药文化体系建设迫在眉睫——访全国政协委员、中国中医科学院西苑医院肿瘤科主任杨宇飞教授》[J].《中国当代医药》2018年第8期。

高广大人民群众中医药健康文化素养，为中医药强省建设奠定良好的群众基础[1]。

主动作为、多措并举，把张仲景作为我省中医药最高的旗帜、最响亮的品牌、最大的无形资产继承好、发掘好、弘扬好。大力挖掘、凝练和弘扬张仲景文化、洛阳正骨文化和怀药文化，突出张仲景品牌，打造以张仲景文化为核心、富有时代和地域特征的中医药文化体系。深入研究我省历代名医、流派的学术思想，挖掘、整理、研究现存的中医药文献资料。发挥我省中医药资源和学术文化优势，在中医医疗、教育、科研、制药、服务贸易发展等方面加强国内外深度合作与交流。积极谋划和打造中国嵩山骨科高峰论坛、仲景论坛、黄河心血管论坛、河南中医高层论坛等一批高端学术论坛，打造我省中医药高层次学术品牌和文化品牌。

充分发挥中医药作为优秀传统文化代表的人文特色优势，按照体现时代性、把握规律性、富于创造性、重在实效性的要求，努力推动中医药文化创造性转化、创新性发展，让中医药文化更“中”。进一步加强全国中医药文化宣传教育基地内涵建设，加大文化产品开发力度，充分挖掘中医药文化中丰富的育人资源，推进“三全育人”各个环节统筹发力，打造成中医药文化传承创新发展的高地。

第二节　发展中医药文化产业

一、将中医药文化与文化产业相融合

中医药文化是中华优秀传统文化的重要组成部分，如何“从精神领域层面去解决对中医药概念的认识问题”，重中之重就是要充分运用习近平新时代中国特色社会主义思想中蕴含的历史思维、辩证思维、系统思维、战

---

[1] 黄亚博、冯广清：《中医药强省建设综合评价指标体系构建研究——关于加快推进江苏中医药强省建设战略的思考与建议》[J].《江苏中医药》2019年第1期。

略思维和创新思维等科学的思想方法，思索中医药学发生发展过程中的精神财富和物质形态，一个切入点就是将中医药文化与文化产业相融合，发展中医药文化产业，建立完善的、具有中医药特色并体现新时代特征的中医药文化产业体系，拓宽其产业种类、产业发展途径，促进产业现代化，使中医药文化产业更加系统化、规范化，助力十九大报告提出的“实施健康中国战略”，从中医药人的角度做好“新时代的见证者、开创者、建设者”。

推动中医药与文化产业融合发展，将中医药文化纳入文化产业发展范围，对中医药文化宣传教育基地、中医药博物馆等给予支持。支持中医药文化读物和影视作品出版和摄制，建设一批中医药科普宣传基地，继续办好南阳张仲景医药科技文化节。鼓励中医药企业参加各类文化产业展会，鼓励文化企业创作以中医药为主题和内容的文化创意产品，支持中医药文化企业“走出去”，开展对外文化贸易，全面展示我省中医药发展的悠久历史和辉煌成就。允许产业发展相对较好的地方先行先试，鼓励支持其发展壮大中医药文化产业，培育中医药文化产业集群。

二、健全现代中医药文化产业体系

中医药文化产业的建设方面，前人从平台打造、园区建设、产业布局、政策扶持、运作模式、人才培养等方面进行了一些有益探讨，结合新时代的新要求，仍留有大量空间需要深入探索与实践。《辞海》解释，“文化”广义指人类社会历史实践过程中所创造的物质财富和精神财富的总和。可见，文化是一种社会现象，同时又是一种历史现象，是人们通过长期生产实践创造形成的社会产物。

中医药文化产业可分为基础产业、应用产业、工具产业、技术产业四部分。

（一）中医药文化基础产业

要注重中医药文化产业内涵的阐释、外延的界定，其目的是利用并丰富发展中医药基础文化，提供中医药文化出版、印刷、教育等相关产业。此类产业主要与中医药文化的思想阐述、文化研究创新有关，将中医药文化转换为精神产品，比如书籍、视频、歌谣、动漫游戏、影视作品等。如以中医经典为基础，2015年创作的《中医谣》，借助中国中医药报微信平台等进行传播，截至目前，腾讯视频等点击、传播、编排量超150万人次，向大众传播中医药文化的核心要义。十九大召开后，面对“新时代”创作的《中华医道颂歌》MV，也收到了良好效果。

（二）中医药文化应用产业

要满足社会对中医药文化的消费需求，以中医药文化内容为资源，结合中医药文化与国家和时代发展需要，注重实践与养成、需求与供给、形式与内容相结合，推动中医药文化元素融入商业业态，把中医药文化消费嵌入各类消费领域，为社会提供中医药文化产品和中医药文化服务。中医药文化产品以中医药丰富的治疗养生手段或中医药历史典籍中丰富的名医名家、典故传说等为素材，挖掘蕴涵在其中的中医药文化核心思想，开发中医药适宜产品及打造中医药文创产品，例如膏方、药酒、旅游纪念品、芳疗产品等。中医药文化服务，包括充分发挥中医药遗迹、各类型中医药博物馆等的历史文化资源优势，对社会开展宣传教育、旅游观光、休闲养生体验，进而搭建销售及贸易平台等。

（三）中医药文化工具产业

创建中医药文化信息平台、评价体系、产业及市场数据库等，是中医药文化传承发展和宣传推广，进而实现中医药文化产业现代化、增强国际竞争力与影响力的关键环节。通过全面梳理中医药文化产业适宜工具，全面整合集成中医药文化产业领域的政府政策信息、市场信息、文献研究、图片及视频展示等多种信息资源，结合国际先进的复杂语义技术，着力建立中医药文化产业数据库，搭建中医药文化产业信息展示平台，实现中医药文化产业一站式浏览、检索、互动问答与推荐支持等多种服务形式。通过大量的中医药文化产业数据，构建中医药文化产业评价体系，对我省中医药文化产业发展战略规划提出建设性意见和建议，从而进一步促进我省中医药文化产业的共享、传播与发展。

（四）中医药文化技术产业

中医药文化技术产业研究是在继承中医药传统技术的基础上，融合借鉴利用现代科学技术，深入钻研其内在机理，探索现代科学技术与中医药能够相互融合渗透的关键共性技术、前沿引领技术、现代工程技术。既要继承中医药的精华，又要善于吸收和借鉴现代科技的新理论、新方法、新技术，利用多学科的交叉，深入研究中医药文化技术产业。如围绕“治未病”理念，传承发展中医药养生文化；开发中医智能诊断系统、中医药现代检测技术、中药指纹图谱技术等；利用互联网、大数据技术，提供个性化的中医药健康管理解决方案；应用红外线检测技术辅助中医诊断，应用细胞自噬理论研究辟谷养生文化，应用中医整体观理论探索人体磁场变化规律，应用中医传统发酵技术研究酵素养生理论等，为中医药文化产业探索新业态。

以上四个部分交错综合构成中医药文化产业体系。基础产业是应用产业的理论指导和学习基础，缺乏必要的基础知识，实践应用则变得死板，而不得心应手；应用产业不但应用基础理论知识，而且不断为基础产业提出新的课题，促进中医药文化产业的发展；工具产业则能开阔眼界，丰富知识，活跃思想，启发思维，掌握科学的工作方法，站在更高的位置去研究促进中医药文化产业发展；技术产业的进步，为基础产业及其推广至应用产业提供了必要的条件和技术设备保证，反之，基础产业和应用产业的发展又对技术产业提出新的课题，形成了相互促进、相互支撑的互动效应。

第三节　加强仲景医药人才培养

在中医药学发展的历史长河中，师承教育曾是造就名医的主流模式，也是中医药得以延续和发展的根本途径。

加强仲景医药人才的培养，要汲取中医师承教育的特色和高等中医药院校人才资源优势，尝试将两种人才培养模式有机地融合在一起，扬长避短，优势互补，以期寻求个性化教育培养高质量中医药人才的有效途径，进而弘扬仲景文化，培养仲景学术思想传承者。

一、中医师承教育的特点

中医师承由来已久，“昔在黄帝”，问道于天师岐伯，而作《黄帝内经》以传世；汉有南阳张仲景，师从同郡张伯祖，悉得其传，著《伤寒杂病论》，开辨证论治之先河；清有苏州叶天士，先后师从十七人，著《温热论》，创卫气营血辨证。可谓医灯续焰，代有传人。

（一）重经典

中医师承教育强调以背诵经典著作为主。中医经典著作记载了中医药理论体系、临证规范、诊疗方法，体现了医、文、史、哲与自然科学知识的融合。不但构建了中医基本理论框架，涵盖中医理论的核心内容，是中医理论根基所在，而且对临床实践也有重要指导作用，是培养中医思维模式的根源。谢海洲教授认为，作为中医，熟读经典著作，触类而旁通，这是贯彻始终的学问，舍此是无径可循的。著名医家施今墨、方药中也认为：“为医之道，首先要学好四大经典著作，这是根本。”

（二）强临床

师承教育的特点之一是注重早临床、多临床、反复临床。这种以临证为本，融理论教学与临证实践于一体，使教育形式与教育内容在动态的临证过程中相互吻合而趋于一致的教育形式，更容易达到中医教育“以实用为贵，以涉虚为戒”的教学目标和学习境界，这正是培养出张仲景、李时珍等众多名医名家的师承教育成功的关键。

（三）因材施教

师承教育的另一特点是注重因材施教。教者言传身教，传道、授业、解惑；学者侍诊于师，耳濡目染。这种耳提面命、身教相传的方式对学生的提高有强大的督促和引领作用，使得学生在继承老师学术思想与丰富临床经验的基础上有所发展与创新。这种因材施教、启悟点拨的教育方式符合中医药学形成和发展的规律，因而能沿袭至今，为中医药的延续和发展做出了积极的贡献。

但是，师承教育往往注重继承一家经验而忽略兼收并蓄，难免有保守性和狭隘性，从而导致学生在知识结构和认识能力方面的局限，且易滋生门户之见。其次，教材、教学内容、教学方式等因缺乏统一规划，加之受老师的局限，容易导致培养对象质量上的参差不齐。再次，师承教育属于个体传授的教育形式，难以大规模地培养医药人才，难以适应社会对中医药人才的需要。故此，师承教育与院校教育的融合就是时代所需，大势所趋。

二、中医药院校教育的特点

现代高等中医药教育的创建，使延续了千百年的中医教育从以传统的师承教育为主的模式转变为以院校规模教育为主的新格局，基本实现了中医药人才培养的规模化、标准化和教育管理的规范化、制度化，这无疑是中医药教育的一大进步。

（一）信息量大

在教学过程中，应用大量诸如多媒体和网络等现代教育手段传授知识，尤其是解剖、病理等西医基础课程的教学，学生可以接受大量的信息，这是师承教育无法比拟的。

（二）普及率高

与师承教育的产出率低和周期长相比，院校教育有着规模大、普及率高的特点，它不仅实现了中医教育的高效率办学，培养了大量的中医药专业人才，而且促进了中医药学科在现代社会中的大力发展。既保持了中医药特色，又融入了现代的科学指导思想，同时加速了中医药全球化的发展。

（三）标准统一规范

中医院校教育形式很大程度上弥补了师承教育的不足。从招生对象到培养目标，从专业设置到教学管理，从教材到教学内容，从理论学习到技能训练，已形成了较为完整的教育体系，且与国家教育体系相衔接。但是院校教育忽略了中医教育的规律及特殊性，很难做到因材施教，重理论而轻实践，忽略传统文化教学，不利于培养学生深厚的治学基础和创新能力。导致部分学生专业思想不牢固，中医理论的掌握不深透，基本功不扎实，临床思维能力不强，动手能力差等。因此，面对新时代对振兴发展中医药事业提出的要求，面对广大人民群众对中医药健康保健的更高需求，唯有进一步加大师承教育与院校教育的融合力度，加大教育教学改革力度，全面提升人才培养的质量和水平，广大中医药工作者义不容辞、责无旁贷。

三、加强中医药人才培养

中医药高等教育是我省高等教育的重要组成部分，是落实“健康中国”战略、健康中原建设的关键内容。

（一）我省医学高等教育的现状

目前，我省共有专科以上医学类专业高校59所，本科以上14所。人才培养规模：截止到2017年6月，我省医学类本科在校生7.8万人，占全省本科在校生的7.2%；硕士生6257人，占比14.7%；博士生348人，占比14.8%。2017年，我省医学类硕士生毕业1912人，约占全省硕士毕业生14.8%；博士研究生毕业99人，占比11.8%。师资队伍方面，我省医学类院校共有院士1人，长江学者2人，杰青2人，千人计划2人，百千万人才工程入选者14人。高层次人才培养方面，我省有5所院校设有医学类硕士学位授权点，2所院校具有博士学位授权点。高层次科研平台少，没有医学类国家级重点实验室。

（二）我省医学高等教育存在的问题

对医学教育规律认识不足。医学教育具有周期长、费用高、分阶段细、连续性强、成才难度大等特点。总体来看，我省有关部门和高校对医学教育的规律研究不深、把握不准、投入不足，远远不能适应经济社会快速发展的需要。

高层次人才培养规模偏小，不能适应行业发展需求。从机构数量看，我省医学类高校仅有7所具有硕、博学位授予权，授权点过少，严重制约高层次人才培养。从培养人数看，2017年，我省医学类博士毕业生99人，数量太少，制约了我省医疗卫生事业的发展。从行业需求看，2017年底，我省有执业医师（含助理）21.98万人，注册护士24万人，每千人执业医师数为2.3人，每千人注册护士数为2.53人，低于全国平均数2.4和2.7，距离我省“十三五”规划目标相差甚远。2017年底我省共有卫生机构7.1万个，卫生机构病床床位55.9万张，全省医药企业829家。2017年全省临床医学本科毕业生4400余人，护理学本科毕业生3300余人，硕博士毕业生2011人。高层次人才数量满足不了全省医药卫生事业需求。

人才队伍整体水平不高。我省高层次人才急缺，高层次科研平台不足，科研产出少，反哺教学不足。从高层次医学类人才储备来看，我省仅有院士、杰青等国家级优秀人才21人。要推进健康中原建设，医学教育尤其是高等医学教育改革势在必行、时不我待。从科研获奖看，近10年来，我省主持或参与的科研项目获国家科技奖共计203项，涉及医学和生命科学领域9项，仅占5%，而2017年国家科技进步奖中涉及生命科学与医学的奖项就达25%。我省优秀学术成果的质和量都难以实现以高质量科学研究促进高质量人才培养的目标。

人才培养模式陈旧。一是通识教育在人才培养中严重弱化。通识教育作为一种非专业的全面素质教育，旨在加强学生对不同学科领域的认知，使学生得到人文、社会、科学等全方位的培育。但是，目前大部分医学院校通识教育仍处于边缘地位。二是基础教学与临床教学严重脱节。早临床、多临床、反复临床是国家卓越医师计划的核心内容，但是大部分医学院校依然按照解放初期医学院的培养模式——基础是基础，临床是临床，基础阶段与临床阶段严重割裂，严重制约医学教育的效果和质量。

（三）加强我省医学高等教育的对策与思考

为加快推进我省医学高等教育高质量发展，建议上级有关部门给予医学高等教育特殊政策，在项目、资金等方面给予重点支持和扶持。

政策支持。加大对医学教育的投入保障和政策供给。统筹我省医学教育发展规划，按照医学教育规律加强顶层设计，对医学院校的高层次人才引进、职称评审、职称结构、优势特色学科、协同创新中心遴选等方面提供特殊政策，加快提升我省医学教育质量。提高重点医学院校高层次人才培养能力，加大倾斜力度，扩大培养规模，增加博士、硕士授权点，特别是增加博士生招生计划。支持医学院校加大学科布局调整，强化通识教育，做好基础与临床的融合，优化专业布局，深化人才培养模式改革，加快创新发展，为推进“健康中原”建设提供人才支撑。出台实质性政策，支持河南中医药大学成为部省局共建高校，巩固好省部共建成果，支持该校做大做强中医学和中药学一级学科，使其跻身于国内一流学科行列，扩大中医药学硕士生、特别是博士生招生规模，加大对中医药重大科研项目申报、评奖和省部级以上科研平台建设的支持力度。

资金支持。建议增加高等教育经费投入，加大对特色优势高校倾斜力度。推进我省高等教育发展，要做到统筹兼顾，要充分考虑医学教育特点，提高生均拨款标准，将目前医科类专业2.5系数提高至3以上，将学校自然人数生均经费打包一次性拨付给学校，同时对高校基本建设资金加大统筹和支持力度。

人才队伍建设。一是加强“放管服”改革力度。人才是加快推进高校内涵建设的关键所在，是实现我省高等教育高质量发展的第一生产力。目前，我省高校人事管理体制改革滞后，人才总量少、结构比例失衡，严重制约着学校的发展。建议加大“放管服”改革力度，放宽政府对人才的管制，理顺高校人事管理体制，对高校人才总量、结构比例实行动态管理和调整，赋予高校更大的权限，同时将员额制人事管理办法引入高校，增强学校发展的内生动力。二是进一步营造高端人才“引得来、留得住”的良好环境。

总体来看，我省高校在高薪引进高端人才方面存在政策瓶颈、资金来源等诸多困难，引进的高端人才的酬金需要上交20～45%的个人所得税，已成为“留住人才”的瓶颈。需协调相关部门，列出专项资金统筹安排，对高校引进高端人才、留住人才提供强有力的经费支持。同时，出台优惠政策，减免高端人才个人所得税税赋，为高校全面加强内涵建设提供强有力的政策支持。三是加快推进青年人才公寓建设。人才是经济社会发展的第一资源，要进一步深化人才发展体制机制改革，加快人才强省建设，出台相关政策和措施，破解青年人才公寓建设瓶颈，为人才强省建设提供强有力的支持。

第四节　加大中医药科技继承创新

2018年8月，按照《中医药健康服务发展规划（2015—2020年）》《“健康中国2030”规划纲要》《中医药发展战略规划纲要（2016—2030年）》《国家创新驱动发展战略纲要》和《中医药“一带一路”发展规划（2016—2020年）》等有关文件要求，为促进中医药健康服务领域科技创新，以科技创新推动中医药健康服务能力与水平提升，更好地满足人民群众健康需求，推进“健康中国”建设，国家中医药管理局、科技部在联合下发的《关于加强中医药健康服务科技创新的指导意见》中明确指出：到2030年，建立以预防保健、医疗、康复的全生命周期健康服务链为核心的中医药健康服务科技创新体系，完善“产学研医用”协同创新机制，中医药健康服务科技创新能力与创新驱动能力显著提升。

我们必须清醒地意识到，现代科技是中医药事业发展腾飞的翅膀。所以，我们要想加强科技攻关，就必须建立适应中医药特点的研究和评价方法及标准体系，就必须建立符合中医特点的科技创新体系。

一、加强中医药理论方法继承

全面继承名老中医药专家学术思想和临床诊疗经验，系统总结中医优势病种临床基本诊疗规律和方法，编纂出版《河南省名中医学术经验荟萃》系列丛书。开展中医药经典文献和古籍普查登记工作，推进中医药古籍文献数字化。挖掘整理传统中药炮制、制剂技术工艺，形成统一规范并传承推广。开展民间中医特色疗法收集、整理、评价及推广工作。

二、强化中医药师承教育

建立中医药师承教育培养体系，将师承教育全面融入院校教育、毕业后教育和继续教育。加强中医药学术传承，充分发挥名老中医药专家对人才培养、技术传承创新及临床科学研究的辐射引领作用。加强中医药重点学科建设，支持建成一批名老中医药专家传承工作室、中医学术流派传承工作室和基层名老中医药专家传承工作室，培养一批中医药学术传承团队。实施与师承教育相衔接的中医药“领军、骨干、青苗”等人才培养计划。鼓励医疗机构开展师承教育，实现师承教育常态化和制度化。

三、建立完善中医药科技创新和评价体系

加强科技创新和评价制度建设，完善课题管理、项目绩效考核、科技成果奖评审等相关制度。优化科技创新和评价条件，建立河南省中医药学术咨询与评审专家库，通过同行评议和引进第三方评估，提高项目管理效率和研究水平。提升科技创新和评价能力，继续实施科研能力提升培训，加强各层次科研人才梯队建设，建立医疗机构、高校、科研院所、中医药企业共同参与，多学科、跨部门的中医药协同创新体制机制，完善有利于中医药创新的激励政策。

四、加强中医药科学研究

加快国家级和省级中医临床研究基地、工程技术中心、院士工作站、博士后工作站、重点研究室和实验室等创新平台建设，推进省中医药研究院、省正骨研究院、南阳市张仲景研究院等科研机构建设，开展国内外学术交流活动，为中医药科技创新提供技术支撑。推进高校、科研院所、医院、企业之间协同创新，支持科研团队争取国家和省级重点科研项目。省科技计划加大对中医药科研的支持力度，继续实施河南省中医药科学研究专项，重点支持中医药防治重大疾病和优势病种临床研究、中医理论传承与创新

研究、中药新用和中成药新用研究、中药生产和炮制技术研究以及配方颗粒和中医诊断治疗康复设备研发。

第五节　提升中医药健康服务水平

一、拓展多元社会服务，更好地满足群众健康需求

中医药集养生保健和防病治病于一体，具有绿色健康的理念，越来越多的群众希望在生命周期的不同阶段能享受到中医药全方位、多环节的服务。中医药高等教育要着眼于供给侧结构性改革的新要求，充分发挥中医药院校人才聚集和科研优势，积极参与中医药健康产品、文化旅游产品开发，研发一批中药新药、中医诊疗仪器、保健品以及新技术、新设备，培育新兴业态，做大做强中医药产业，为人民群众提供丰富多彩的中医药健康服务。

首先，加快建立和完善覆盖全省城乡和涵盖预防、治疗、康复、保健、养生的中医药服务体系。将中医和中西医结合纳入公共卫生服务体系和公共卫生突发事件临床救治体系，培养中医药公共卫生应急队伍，积极应用中医药防治重大传染病。将中医特色疗法和特色院内制剂纳入医保的范围。

其次，加大政策和资金支持力度，强化战略规划引领，打造一批全省乃至全国著名的综合性中医院和特色专科中医院。设立并实施中原名中医培育工程，造就一批省内外有较高知名度和影响力的中原名中医，不断提升河南中医的全国影响力。

再次，支持学校“国家中医临床研究基地”“国家临床医学研究中心”“国家医学中心”和“国家区域医疗中心”建设。加强医、教、研、产有机融合，全面提升服务经济社会发展能力。给予政策倾斜，解决医院规模扩大、编制不足及高端人才引进、聘任问题。

第四，运用现代科学技术，建立健全中医临床诊疗技术筛选、评价体系，实现中医诊疗技术标准化，建设具有筛选、评价、转化、交流、推广、

反馈等功能的诊疗技术转化平台。支持医院提高中医医生的挂号费、治疗费等，体现中医诊疗价值。

第五，进一步加大对民间、民族诊疗技术及名老中医的技术和经验的筛选、整理研究。系统研究和总结名老中医的学术思想、临床经验和技术专长。谋划成立民间验方和技术研究机构，开展民间中医特色疗法收集整理及推广。

第六，充分发挥中医药“治未病”优势，大力发展中医药健康服务业。在政策、资金等方面支持学校成立“河南仲景养生发展中心”，加快仲景养生保健品牌建设，打造中医药养生产业链。支持学校开办中医养生保健、武术与民族传统体育等新专业，尽快培养出一批具有高素质的养生保健相关人才。加强养生产业市场规范，制定《养生保健服务业管理办法》，并进一步加强监管。扶持中医药养生企业，服务大众中医药养生需求。

二、突出中医药诊疗特色，在服务群众健康上下功夫

不断加强医院基础设施建设，扩大床位量和门诊医疗用房。加强内涵建设，提高文化建设软实力。加强临床规范化管理和信息化建设。推广应用膏方、五行针、中药小包装饮片等服务项目。注重建设中医药特色治疗室和中医治未病健康管理体系。充分发挥中医药特色优势，建设“服务好、质量好、医德好、群众满意”的“三好一满意”医院。

（一）完善中医医疗服务网络

完善规划布局，加大投入力度，加快建设以公立中医医院为主体的覆盖城乡的基本中医药服务网络。按照功能定位和基本标准，改善省、市、县级公立中医医院基础设施，提高诊疗装备水平，完善服务功能，突出特色优势。在综合医院、妇幼保健院等医疗机构推进中医药科室标准化建设。在乡镇卫生院和社区卫生服务中心建立中医馆（国医堂）等中医综合服务区，完善基础设施建设，加强人员配备。推动民营中医医疗服务机构规范发展。加强中医医院康复科室建设，支持康复医院设置中医科室，加强中医康复专业技术人员的培养和配备。

（二）提高中医药防病治病能力

实施中医临床优势培育工程，以国家级重点专科为龙头，以省级重点专科为骨干，加快各级中医专科建设。三级中医医院基础雄厚的专业要争

创国家中医区域（专科）医疗中心，其它优势专业以重点专科为基础，建设全省中医区域（专科）医疗中心。建立中医药参与突发公共事件应急救治工作协调机制，提高中医药应急救治和重大传染病防治能力。将中医和中西医结合纳入公共卫生服务体系和公共卫生突发事件临床救治体系。巩固基层中医药服务能力提升工程成果，实施基层中医药服务能力提升工程“十三五”行动计划，继续开展国家和省级基层中医药工作先进单位创建工作，提高县域中医药综合服务能力。发挥中医药在常见病、多发病和慢性病防治中的作用。建立健全中医医院与基层医疗卫生机构、疾病预防控制机构分工合作的慢性病综合防治网络和工作机制。

（三）加强中医药人才队伍建设

建立健全院校教育、毕业后教育、继续教育有机衔接以及师承教育贯穿始终的中医药人才培养体系和保障激励机制。继续推出国医大师、全国名中医及河南省名中医选拔及推广工作，传承中药炮制工艺，培育代表性传承人、中药炮制技艺宗师，做好全国老中医药专家学术经验继承工作。支持国医大师、全国名中医、河南省名中医和其他知名专家带徒授业。创新中医药师承教育工作机制，设立“河南省名中医师承教育项目”，通过师承模式培养优秀中医药骨干人才。支持河南中医药大学等院校和教育机构探索中医药传承人才培育模式创新。支持南阳市办好仲景书院。支持民族医药、宗教医药和养生技术传承创新。深入实施省中医临床学科领军人才和重点学科（专科）学术带头人培养计划。完善支持政策，积极引进高层次中医药人才。稳步开展中医住院医师规范化培训，争取到2020年我省所有新进医疗岗位的本科及以上学历中医医师均接受新的住院医师规范化培训。健全基层中医药人才培养和队伍建设工作机制，依托基层卫生人才工程，开展中医药类在职培训、定向人才培养和项目引进工作，提高现有中医药人员素质。优化基层卫生人员培训内容及知识结构，支持基层医务人员学习中医药知识，提供中医药服务，推广中医药适宜技术，不断提升基层中医药服务能力。

（四）依法放宽中医药服务准入标准

依法改革中医医疗服务资格准入标准、执业范围和执业管理制度。改革传统医学师承和确有专长人员执业资格准入制度，实施中医诊所备案制管理。允许取得乡村医生执业证书的传统医药一技之长人员在乡镇和村开办中医诊所，鼓励社会力量举办连锁中医医疗机构。对社会资本举办的只提供传统中医药服务的中医门诊部、诊所，医疗机构设置规划和区域卫生发展规划不作布局限制。支持有资质的中医专业技术人员特别是离退休名老中医开办只提供传统中医药服务的门诊部和诊所。鼓励药品经营企业举办中医坐堂医诊所。保证社会办和政府办中医医疗机构在准入、执业等方面享有同等权利。

（五）促进中西医结合

推进中西医资源整合、优势互补、协同创新。加强中西医结合创新研究平台建设，以临床问题为导向开展重大疑难疾病中西医联合攻关。围绕重点病种，尤其是在儿科、骨伤、肺病、脑病及高血压、糖尿病、肿瘤等严重影响群众健康的重大疑难疾病和急危重症方面，制定和推广实用性的中西医结合诊疗方案，探索建立完善重大疑难疾病中西医协作工作机制与模式。推进综合医院、西医专科医院、乡镇卫生院、社区卫生服务中心中医药服务水平提高。在住院医师规范化培训、专科医师规范化培训、全科医生培训以及职称晋升中，合理确定中西医知识和技能内容要求。鼓励西医学习中医知识和技能。重点培养高层次的医教研复合型中西医结合人才。加强面向基层医生的中医药知识培训，提升基层中西医综合诊治能力。

（六）鼓励中药制剂研发与应用

支持医疗机构研发、生产和应用中药制剂，医疗机构未取得医疗机构制剂许可证的，经省食品药品监督管理局批准，可以委托符合条件的医疗机构或药品生产企业配制。支持中药饮片与中药配方颗粒等新型饮片产品研发。支持运用传统工艺炮制中药饮片、生产传统剂型中成药。鼓励运用中医经典处方、中医经验方研制中药制剂。在确保安全和明确责任的前提下，对医疗机构临床急需而市场没有供应的中药制剂，经省食品药品监督管理局批准，可以在专科协作网络、科研协作单位、对口支援单位和医联体内调剂使用。将中药新药研发、中成药二次开发与重大疾病防治相结合，围绕提升临床疗效，加强中医药联合攻关，不断提高研发能力和水平。

（七）推动“互联网＋”中医医疗发展

大力发展中医远程医疗、移动医疗、智慧医疗等新型医疗服务。依托河南省中医药数据中心，打破各医疗机构之间的壁垒，连通信息“孤岛”，建设集医学影像、检验报告、健康档案等于一体的医疗信息共享服务体系和中医医疗数据共享交换标准体系。积极推广中医临床科研一体化信息平台，以信息技术支撑临床研究。鼓励探索“互联网+”中医医疗服务创新，利用移动互联网等信息技术提供在线预约诊疗、候诊提醒、电子处方、划价缴费、诊疗报告查询、药品配送、健康管理等服务。

（八）加强中医养生保健服务体系能力建设

支持社会力量举办中医养生保健机构，探索集团化发展或连锁化经营。实施中医治未病健康工程，加强中医医院治未病科室建设，为群众提供中医健康咨询评估、干预调理、随访管理等治未病服务，探索融合健康文化、健康管理、健康保险于一体的中医健康保障模式。鼓励中医医院、中医医师为养生保健机构提供技术支持。鼓励中医医疗机构、养生保健机构走进机关、学校、企业、社区、乡村和家庭，推广普及养生保健知识与方法。鼓励中医药机构研发保健食品、保健用品和保健器械器材。推广融入治未病理念的健康工作和生活方式，在疾病康复、亚健康干预、优生优育、运动保健、托老保健等领域充分发挥中医药的作用。

（九）发展中医药健康养老服务

推动中医药与养老服务融合发展，促进中医医疗资源进入养老机构、社区和居民家庭。支持养老机构与中医医疗机构合作，加大医疗养老联合体及养老机构内设医疗康复机构的建设力度，鼓励中医医疗机构和中医医师为老年人提供上门服务及养生保健、体检、中医药文化知识宣传和诊疗服务。鼓励社会资本建设以中医健康养老为主的护理院、疗养院，探索设立中医特色医养结合机构。鼓励在中医药资源丰富、优势明显的地方，规划建设一批以保健养生、医疗康复为主的养老产业园区。

（十）发展中医药健康旅游服务

推动中医药健康服务与旅游产业有机融合，发展以中医药文化传播和体验为主题，融中医诊疗、康复、养生、休养、文化传播、商务会展、中药材考察于一体的健康旅游。充分利用我省中医医疗资源、中药材资源、历史文化资源，开发特色中药保健品、功能食品、药酒、药妆等健康旅游产品和线路，建设一批中医药生态休闲旅游景区、休闲养生养老基地，打造中医药主题健康旅游示范基地和健康旅游综合体。支持举办高层次中医药健康旅游展览、会议和论坛，打造具有河南特色的中医药健康旅游品牌。

第六节　加强仲景文化的宣传与普及

一、加大对张仲景医药文化、养生保健思想及其相关产业的宣传力度

随着5G、大数据、云计算、物联网、人工智能等技术不断发展，移动媒体将进入加速发展新阶段。将张仲景医药文化、养生保健思想以及相关产业的开发通过文字、图像和声音有机结合，建立专门的国内、国际网站，增强宣传效果。同时做好网站推广，制订规范、有效和长期的互联网宣传制度和计划，并加强对实际操作人员的专业培训。

二、加强仲景学术及普及活动的开展力度

多举办“仲景经方研讨会”“仲景学术思想研讨会”“仲景健康养生大讲堂”等学术及科普活动，在活动前后加大宣传力度，让更多的人认识仲景医药文化，深入学习仲景养生保健思想，让正确的养生思想惠及千万家。

三、将中医药文化纳入义务教育范畴

教育主管部门进一步加大力度，将中医药文化与其他课程一并纳入义务教育范畴，确保中医药文化进校园活动取得实效。同时实施中医药文化、基础知识、简便适宜技术等在基层和社区的常态化宣传教育，培养健康生活方式。

四、促进中医药与各产业相互结合

促进中医药与各产业相互结合，是中医药强省建设的必然要求。这种结合有很多的种类，如：新闻传播专业与中医药文化结合，培养一批中医药文化传播人才，负责中医药文化的传播；鼓励广播影视行业创作有关中医药文化的影视产品，如今热播的大型中医药电视剧《老中医》就是很好的典范；还可以与游戏、旅游、餐饮、体育健身等产业紧密结合，形成全

方位、立体化的中医药文化宣传教育格局，推动中医药强省建设，助力中原更加出彩。

参考文献

[1] 许敬生：《中医药文化寻源》[M]. 郑州：河南科学技术出版社，2017年。

[2] 许二平：《河南古代医家集》[M]. 上海：第二军医大学出版社，2013年。

[3] 河南省中医管理局：《河南省“十三五”中医药发展规划：到2020年中医药强省建设初见成效》[Z]. 2017年9月8日。

[4] 张丽青、司建平：《河南省发展中医药产业的战略意义》[J].《中医学报》2011年11期。

[5] 司富春、宋雪杰、高燕：《加强仲景医药文化建设 打造仲景国际医药品牌》[J].《中医研究》2013年第9期。

[6] 王虹：《中医文化融入医学院校育人体系的途径研究——以青海卫生职业技术学院为例》[M].《西部素质教育》2019年第1期。

[7] 凌寒：《中医药文化体系建设迫在眉睫——访全国政协委员、中国中医科学院西苑医院肿瘤科主任杨宇飞教授》[J].《中国当代医药》2018年第5期。

[8] 黄亚博、冯广清：《中医药强省建设综合评价指标体系构建研究——关于加快推进江苏中医药强省建设战略的思考与建议》[J].《江苏中医药》2019年第1期。

[9] 潘中艺、傅延龄、宋佳、倪胜楼：《张仲景医学源流述略》[J].《北京中医药大学学报》2018年第11期。

[10] 钱超尘、温长路：《张仲景生平暨《伤寒论》版本流传考略》[J].《河南中医》2005年第1期。

[11] 余瀛鳌、李铁君：《仲景和他的〈伤寒杂病论〉》[J].《南京中医学院学报》1982年第4期。

[12] 张炎：《张仲景籍贯——涅阳考》[J].《河南中医》1982年第1期。

[13] 杜雨茂：《关于张仲景生平一些问题的探讨》[J].《陕西中医学院学报》1982年第2期。

[14] 杨培君：《关于张仲景及其遗著的考证》[J].《陕西中医学院学报》1982年第5期。

[15] 钱超尘：《"日本安政本〈伤寒论〉"版本之考证》[J].《河南中医》2011年第5期。

[16] 姜正成：《大医济世——张仲景》[M]．北京：中国财富出版社，2016年。

[17] 郑建明：《张仲景评传》[M]．南京：南京大学出版社，2011年。

[18] 刘世恩：《张仲景全书》[M]. 北京：中医古籍出版社，2007年。

[19] 刘永明：《〈辅行诀〉所载〈汤液经法〉考论——兼论早期道教文化对传统医学的影响》[J].《敦煌研究》2010年第3期。

[20] 张金虎：《试析张仲景医圣文化魅力》[J].《殷都学刊》2010年第2期。

[21] 来知德集注，胡真校点：《周易》[M]．上海：上海古籍出版社，2013年。

[22] 田代华、刘更生等整理：《灵枢经》[M]．北京：人民卫生出版社，2005年。

[23] 周鸿飞、范涛点校：《黄帝内经素问》[M]．郑州：河南科学技术出版社，2017年。

[24] 刘理想、潘秋平整理：《桂林古本伤寒论》[M]．北京：中国中医药出版社，2014年。

[25] 柳长华主编，陈萌点校：《金匮要略》[M]．北京：北京科学技术出版社，2016年。

[26] 烟建华：《难经点评》[M]．北京：中国医药科技出版社，2018年。

[27] 梁华龙、王振亮：《仲景研究大成（文献荟萃卷）》[M]. 北京：人民军医出版社，2016年。

[28] 梁华龙、王振亮：《仲景研究大成（学术体系卷）》[M]. 北京：人

民军医出版社，2016年。

[29] 梁华龙、王振亮：《仲景研究大成（治法方药卷）》[M]. 北京：人民军医出版社，2016年。

[30] 刘世恩、李珊珊：《张仲景文化的南阳基因》[J].《国医论坛》2016年第3期。

[31] 余新忠：《医圣的层累造成（1065—1949年）——“仲景”与现代中医知识建构系列研究之一》[J].《历史教学》（下半月刊）2014年第7期。

[32] 秦恩甲：《张仲景医药文化漫谈》[N].《中国中医药报》2013年1月10日。

[33] 裘士京、房列曙、周晓光：《中国文化史》[M]. 合肥：安徽大学出版社，1998年。

[34] 石保山、杨金运、何义霞：《论张仲景文化国际话语权的内涵与特征》[J].《中医药管理杂志》2015年第1期。

[35] 孙可兴、王秋安、罗小闯：《中医药文化在国外的传播》[M]. 郑州：河南人民出版社，2017年。

[36]《“健康中国2030”规划纲要》

[37]《“健康中原2030”规划纲要》

[38] 国务院新闻办公室：《中国的中医药》[Z]. 2016年12月。

[39]《河南省中医药发展战略规划（2016-2030年）》

后　　记

中医药学是“祖先留给我们的宝贵财富”，是“中华民族的瑰宝”，是“打开中华文明宝库的钥匙”，“凝聚着深邃的哲学智慧和中华民族几千年的健康养生理念及其实践经验”。在绵延发展的历史长河中，中医药学为保障人民健康和世界文明做出了突出的贡献。

中医药学根植于中国传统文化，是中国传统文化中的一颗璀璨的明珠。河南，作为中国传统文化的重要发祥地和医圣张仲景的故乡，不仅为中国传统文化的传承创新做出了历史性贡献，更体现了河南深厚的中原、中医药文化底蕴。党和国家在新时代提出了振兴发展中医药事业的伟大号召，制定了宏伟蓝图和具体举措。作为历史文化悠久的河南，也明确提出了要在2030年全面建成中医药强省的战略目标，这就为广大中医药工作者提出了新的时代课题。要实现把张仲景作为我省中医药最高的旗帜、最响亮的品牌、最大的无形资产继承好、发掘好、弘扬好，就必须打造仲景品牌、特别是仲景文化品牌，使仲景医学与人文价值、历史与社会价值和经济与民生价值等价值性文化特征在当今社会发挥更大的作用。

振兴发展中医药事业，充分发挥仲景文化在河南中医药强省建设中的地位和作用，对广大中医药工作者来说义不容辞、责无旁贷。实现中华民族伟大复兴的中国梦的号角已吹响，古老厚重的中原人民正昂首奋进在实现中原更加出彩的伟大征程中。只有打造仲景品牌，促使中医药振兴发展与河南中医药强省建设有机结合，才能更好地服务于人民群众的健康福祉，共同开创人类社会更加美好的未来，才能使中医药在传承和发展的过程中绽放出更加绚丽夺目的光彩。

编者

2019年4月